本书为湖南省社科基金项目"洪江商道和谐文化研究"
（22JD058）的阶段性成果

洪江商道文化研究

雷　霖◎著

九州出版社
JIUZHOUPRESS

图书在版编目（CIP）数据

洪江商道文化研究 / 雷霖著. -- 北京 ： 九州出版

社, 2025. 2. -- ISBN 978-7-5225-3473-2

Ⅰ. F729

中国国家版本馆CIP数据核字第2025RL2754号

洪江商道文化研究

作　　者	雷　霖著
责任编辑	周红斌
出版发行	九州出版社
地　　址	北京市西城区阜外大街甲35号（100037）
发行电话	（010）68992190/3/5/6
网　　址	www.jiuzhoupress.com
电子邮箱	jiuzhou@jiuzhoupress.com
印　　刷	武汉市盛宏源印务有限公司
开　　本	710毫米×1000毫米　16开
印　　张	18.25
字　　数	270千字
版　　次	2025年2月第1版
印　　次	2025年4月第1次印刷
书　　号	ISBN 978-7-5225-3473-2
定　　价	68.00元

序

□ 石佳能

　　湖南省怀化市洪江古镇是沅水流域明清和民国时期最著名的商镇，21世纪初开始发展文化旅游，取旅游名号为"洪江古商城"，被专家誉为"中国第一古商城"。"洪商"由各省和省内各州府客商形成。洪商是最早的湘商，也是湘商的代表之一。洪商所创造的洪江商道文化，是中国近代商业文化的典范，也是洪江古商城文化的精华所在。

　　21世纪初以来，有关洪江古商城的论著、资料、文学文艺作品等卷轶浩繁，但是学术专著仅仅三两部。怀化学院雷霖教授的专著《洪江商道文化研究》以七个篇章述论洪江商道文化的来龙去脉，学术严谨、考证扎实，对洪江商道文化的探讨具有一定的学术价值和资料参考作用，主要表现在：

一、论述了洪江商道文化的范畴和类别

　　洪江商道文化包括洪商物态文化和洪商精神文化两个方面。洪商物态文化包括相关水系、码头、驿道、街市、建筑、版匾、雕刻等可视可触摸的物质文化；洪商精神文化则包括经商理念、经商习俗、商帮制度文化和管理文化的理念、内在精神等。作者通过对洪江商道文化的物质载体——洪江古商城的详细介绍，以及洪江商道文化经商义理的追溯解读，论述了什么是洪江商道文化。

二、探究了洪江商道文化的特征特点

　　作者从洪江木材贸易、桐油贸易、建筑特点、制度文化、文学艺术等五个方面入手，比较完整地论述了洪江商道文化，总结出五个方面的特征特点。

第一，木材贸易构成洪江商道文化的第一个支柱产业。洪江木材市场的形成，得益于沅水上游清水江的优质"苗木"和巫水、渠水、舞水流域所产的其他优质杉木，既有早期的野生木材，更有人工杉林的栽培种植、营造推广，以此形成的若干产业，一起共同缔造了洪江木材集散、贸易几百年的辉煌。

第二，桐油产业的深耕与发展，促使洪江成为湘西最繁荣的商镇。洪江桐油的生产与销售，桐油贸易的兴起、繁荣、衰落，构成了洪江商道文化的另一大支柱产业，也是洪江商道文化中最值得研究与深挖的课题。洪江桐油业产生了著名品牌"洪油"，与四川"秀油"齐名，畅销长江中下游地区和长江以北地区。桐油加工、贸易带动了手工业、造船业、运输业、仓储业、钱庄等一系列产业或行业的兴起，繁华了洪江商镇。

第三，建筑特点呈现出洪江特有的商道文化。洪江迷宫般的商业街巷、水旱码头、鳞次栉比的商铺、高墙大院的窨子屋、密集的会馆和宫庙等，形成了洪江古商城独特的建筑特点，深挖其背后所隐藏的洪江商道文化，是本书重点研究的内容。

第四，商业伦理道德和制度是洪商精神文化的重要组成部分。作者从洪江厘金局、汛把总署、商帮会馆、洪江会馆等入手，深入探究其背后的洪商精神文化和社会公共事务管理的内涵，分析洪江商业从明清到民国长久繁荣的内在原因。

第五，文学艺术是洪商精神文化不可或缺的载体。诗词、地名歌谣、民间故事、商歌、楹联、俗语暗语、沅水号子等构成了洪江商道文化的文学艺术表述，研究这些具体的文学作品，挖掘其中的商道文化的文学内涵，也是本书的一大特点。

三、 分析了洪江商道文化在当今的开发利用价值

作者论述了洪江商道文化的主要内涵，如"艰苦奋斗的创实精神""吃亏是福的经营理念""开放包容的营商环境""鱼龙变化的归零心态""匹夫有责的家国情怀"等，它们共同构成了洪江商道文化的精神内涵。这对当今商业文化的传承创新提供了借鉴样板。通过洪江古商城的

旅游开发，以及洪江商道文化的研究和弘扬，对以洪商为代表的湘商文化的传承和当前地方经济社会建设都具有一定的作用和意义。

2025年3月6日

（石佳能，湖南省怀化市民族宗教事务局二级调研员。现为湖南省侗学研究会名誉会长，《鼓楼》杂志创刊人、主编，怀化学院特聘教授。业余从事侗族文化研究、主持侗学活动，曾担任中国侗族文学学会秘书长、常务副会长16年，湖南省侗学研究会创会秘书长、常务副会长兼秘书长17年。在《民族研究》《民族文学》《民族文学研究》等发表侗学论文多篇，撰著、主编《侗族文化研究笔记》《独坡八寨志》《怀化市民族志》等。入围"改革开放40年侗学界最具影响力学者"。）

目　录

第一章
洪江商道文化概述

　　湖南省怀化市洪江区是滇、黔通往汉、沪水路的必经之地，独特的地理位置使洪江成为历史上湘西南重要的驿站和繁华的商埠，明清时期已是多省份货物交流运转的枢纽。因商业繁盛，舟车云集，旧时被称为"七省通衢"和"小南京"，并留下了至今保存完好的洪江古商城。作为湘商的代表之一，这里缔造了当地人引以为傲的洪江商道文化。洪江商道文化跻身于中国徽商、晋商、秦商、闽商、粤商、赣商等著名商帮文化之列，是中国近代和现代化历史进程不可缺少的一部分，在经济、政治、文化等方面都发挥过重要作用。

第一节　洪江商道文化内涵

一、洪江商道文化的含义

商道指商业道德和道法，即经商的职业道德。商道文化是经商的全部精神活动及其职业道德的产品，是商人经商智慧的内在精神的传承、创造、发展的总和。洪江商道文化主要指洪江古商城的商道文化，此外，还包括在沅水流域及巫水流域，以及五条古驿商道等地方的洪江商人在其经商过程中形成的商道文化理念。

洪江商道文化包括洪商物态文化和洪商精神文化两个方面。洪商物态文化包括水系、码头、驿道、街市、建筑、牌匾、雕刻等可视可触摸的物质文化；洪商精神文化主要包括经商理念、经商习俗、商帮制度文化和管理文化的理念、内在精神等。洪商文化的核心内容是洪江古商城的十条经商义理和九条经验启示。十条义理即对天勿欺，罔谈彼短；待人以恕，勿矜己奇；不拘不卑，居仁由义；利缘义取，趋义避财；薄利多销，无敢居贵；外圆内方，义方恪守；里仁为美，格物致知；吃亏是福，占利为祸；诚信为本，和气生财；无听发禅，上善若水。九条经验启示即经商必须讲究商道、和气生财、经商品牌、信誉、"道之以德"、务实作风、开拓创新、敢担风险、互利共赢。

洪江商道文化反映了洪江商人经商的世界观、人生观、价值观，是洪江商人所特有的精神境界、价值观念、文化心理和经商性格的写照，也是商业文明创新发展的基础。总之，洪江商道文化，是洪江商人通过经商活动形成的为人们普遍认可、信奉、共同遵守和践行的一种能够传承的物质与精神规范的产物。洪商文化在经商活动中产生和发展，特别是洪江商帮以儒商文化理念和西方契约精神为指导，积极进取，追求经济与社会协调，通过融会贯通多种文化的优秀元素，使洪江社会和商业文化形成了多元化的品质。

洪商文化遗址为现在仍保存完好的洪江古商城，含窨子屋、会馆、寺院、镖局、钱庄、商号、洋行、作坊、店铺、客栈、青楼、报社、烟馆等共380多栋建筑，总面积约30万平方米，其中有断续约8千米的青石板路，有多处康熙时期至民国时期的门匾、石雕、石刻、题字，有近40个图案精美、雕工精湛、风格各异的太平缸，有著名书画家郑板桥的手迹等。

二、洪江的地理与沿革

洪江地处湖南省西南部，在云贵高原东部雪峰山境内沅水与巫水交汇处，沅水自西向东流入城区，巫水自南向北汇于沅水。它的东、西、北均与现湖南洪江市（原黔阳县）接壤，南部与会同相邻，全区面积为115平方千米，辖4街3乡。境内有老鸦坡、嵩云山、大峰坡等山峰。地势以山地为主，依山傍水，森林覆盖率50%以上，气候温和，风景秀丽。

春秋战国时期，洪江属于楚国，秦时属黔中郡，西汉初年洪江属武陵郡镡成县地，南朝宋齐时属武陵郡舞阳县地，梁时属南阳郡龙标县地。隋袭之。唐贞观八年（634年），拆龙标置郎溪县，洪江改属郎溪县地。五代末，号称"十峒首领"的侗人杨再思为当时五溪长，宋初被纳诚，任命为诚州刺史，洪江被置于少数民族地区管辖。宋熙宁八年（1075年）设置洪江铺（洪江始得名），元祐五年（1090年）改名洪江砦，属沅州黔阳县。崇宁二年（1103年），洪江属靖州三江县地，后三江县改为会同县，洪江属会同管辖。元至元八年（1271年），废洪江砦。明洪武年间（1368—1398年），设洪江驿，属会同县。清康熙二十六年（1687年），会同县若水巡检司移驻洪江，乾隆十六年（1751年）若水巡检司改名为洪江巡检司。民国初年称洪江镇。民国十三年（1924年）称会同县洪江市。民国二十年（1931年）改为会同县第四区。民国二十二年（1933年）改为会同县洪江镇。此后洪江分别为湖南省第四区保安司令部、湖南省第七区行政督察专员公署和保安司令部、湖南省第十区行政督察专员公署和湖南省洪江行署所在地。

"1949年10月4日洪江解放，11月1日建会同县洪江市。1950年3月改为会同县洪江镇。同年10月19日改为会同专属洪江市。1953年降为镇，隶属黔阳县，同年9月又改为湖南省洪江市。1958年12月改为黔阳县洪江市……1963年5月改为黔阳县洪江镇。1979年9月12日恢复市的建制，隶属湖南省黔阳地区，1981年改隶怀化地区。1997年11月与黔阳县合并成新的洪江市，隶属怀化市。1999年9月市区分治，2002年5月改为洪江市洪江区，隶属怀化市直接领导。"①

第二节 洪江商道文化的阶段性特征

　　囿于历史文献资料的不完备，要对洪江商道文化整个的历史发展过程做准确的阶段性划分是有难度的，但从已有的记载和历史遗存可以粗略地勾勒洪江商道文化的发展轨迹。在不同的历史时期，由于政治、经济、文化等因素的共同作用，洪江商道文化也表现出相应的变化。

　　洪江市场起源于何时已无可考。虽然早在宋代就有了军事设置洪江砦，但当时并非集市。传统社会的集市是农副产品交换的场所，而早期的洪江没有具备成为大型集市的条件。这一带河岸山崖陡峭，整个地势由东、南、西面向北面倾斜，平地很少，更谈不上大片的农田，无法出现大的村落，也就少了可以进行交换的农副产品。洪江的《贺氏族谱》"祠堂记"中曾记述："贺秀山从江西来洪江，当明末清初之际，其时未有市镇也。"这种说法可以从某些官方的记载中得到印证。康熙十二年（1673年）《会同县志·市镇》记载："洪江镇……其地扼要津。自上流而下者，必于此停舟；自下流而上者，必于此泊岸，故聚而成市。至于缗钱丝帛杂货，俱非土产。而百物俱贵。所可常继者，惟鱼、盐两项。市不易肆。"这段史料给我们提供了以下信息：一是洪江是交通要冲，货物在这里上下，因为本地没有什么出产，大多数商品都是外来的，因此价格昂

---

① 傅俊波. 古韵洪江 [M]. 香港：中国国际文艺出版社，2007：7-8.

贵。常有的商品只有沅水河里捕捞的鱼和朝廷官卖的盐两项；二是文中的"肆"，指的是店铺。"市不易肆"表明，这里的商品交易，不是在店铺里进行，而只是摆了一些摊子或者开一些小店子，规模较大的店子不多。据《会同县志》记载："雄溪犁头嘴三国时设驿站。"洪江犁头嘴是沅、巫两水汇合处，为古时渡口，名为"双江"渡口，初为墟场，开设茶馆、甜酒、豆腐作坊等摊位、小店，为过往船民和前来赶集的农民服务。这意味着洪江要演变成大型商业集镇还需要历史的契机，但它终究有了商业的萌芽和雏形，历史不会让占据独特有利位置的洪江养在深闺人不识，它总会大放异彩。

康熙元年（1662年），安徽霍邱人张扶翼就任黔阳县令。在赴县境各地体察地理民情后，他认为百姓应因地制宜，发展生产。康熙五年（1666年），他主持修纂《黔阳县志》，其中写道："供洪二里树宜蜡虫，太平宜葛，原神宜棉，子弟乡宜桑、宜柑桔。桐树村坊皆宜，而原神独有其利。"张扶翼所说的原神，便是今天的沅河镇。桐树各个村坊都适合栽种，不能只有原神有。他是安徽人，熟悉长江流域的航运。当时航行在长江的都是木船。制造木船，需要用桐油石灰来防渗漏；维护木船，需要桐油来防腐。若能生产出桐油，不愁没有销路。于是他四乡张贴告示，号召百姓种植桐树。"黔邑，山多而土少，山气能生百物，桐油又利之大者。然利在五年之后，人以其无近功，遂忽而不种。不思今日无种，后日何获？今与汝父老约，各督其子弟，乘此秋成之余力，农功既毕，即治山场。砍去杂木恶草，以火烧之，挖冻过冬，俟来春遍种桐树。桐树未成，先种芝荞，本年亦可得利。桐树长成，则其利自远。是尔民之勤劳，不过农功闲余之日月，而得利乃数年、数十年之后。尔父老为子孙计长久，何不计出此！"①

这份告示陈说了乡民种桐的必要性、可行性和无限前景，同时还介绍了林粮间作、长短结合、以短养长的植桐方法。他还派人前往四川，引

---

① 黄本骥. 湖南方物志·序一 [M]. 长沙：岳麓书社，1985：123.

进油桐良种。他的号召得到黔阳百姓的广泛响应。受黔阳影响，桐树种植的风气迅速传遍了湘西南和邻近的黔东南各地，仅仅几年时间，新栽种的油桐树便结出了丰硕的果实，榨出了桐油，进入了市场。道光二十五年（1845年），离张扶翼号召百姓植桐已经过去了183年，黔阳县教谕黄本骥在《湖南方物志》中写道："洪江为上河油商囤积之地，黔阳最近，所产甚多。国初居民不知此利。康熙元年知县张扶翼谕民种桐，今则各乡遍植，食德无穷。仁者之泽，其普如此，是宜豆俎县庠，俾与桂阳茨充千秋媲美。"①黄本骥称赞张扶翼是一位值得后人以豆和俎（古代祭祀用的两种器具）祭祀、崇奉的知县，将他与东汉桂阳太守卫飒并列，后者因"教民种植桑柘麻纻之属，劝令养蚕织履，民得利益焉"②美行而见诸史传，可见时人对张扶翼的评价之高。

康熙二年（1663年）下种的首批桐树，距离《会同县志》修纂的康熙十二年（1673年），只有10年之久。虽由桐油产生的效应还没有充分显现，但这一天终究到来。到了康熙二十六年（1687年），这时距离张扶翼谕民种桐已过了25年，桐树的种植，已经推广到沅水上游，包括清水江、渠水、潕水、巫水流域等广大地区。一时间桐油成为大宗商品，需要加工和集散。洪江凭借它的地理位置，抓住这一千载难逢的机遇，从一个名不见经传的小集市，逐渐成为一座名扬四海的商城。

洪江因桐油而导致的迅猛发展，使得它的地位得以提升，并引起了官方的关注。《会同县志》有这样的记载："洪江巡检司署，原系若水巡检。康熙二十六年，辰永沅靖道详明，以洪江系属通衢，请将若水巡检移驻洪江，以资弹压。"明清时期，凡市镇关隘距县城较远者，多设巡检司分治之。明成化九年（1473年），会同县在距离县城35千米处的若水设置了巡检司。洪江虽然较若水更为偏远（相距60千米），却没有设置巡检司，这是因为若水市镇的规模一直比洪江大，而且是会同县之最大。会同县的所有市镇，都是每十天赶两场，唯独若水是每十天赶三场，直至今

---

① 黄本骥. 湖南方物志·序一 [M]. 长沙：岳麓书社，1985：122-123.
② 〔南朝宋〕范晔. 后汉书（下）[M]. 长沙：岳麓书社，2008：890.

天，若水还是每逢三、六、九日赶场。巡检司由若水迁至洪江，说明洪江因经济上的发展而获得政治上的重视，而政治上的加码又促成它在经济上的进一步发展。在康熙二十六年，若水巡检司移驻洪江，朝廷掌管传旨、册封之事的行人司行人徐炯奉旨云南颁诏返程，12月16日途经洪江时他这样描写："十六日……已刻发棹，过鸬鹚滩，行六十里至洪江，烟火万家，称为巨镇。"①虽然此时的洪江被称为巨镇，烟火万家，然其规模仍然比不上下游的浦市，因为徐炯三天后到达浦市时发现"十九日……过浦市……浦市称巨镇，廛舍稠密，估舶辐辏，十倍于洪江"②。不过即便如此，即便当时的洪江并没有万户人家，但与以前的小集市相比，它已初具商业巨镇的规模，离它的鼎盛已经不远。

洪江既为上河油商囤积之地，而国内外对桐油的需求又非常大，这直接促成洪江的桐油贸易的扩展壮大。外地客商尤其是江西商人纷纷来洪江从事桐油贸易，桐油一跃成为洪江的龙头产业，店铺云集，还出现了很多有名的油商大户，积累了不菲的财富。除了桐油之外，清中叶之后，洪江的木材产业也逐渐兴盛起来。沅水流域土地肥沃，气候温和，雨量充沛，雪峰山、武陵山连绵起伏，极适合林木的生长，自古以来是我国南方主要的木材生产基地。沅水流域所产杉木以清水江的最为著名。旧时，辰州（湖南省沅陵县）是五溪地域的政治中心，所有的木材都必须经辰州出口，"辰杉"因此而得名。在古代，人们将苗、侗等少数民族统称为"苗"。清水江流域是苗、侗聚居区，"辰杉"故又称"苗木"，也有称"峒木"。早在明代初叶，"苗木"已经进入市场。"客商典贩竹木股抽分之例，各有分数，以资工用，亦以防过取，今备载于后，洪武十三年，罢天下抽分竹木坊。二十六年定，凡龙江、大胜港，俱设立抽分竹木局及军卫自设场分收贮柴薪，按月给与禁军孤老等烧用，竹木等物推垛在场，今各局按旬奏申知数，遇有用度，以凭计料拣定数目，度量关填勘合支拨，如营造数多抽分不敷，奏闻给价收买，或差人砍办。三十分取一：杉

① 〔清〕徐炯.使滇日记 [M].上海：上海古籍出版社，1983：261.
② 〔清〕徐炯.使滇日记 [M].上海：上海古籍出版社，1983：262.

木、软蔑、棕毛、黄藤、白藤。永乐六年，设通州、白河、卢沟、通积、广积抽分五局。十三年，今照例抽分。三十分取二：石灰、石炭、杉木、甋瓦、黄藤、白藤、软竹篾、黄杨木。"①洪武初，朝廷制订"竹木抽分法"，明确了"杉木、软蔑、棕毛等，三十分取一"的税率，永乐十三年，"杉木、甋瓦、黄藤"等税率调整到三十分取二。这个"杉木"就包括清水江一带出产的杉木。由于"苗木"进入市场，催生了清水江流大面积人工杉木林的出现，沅水流域的木业由此迎来了长达数百年的辉煌。

明代，苗木（峒木）在黔阳县托市（即今托口）进行交易，交易通过歇店进行。歇店老板是木材交易的中介，按照成交金额，每两白银中抽出四分作为佣金。托口歇店兴旺，木市繁荣。到了明末清初，一场战火改变了这一状况。康熙五年（1666年）版《黔阳县志》有载："托市上通天柱，为峒木所必由，明时木商皆聚于此，以与苗市。兵燹后市移天柱之远口司，托市之名尚仍其旧。"清初，由托口转移到贵州的木材市场都只在清水江流域，并不能涵盖整个沅水上游。渠水和巫水流域的木材也相继进入市场后，必须有新的木材集散地出现。以"龙泉码"在湘西起家的江西客商对于木材经营驾轻就熟，加上这里有青山脚、回龙寺、萝卜湾等多处深潭，是木排湾靠、编扎的天然良港，新兴的木材市场在洪江应运而生。

在江西客商的引领下，各地客商也纷纷参与到木材经营的行列。当时的木商除了江西帮、徽州帮、陕西帮等活跃在沅水和清水江流域的著名商帮外，还有清水江下游湖广与黔省交界地区经销木材的五个商帮，称为"五勷"。"所谓'五勷'，一说是湖南的常德、德山、河佛、洪江、托口；一说，是天柱县属的远口、坌处为一勷，白市、牛场为一勷，金子、大龙为一勷，冷水溪、碧涌为一勷，托口及辰沅为一勷。贵州天柱及湖南木商合称'五勷'。"②经营木材的商人，往往还从事其他经营，如湖北

---

① 〔明〕申时行，等. 明会典之卷二〇四（万历重修本）[M]. 北京：中华书局，1989：1023.

② 国家民委《民族问题五种丛书》编辑委员会. 中国民族问题资料·档案集成（第5辑）：第120卷《民族问题五种丛书》及其档案汇编[M]. 北京：中央民族大学出版社，2005：288.

黄州、大冶的木商，每年从家乡采办棉花，到洪江发卖后作为购木资本，从事木材贸易，被称为"花帮"。桐油和木材成为洪江的两大支柱产业后，也带动了其他行业的崛起，在洪江形成了一条严整有序、环环相扣的产业链。桐油业的兴起，带动了造船业和航运业。木材市场的兴起，带动了排缆业的发展。此外与两大行业相关的手工业、金融业、药业、烟土、白蜡、服务业等纷纷应运而生，涉及吃穿住行等日常生活的各个层面，给洪江带来了数百年来的经济繁荣。

民国二十三年（1934年），洪江有坐商238家，木行13家，洪油号7家，油盐南杂店40家，衣庄11家，绸布庄30家，粮食行号56家，苏广洋货28家，瓷器12家，药材铺25家，纸张行6家，金银首饰店10家，年营业额634.8万银圆。其中洪油号180万元，油盐南杂号103万元，绸布庄97.6万元，木行68万元。行商营业额远远超过坐商总数，木行500万元，布业1000万元，特商业（鸦片）达1500万元。当年洪江人口3.76万人，经商者达1.3万，且自成帮派。如，江西帮主要经营洪油、药材、书纸、金银首饰、衣庄；陕西帮经营皮毛；福建帮经营丝烟；宝庆帮经营瓷、铁、木作业；湘乡帮经营糟坊、织染坊；麻阳帮经营船舶运输。民国四年（1915年）成立"洪江商会"。民国二十年（1931年），先后成立了洪油业、钱业、绸布业、药材业、烟业、酒业、金银首饰业、油盐南杂业、衣庄业、木业、瓷铁业、书纸业等同业公会。还有不隶属于商会的、来自外地赴洪购买木材的木商八帮，以及鸦片烟业的特商公会。直到抗战前期，洪江一直是湖南的商业重镇之一，在区域和全域经济发展中发挥着重要的作用。

抗战爆发后，由于战争带来的影响，交通堵塞，货运不畅，物资匮乏，外地商品不济，再加之民国二十八年（1939年）湘黔公路通车，部分商品改走陆路，洪江传统市场如桐油、木业出现衰退之势，但由于大量外来难民和国民政府的军队、机关单位、学校纷纷涌入，洪江本土的手工业得到发展，棉纱、布匹、瓷器、土纸、卷烟等行业兴旺。1938年，兴华烟厂在洪江开工，生产手工卷烟，此后，发展迅速。到1944年，规模较大的烟厂有华丰、合成、华记、复华、大华、兴华、同义等，生产各种品牌卷烟达20—30种[①]。旅居洪江的醴陵人刘谷珊、贺盖元等人邀集洪江富商刘安庆、刘同庆、徐荣昌等12户为股东，每户出资1万元（法币）创办瓷厂，定名为湘西瓷业公司。贺盖元还赴醴陵请来了专门技术人员24人，招收10余名学徒和杂工。该厂厂房建筑面积达1200平方米，建有6间阶梯式柴窑1座，手工辘轳车16部，生产日用粗瓷，年产量约30万件，获利颇丰，之后又设立"云记""宋记""江记""合记"4家分厂。[②]1942年3月，洪江织布业职工工会代表杨积德等4人向洪江商会呈文称："洪江为湘西繁盛之区，工业之发达亦为它处之冠；本会织布手工艺登记会员达80余家，每家织机四、五架不等。"[③]"1940年，外籍人在洪江镇创办茂雄新式纺纱机制造厂，生产铁木结构的纺纱机。"[④]

此时，由于战时国民经济发展的需要，在国民政府的主导和推动下，洪江出现了一些现代工业和企业。1937年，国民政府陆军机械化学校迁来洪江萝卜湾，开办机械厂，生产联合机床，为境内工业设备制造业之始。1938年，湘西绥靖公署主任陈渠珍向中国农民银行贷款11360元（法币）在洪江镇开办"湘西绥靖公署洪江造纸厂"。后来，该厂以5万元估价让给洪江大业贸易公司李相村等继续经营，并更名为"洪江造纸厂股份有限公司"。1943年又增加股本10万元，合计股本15万元，同时在会同若水设立分厂，共有职工123人，每月生产"建国牌"白贡川纸25担，报纸30担，书写纸15担，主要销往贵州、四川重庆。[⑤]1941年7月，湖南唯一的省办机制纸厂迁来洪江，全厂有职工200余人。主要设备有打浆机、发动

　　① 洪江市志编纂委员会. 洪江市志 [M]. 北京：生活·读书·新知三联书店，1994：152.

　　② 洪江市志编纂委员会. 洪江市志 [M]. 北京：生活·读书·新知三联书店，1994：152.

　　③ 刘鹤. 抗战时期湘西现代化进程研究 [D]. 长沙：湖南师范大学，博士学位论文，2009.

　　④ 湖南省怀化地区地方志编纂委员会. 怀化地区志 [M]. 北京：生活·读书·新知三联书店，1999：1121.

　　⑤ 湖南省怀化地区地方志编纂委员会. 怀化地区志 [M]. 北京：生活·读书·新知三联书店，1999：11.

机、蒸煮机各1台，锅炉2台。此外，现代交通和邮电业得到发展，在国民政府主持下，洪（江）洞（口）、安（江）洪（江）公路开通，邮局得到升格，洪江邮政支局战前为二等邮局，职员17人。抗战期间，由于人口猛增，邮政业务加大，1941年，该局升为二等甲级局，职员达51人，下辖的三等邮局由6个增至8个，邮政代办所由14个增至20个，信柜由11个增至33个，新增邮票代售处2个、邮站2个。[①]整个抗战期间包括抗战前后，洪江的商道文化顺应历史的巨变，呈现出从明清以来的近代化向现代化过渡的色彩，产业结构有所调整，其间发生的种种变化意蕴着新的历史转型期的到来。

1949年10月4日，洪江的商道文化进入了社会主义建设时期。中华人民共和国成立初，国家实施社会主义工商业改造。洪江同全国各地一样，于1956年基本完成资本主义工商业的社会主义改造任务。到1955年底，私营工业按产值计算，纳入国家资本主义经济轨道的占95%，私营商业改造面积达45.09%，加入农业互助组的农户，占总户数的89.1%，加入手工业合作组的，占手工业从业人员总人数的34.42%，国有经济在市场居于主导地位。[②]从1956年起，私营工商业陆续实行了全行业公司合营，先后有洪江织染厂、雨伞厂、新湘瓷厂、鼎锅厂、玻璃厂、新建粮食加工厂、植物油公司、洪江瓷厂合营企业共八家。从商业来说，百货、颜料等六个行业实行全行业公私合营。至1956年2月，计组成公私合营商店48个，资本为42.75万元；合作商店28个，资金2.31万元；合作小组87个，资金6.87万元。改造后，按行业性质，分别归药材、百货、纺织、日杂、贸易、食品、专卖等公司及手工业联社、福利公司管理。这次顺利完成的全行业公私合营是在社会主义国家制度的干预和工商业主的自愿双重前提下进行的，从私有到公有，改变的不仅是洪江商业的性质，还有经商理念、方

---

① 洪江市志编纂委员会. 洪江市志 [M]. 北京：生活·读书·新知三联书店，1994：231.

② 洪江市志编纂委员会. 洪江市志 [M]. 北京：生活·读书·新知三联书店，1994：181.

式、制度、市场、结构等多方面的改变，它对洪江商业经济的影响甚大，使繁荣数百年的洪江商道文化走向新的历史发展时期，并在以后的岁月中随历史的风云变幻而浮沉，书写着洪江特有的感悟沧桑。

第三节　洪江商道文化的物质载体
——洪江古商城

　　洪江古商城既是洪江商道文化的结晶，也是其历史印证。这一具有明清风格的古建筑群至今仍保存完好，现遗存380多栋建筑，占地面积近30万平方米。古商城渐成规模当在清康熙时期以后，由于桐油业的兴起，洪江凭借它优越的地理位置，逐渐成为沅水上游最大的都会。由于地处巫水（"小河"）与沅水（"大河"）交汇处，河边多山而少平地，聪明的洪江人，便因地制宜，将市镇的街巷、会馆、店铺、房舍依照山势而修建，这样的市镇格局被称为"七冲八巷九条街"。洪江的"冲"和"巷"，多依山就势而修建，"街"多建于小河边的平腴之地。大河边则多修建会馆，"十大会馆"有六座建在大河边。

　　七冲，含木粟冲、打船冲、龙船冲、季家冲、牛头冲、俞家冲、塘冲。木粟冲为外来木商（称"水客"）聚居地。民国初年曾建有湘黔、亚洲、九州等大旅社，有较高档次的青楼。打船冲早年多为造船作坊，后为木行集中地，住有本地木商（称"山客"）。龙船冲建有福建、山陕、苏州会馆，是油篓作坊集中地。季家冲、牛头冲、俞家冲、塘冲为贫民区。

　　八巷，含油篓巷、宋家巷、财神巷、三甲巷、一甲巷、太素巷、牛皮巷、仁里巷。油篓巷，顾名思义，早年多油篓作坊，后设有油号。宋家巷多富裕人家，有油号、绸布庄。财神巷为古城住家地，巷内有财神庙。三甲巷是赶乡场小商贩的集中住地。一甲巷里有油号，多殷实人家，巷口有辰沅会馆。太素巷多殷实人家，有油号。牛皮巷是小巷子，住家地。仁里巷为住家地，巷内设有厘金局。

九条街，含荷叶街、鼎新街、米厂街、姜鱼街、老街、新街、鸡笼街、洪盛街、正街。荷叶街在小河边，为家机土布市场，街上有钉鞋铺。鼎新街在大河边，多木行，为"山客"聚居地。米厂街在小河边，为米市。姜鱼街在小河边，为纸市，所生产土纸用作楮钱，需求量极大。老街在小河边，多绸布店，并有前店后厂的丝烟店。新街在小河边，多染织作坊，染布的蓝靛出自贵州黎平。鸡笼街在小河边，为家禽市场。洪盛街在小河边，多绸布庄。正街在小河边，从鹅形到田湾，全长一千米有余，是旧时洪江最长的一条街道，店铺销售的货物以百货、南杂居多，其中从炮铺桥到鸡笼街一段最为热闹。

平地甚少的洪江，能依山傍势，建成一座颇具规模、以"七冲八巷九条街"为格局的古商城，堪称建筑史上的杰作，这不能不提到一个被称为"宝古佬"的群体——宝庆府（包括新宁、城步、武岗、邵阳、新化诸县）的客民。他们世居雪峰山东麓的资水之滨，人多地少，百姓多以手艺为生。洪江的崛起，给他们带来了机遇，他们翻山越岭，来到了雪峰山西麓沅水之滨的洪江，成为这里最大的客民群体。民国二十二年（1933年），洪江总人口37600人，其中宝庆籍8300人，占总人口的22%。来到洪江的宝庆工匠，按照工种，分为四路：东路为木匠、铁匠；南路为泥瓦匠、岩匠；西路为圆木、篾匠；北路油漆匠。是宝庆的岩匠，铺就了这里岩板路，砌成了这里的岩码头。窨子屋的高墙、天井，是宝庆泥瓦匠垒砌、建造；窨子屋木构架的是宝庆木匠构建……宝庆工匠们在财神巷口建了同乡会馆太平宫，因宝庆人工匠居多，民间戏称"太平宫的锤子"。正是宝庆人的锤子，打造了这座"七冲八巷九条街"的古商城。洪江太平宫的祀神是中华民族三大始祖之一的蚩尤，又称"兵王"。每当蚩尤神诞时，在洪江的宝庆乡亲都要前来祭拜，同时要请来家乡的祁剧班演唱大戏。

作为沅水上游上下货物最大的水码头，洪江古商城最大的特色是它的码头之多。20世纪80年代，曾发现光绪十五年（1889年）《洪江街市全境图》木刻印版一块，其中标明的码头便有27处。这些码头是：柴码头、新码头、高码头、廖码头、大码头、左家码头、申家码头、塘坨码头、新安码头、太素巷码头、松林码头、三甲巷码头、洪盛码头、宋家码头、同仁码头、赵家码头、吉庆码头、犁头嘴码头、辰沅码头、一甲巷码头、武宝馆码头、福建码头、山陕码头、大佛寺码头、江西码头、贵州码头和六甲码头。此外还有一些专用码头，如柴码头，设在新街，专门停泊柴木排，柴商生意成交后就地加工，将柴劈成一定规格的"码子柴"，销售给油坊、染坊、糟坊以及商号；墟场码头，墟场设在太素巷，农历每月初三、初八、十三、十八、二十三、二十八，四处的乡民都来赶场，交易的商品有从江市、托口、沅江等地运来的大米、木炭及其他农副产品；粪船码头，设在塘坨码头，专供粪船停用，当时市内居民粪便用人力挑往粪船上，运往农村做肥料；义渡码头，设在江西码头，码头停泊有较大的趸船和渡船，为来往的人义务摆渡。①

这些码头汇聚了来自清水江和沅水支流渠水、巫水、舞水等的各色船只，据1938年洪江《湘水道查勘报告》载，经常聚集在洪江的这种木帆船，载重量达10吨以上的便有511艘，常常"见排不见水，见船不见江"。这些船只，根据各处航道的情况和装载货物的不同而形态各异、特色鲜明。如，来自清水江的苗船，俗称"麻雀尾"，因船头翘起，似麻雀的尾巴而得名，载重一吨半，这种特点是适应清水江航道多巨石、江面较窄吃水不深的情况而设计的。魏源的《圣武记》便记述了这条水道的繁忙："苗船百余，赴湖南市盐、布、粮、货，往返倡道，民夷大忭，估客云集。"②

来自渠水的"草鞋板"，因出自靖州，又名州船。此船头、尾均呈方形，较平直，形似草鞋而得名。在会同县洞头塘河段有大顶、小顶、滑板一连三个险滩。船过此滩，船头会插入水中，舀起半船河水，而后再浮起。如果船头翘起，便会重心不稳而倾覆。于是，渠水上便出现了形同草

---

① 中共洪江区工委宣传部. 洪江古商城[M]. 北京：中国文史出版社，2007：52.

② 〔清〕魏源. 圣武记·卷七·雍正西南夷改流记（上）[M]. 北京：中华书局，1984：289.

鞋的船只。"草鞋板"载重约两吨半。此船装载洪江货物，上游可直抵通道老县城，今称县溪镇。再往上走，就要换小船了。

来自舞水的"翘脑壳"，由舞水（也写作"潕水"）进入洪江的船，因船头翘起而得此名，载重约三吨。另有一种来自黄平、装运制作神香的香粉的香粉船。这种船细而长，形同一条泥鳅。旧时，洪江寺庙、会馆众多，神香的需求量非常大。从事神香制作者甚众，他们还在棉花园建立了会馆，名叫宝鼎宫。制作神香的原料，则是通过船装水运，从贵州黄平运来的。

托口的"小五舱"和黔城的"大五舱"，均为赶场船。前者为10吨，后者为15吨。此船除在附近赶乡场外，还运货物到洪江。来自巫水的"柴船"，是从巫水进入洪江的船只，多运柴火、蔬菜，故称"柴船"，此船载重量约4吨。辰溪的"炭驳子"，是从辰溪装运煤炭到洪江的船，平头，尾无艄棚，此船载重量约30吨。

还有洪江本地制造的"鳅鱼头"，在打船冲由麻阳工匠打造，因船头形似鳅鱼头而得名。此船主要是将洪江出产的桐油，即"洪油"，运送至常德、汉口，乃至镇江。吨位以"个油"计，一"个油"为100市斤，最大的"鳅鱼头"为800"个油"，即40吨。"鳅鱼头"规模庞大，结构从头到尾依次是：尖舱、将军柱、鳌头、应舱、火舱、桅杆、桅背、官舱多眼（第五眼为船老板住宿）、收缆舱、鹅舿和艄棚。此船的船老大称"元子号"；掌舵者称"舵把子"，其助手称"帮舵"；招呼船头者称"拦头工"，助手称"帮篙"，并根据船的大小配备有相应的脚划子（即划桨者）若干名。此船上水扬帆走风时，配有纤夫5名，他们的名目依次是：头纤、二纤、扛腰、扳艄和丫尾。

大凡新人来到"鳅鱼头"上打工，都必须经过以下考试。

　　问：这船上，有个东西一寸三，做起了便不见天日，你说是哪样？

　　答：是橹把和橹叶之间的橹楔。橹楔做起以后，插进了木头里，不见天日。

问：船上有三棵半树，苋朝上，尖朝下，又是哪样？

答：船上的将军柱、鸡公头和夹板，都是苋朝上尖朝下的树。舵根虽也是这样，只能算半根。

问：船上有三荤三素，你可晓得？

答：船上的三荤是升降锚的"鸡公头"、拴舵的"猪腰子"、架棚子的"鱼尾巴"；船上的三素是升降船篷的"饼子"、倒桅的"耳子"（木耳）、拉篷的"豆子"（船把佬称绳索为"豆"）。

问：你可晓得鳅鱼头上有哪九块板子，其中哪三块妇人不能碰？

答：先说船上有三块妇人不能碰、不能粘的"神板"，是揽头工的烧香板，上桅杆的仙人板，封艄的镜子板。其余的六块板是牛颈板、锁伏板、垫舱板、雨板、夹板和碗板。另外有一块跳板，归老板所有，不在九板之内，若是卖船，这块跳板是不卖的。

问：你可晓得鳅鱼头上，有哪十八条绳索？

答：十八根绳索是：护锚索、锚脑索、绊篷索、扎篷索、力索、扁担索、鸡脚索、手索、子索、筋索、边筋索、镶索、缓索、回索、提桶索、马铃索、洗把索，还有一条老板的太平索。①

沈从文曾在那篇著名散文《常德的船》中描述过洪江的油船："在沅水流域行驶，表现得富丽堂皇，气象不凡，可称为巨无霸的船只，应当数'洪江油船'。这种船多方头高尾，颜色鲜明，间或且有一点金漆装饰，尾梢有舵楼，可以安置家眷。大船下行可载三四千桶桐油，上行可载两千件棉花，或一票食盐。用橹手二十六人到四十人，用纤手三十人到六七十

① 船类别及考试问答内容来自新浪博客李怀荪11111的博客，在此表示谢意。

人，必待春水发后方上下行驶，路线系往返常德和洪江。每年水大至多上下三五回，其余大多时节都在休息中，成排结队停泊河面，俨然是河上的主人……换言之，就是这只船与当地'历史'发生多少关系！这种船只上的一切东西，无一不巨大坚实。船主的装束在船上时看不出什么特别处，上岸时却穿长袍（下脚过膝三四寸），罩青羽绫马褂，戴呢帽或小缎帽，佩小牛皮抱肚，用粗大银链系定，内中塞满银圆。穿生牛皮靴子，走路时踏得很重。"[①]这段关于洪江油船及其船主的文字从侧面揭示了洪江桐油业的繁荣。码头、船与水道商贸文化是一种天然的维系，从中折射出的是湘西地方的民族特性，常德的船如此，聚集在洪江的船也是如此，因此码头和船只是洪江古商城最重要的文化标识。

除此外，洪江古商城的民居窨子屋也是洪江商道文化的特性体现。因为来洪江经商的大多为来自各地的汉族商人，所以窨子屋保留了徽派的建筑风格，同时为了做生意，在设计上做到了商住两用。窨子屋外围施以高墙，以青砖砌成，再涂以石灰砂浆，这种高墙也叫封火墙，一为防匪防盗，二为防火。屋顶从四周向中心低斜成小方形天井，天井有干天井和湿天井之分，前者采用架空瓦再盖玻璃，后者则不盖瓦，以利于采光和通风。连墙之间挑有晒楼，用来晾晒衣物和其他物品。屋宇多按井字排列，一般分三进两层或两进三层，一层是商铺，二层三层为仓库和住宅，或前院二层为商铺和仓库，后院三层为住宅，均为木质结构的堂屋和厢房。每家还在前院放置刻有精美鱼龙图案的青石板水缸，称之为"太平缸"，用于储水防火，同时也起着装饰作用。洪江的窨子屋都是依山就势而建，高低错落在古商城的七冲八巷九条街中，鳞次栉比，具有特别的层次感和纵深感。它的用途比较广泛，既是富商巨贾的宅邸，同时又可作货栈、店铺、商行、会馆等用，是洪江商道文化重要的组成部分。

---

① 沈从文.沈从文全集（11）[M].太原：北岳人民出版社，2009：340-341.

第四节　洪江商道文化经商义理解读

　　洪江商道文化的核心是经商义理。义理指普遍皆宜的道理或讲求经义、探求名理的学问。洪江古商城经商义理就是一门讲求经商道义，探求经商名理的生意经或经商的学问，其源于义，其行于义，其果亦义。追溯洪江古商城经商义理的形成原因，它与中国儒家核心思想"仁义礼智信忠孝悌节恕勇让"有着紧密的联系。其义源是儒家正统商道，是洪江商道文化长期的积淀。在漫长的经商长河里，洪江商人讲商道、讲义道，所施义举和产生的义果影响空前，光照世人。那些千古永恒的义理，被镌刻在门庭上或墙壁上作为座右铭，已化为了商人们的自觉行动，产生了良好的商业效应。遵循先人成功的经商义理，洪江商人创造了明清时代的商业辉煌，当代洪江人创造了20世纪80年代的工业辉煌。正因为这样，洪江古商城经商义理很值得我们研究，并需要我们将其发扬光大。洪江古商城经商义理，经过历代商人锤炼总结，已形成了洪江商人的独特"商经"，其核心内容如下：

　　经商义理一：对天勿欺，罔谈彼短。 此警句和经商义理二、三都出自洪江古商城汛把总署天井屋檐上。天井屋檐刻有警语："对天勿欺，罔谈彼短；待人以恕，勿矜己奇；不拘不卑，居仁由义。"这六句警句讲的是为官之道和做人原则，洪江商人把它运用到经商中，扩展了它的内涵。对天勿欺，就是要求为人、经商莫做亏心事。要秉承天意，做到公平公正，公平买卖，童叟勿欺。罔谈彼短，就是不要谈论别人是非，若是同行做生意，不要议论别人的长短，更不能挑逗是非。俗语道："打人不打脸，揭人不揭短。"洪江商人遵循这个义理，如果发现同行在认识上有不妥的地方，也不要直截了当地指出，而是因人施语，把握谈话的技巧、沟通的艺术，做到委婉忠告。如果发现同行有些缺点，也不要当面批评、指责，而是在掌握赞美的尺度和批评的分寸下旁敲侧击，往往通过率先垂范，以影响他们。

　　经商义理二：待人以恕，勿矜己奇。待人以恕，就是要原谅他人无心之过，让别人有改过的机会；要严于律己，宽以待人，切不可居高自傲。洪江商人注重礼节，理解人，尊重人，认为尊重别人的人是值得被尊重的人。毋矜己奇，就是不要夸耀自己的奇特之处，也不要依仗着自己的长处而不思进取。洪江商人忌炫耀自己，不班门弄斧，不忘乎所以、自吹自擂，不炫耀自己的出身、学识、地位以及经商业绩和收入等，因为这样就会人为地造成双方的隔阂和距离。他们懂得财富虽属于个人，但地位和声誉是世人给的，是暂时的；而服务态度和服务质量，却是属于你和顾客的，是永恒的。

　　经商义理三：不拘不卑，居仁由义。不拘不卑，就是不以局部利益为重，而是从战略的高度，从全局利益出发，行事说话不委曲求全、低三下四。洪江商人说话办事有恰当的分寸，既不低声下气，也不傲慢自大。洪江商人多出入江浙经商，在外交场合，在友邦人事面前通常显示了一个出色的外交家特有的风骨。居仁由义，即内怀仁爱之意，行事遵循义理。洪江商人由于受孔孟之道的熏陶，把"仁""义"作为座右铭，以"行义以达其道"，"见利""见得"都要"思义"，将义与仁一样作为道德的最高原则。洪江商人把孟子的"居仁由义"思想的"仁、义"这两个范畴始终贯穿于为人和经商各个方面，强调人的良心、本心，认为人之为人必须遵循义理。他们遵循人与人相处所当行之道，以"义"为标准取舍衡断人际关系，认为只有"居仁由义"才能做到心得安，身也得安。

　　经商义理四：利缘义取，趋义避财。洪江商人遵守古代商人的经商十诀，注重以义取利，利以义制。"八大油号"老板以及他们的后代之所以能驰骋大江南北经商，而且越做越大、越做越强、越做越富就是因为他们遵循"财自道生，利缘义取，趋义避财"的义理。他们认为生财有大道，君子爱财，取之有道。他们以义为利，不以利为利；做到"视不义富贵若浮云"。不管做什么生意，不以利薄而弃之，不因利厚而趋之。他们"宁亏银子，不亏良心"，决不做坑蒙拐骗的"奸商"。洪商驰骋大江南北、生意越做越大的事实说明：狡诈生财者，往往自塞其源；而但凡以重义轻利，非义之财不取者，往往商机无限，财源广进。舍义取利，丧失了

"义"也得不到"利"，以义取利，德兴财昌。他们认为生意不成仁义在，钱为身外之物，但是他们并非不想赚钱，而认为君子爱财，取之有道。钱是天下人的钱，要让天下人赚。所谓"天下熙熙皆为利来，天下攘攘皆为利往"，重利是商人的天性，但洪商力图使"利"和"义"和谐存在，追求重利与保义的完美结合。这种"义利观"同商业公平交易、等价有偿、互惠互利等原则相融合，逐步成为洪商经营的理念，贯彻到商业活动的全过程。

经商义理五：薄利多销，无敢居贵。 先秦大商理论家计然认为，"贵上极则反贱，贱下极则反贵"，主张"贵出如粪土，贱取如珠玉"①（注：计然，葵丘濮上，今民权、兰考一带人，中国第一位商业理论家，"商圣"范蠡之师。先秦时期的经济学家，主要研究国家的经济发展问题）。司马迁说过："贪贾三之，廉贾五之"②，意思是贪婪的商人居奇惜售，货物滞销，资金周转不灵，只能获利30%，而薄利多销的商人财物畅通无滞，获利可达50%。洪江商人遵循这一商经，以利及人。薄利多销，实际就是一种义举，让更多的顾客获取利益。正因为这样，洪江商人走遍大江南北，立下了洪江千年商都基业。至今有2元店，10元店，或大降价处理，同样是通过实施"薄利多销，无敢居贵"的经营策略获得了较多利润。

经商义理六：外圆内方，义方格守。 外圆内方，它取象于钱，指钱币，通常指为人处事之道，表面随和，内心严正。比喻为人处事圆通豁达，内心有固守的准则。"方"，方正，严正；方方正正，有棱有角，指一个人做人做事有自己的主张和原则，不被外人所左右。"圆"，圆通；圆滑世故，融通老成，指一个人做人做事讲究技巧，既不超人前也不落人后，或者该前则前，该后则后，能够认清时务，使自己进退自如、游刃有余。"圆"，就是要做到"和若春风"，对朋友、同事、左邻右舍，要敬重、诚实、平易近人，和气共事；"方"，就是要"肃若秋霜"，做事要

---

① 〔西汉〕司马迁. 史记译注 [M]. 纪丹阳，注. 北京：北京联合出版公司，2015：307.
② 〔西汉〕司马迁. 史记译注 [M]. 纪丹阳，注. 北京：北京联合出版公司，2015：347.

坚持原则，要把"外圆"与"内方"有机统一。一个商人如果过分方方正正、有棱有角，必将碰得头破血流；但是一商人如果八面玲珑、圆滑透顶，总是想让别人吃亏，自己占便宜，也必将众叛亲离。因此，做人必须方中有圆，圆中有方，外圆内方。"方"是做人之本，圆为处世之道。人仅仅依靠"方"是不够的，还需要有"圆"的技巧。做人应当方圆并用，该方则方，该圆则圆。洪江商人认为无论是为人、经商，都需要掌握"方圆"的技巧，才能无往而不胜。

图1-1　徐复隆商行室内外圆内方警示柱

　　洪江商人所立的"外圆内方"警示柱，意在"至仁""至德"，这是境界极高的人生道德和智慧的追求。此外，圆的一面对着外面、门外，方的那面对着里屋，其意思是注重对外办事要圆润，这样才行得通，对自己、对家人、对员工要求要严。洪江商人精明能干，多精通"方圆"之道而成就功业。如，洪江巨商刘岐山、高灿顺、朱致大、陈昆山、余云山、徐复隆、杨竹秋、陈荣信、郑煊等都懂得"变通"之道，他们"智欲圆而行欲方"，既中庸、圆滑，同时又不失正气、骨气和品德，在坚持原则情况下保持独立的个性。他们在"内方"上人格独立，灵魂正直，胸怀大义。他们坚持真理，爱憎分明。在原则问题上，不左右逢迎，随波逐流；面对错误行为、不良倾向，旗帜鲜明，敢于挺身而出，做一个正直的人。在"外圆"上，他们张弛有度，把握分寸，倡导一种豁达、大度、宽厚、善解人意、与人为善的处世原则。他们在交往中学会把握自己的情感，驾驭自己的意志，以开阔的心胸处事。他们是大智慧与大容忍的结合体，有勇猛斗士的威力，有沉静蕴慧的平和。他们能对大喜悦与大悲哀泰然不惊。他们行动时干练、迅速，不为感情所左右；他们退避时，能审时度势、全身而退，而且能抓住最佳机会东山再起。他们没有失败，只有沉默，是面对挫折与逆境积蓄力量的沉默。

"义方恪守"就是恪守契约律法，不毁约。义方，指行事应遵守的规矩法度，即议定的条约规款。恪守，即谨守，谨慎而恭顺地遵守既定的法令，毫不通融，严格遵守，决不改变。如果说"外圆内方"是对自己、对家人亲友的要求，那么"义方恪守"就是对所有商行、店铺、会馆、行会、宫所及商人的要求。

洪商凡事有"立字为据"的习惯。强烈的契约意识和法制观念为洪商经营创造了一个和谐的市场氛围，维护了自己的商业利益，同时也为社区自治和社会和谐奠定了基础。各行业都有自己的行规和商业规范，例如，洪油业店规严谨，制度缜密，重视信息，职责分明。他们规定分支机构及派出人员必须三日一信，汇报市场信息，称为"卯信"，重要事项，必以加急电报报告；仓储物资，专人保管，定期检查。木商业河规规定：山客主管从产地收购或砍伐木材，运销洪江；水客主要是向山客收购木材外运销售；木牙专为山客、水客之间搭桥撮合，负责议定合同，衡量结算，收付货款，监督买卖双方遵守、执行同业共订的河规制度。木材买卖必须经过木行交易，不得私相授受；买卖要签订合同，并预付押金；在木材交接前，买卖双方各承担相应风险责任等。

另一方面，洪江虽没有行政机构，但会馆和行业公会的高度自治和和谐化社会管理，完好地代行了政府职责，洪江基本上处于商人自治状态。

至乾隆年间，洪江相继建成了贵州馆、福州馆、衡州馆、徽州馆、湘乡馆、武宝馆、七属馆、辰沅馆等十大同乡会馆和"大佛寺"十馆公所，自清代末期至民国的鼎盛时期，又发展了洞庭宫、药王宫、飞山宫、轩辕宫等28个行业宫和山西馆、新安馆、山陕馆、四川馆、苏州馆、长沙馆等29大同乡会馆及48个商业码头。客居洪江的同乡绅商为立足商城，接纳本乡的官绅商民及行业而建立会馆、行会，制定馆约行规，共同祭祀同乡会馆和各行业的神祇，救济同乡、同行，共建码头、仓库，开展商务活动和慈善公益事业。各会馆行会一般都具有"祀神、合乐、义举、公约"四项功能，地方民政、教育、建设、国防、保甲、民事纠纷等大都也由"会馆"出面办理。同时，各会馆还成立了联合组织"十馆公所"，并由十大会馆统领整个商界，负责处理日常事务。洪江商人信守契约，重视契约和声誉，契约是他们存在的理由，他们认为如果不遵守契约就会有灾难。

　　经商义理七：里仁为美，格物致知。"里仁为美"出自《论语·里仁》，子曰："里仁为美。择不处仁，焉得知？"孔子说："居住在有仁德的地方才是好的。选择住处，不住在有仁德的地方，那怎么能说是聪明智慧呢？""里"指内心的精神，"处"是"措置于""安处于"之意。洪江长期流传着"里仁为美"的故事。据说清代李姓富商因资金周转不灵，无奈将其一栋窨子屋卖给了一刘姓商人。刘姓人买房后在房中发现卖主埋的黄金，便果断赠还卖主，卖主却以"房屋我已卖"而拒收，双方都不要这意外之财，相持不下只能诉诸汛把总署。买卖双方最后听从师爷建议，将此钱充公用于修桥铺路等公益事业。两位商人因此获得很好的商誉，生意也越做越红火，人们为嘉奖两人的善举和高尚的品德，便赠其"里仁为美"四个大字，那条街巷也因此称之为"里仁巷"。

图1-2 窨子屋门框——"里仁为美"

"格物致知"意为推究事物的原理法则而总结为理性知识。"格物致知"一词出自《大学》："格，至也。物，犹事也。致，推极也。知，犹识也"①，"知"通"智"，是聪明与智慧的意思。"格物致知"是儒家的一个十分重要的哲学概念，包含"实事求是"精神。洪江里仁巷传说"里仁为美"的故事从另一个方面也体现了"实事求是"精神，同时也反映了洪江商人的修为，即修身、诚意、正心、格物、致知。洪江商人遵循"格物致知"的哲理，经商穷至事物之理，凡事都要弄个明白，探个究竟；做人要做明白人，为人行事从不糊涂；齐家要做到"清白传家"。

经商义理八：吃亏是福，占利为祸。在古商城塘冲1号陈荣信商行屋内照壁上拓有郑板桥郑燮的真迹，即完整版的"吃亏是福"的勉词。墙脚有一"鱼龙变化"太平缸。这幅壁联的主题是"吃亏是福"，内容写的是："满者损之机，亏者盈之渐。损于己则利于彼，外得人情之平，内得我心之安，既平且安。福即是矣。""吃亏是福"被誉为商家生意经的泥塑横额。相传陈荣信商行的管家郑煊，其祖上是郑板桥的远亲，他早年来到洪江经商。有一次，他运着一大船木材到江浙一带去销售，谁知中途河道搁浅，木材不能

---

① 〔宋〕朱熹. 四书集注章句 [M]. 北京：中华书局，2011：5.

运出交易，内心十分焦急。不久汛期来临，货物得以顺流而下，如期送达。不想此时，江浙一带由于上游河道搁浅，木材奇缺，市场价格暴涨，郑氏先祖不但没亏，反倒狠赚了一笔。郑氏先祖把这一行商过程告诉了郑板桥，郑板桥听了欣然写下"吃亏是福"的勉词，并写下题记。

郑煊在洪江做生意一度血本无归，"逃往"老家，在老家收拾旧物的时候，无意中发现了这幅郑板桥写的"吃亏是福"真迹。带着这张"吃亏是福"，郑煊"杀回"洪江，后来果然生意兴旺。郑煊便将"吃亏是福"四字连同题记刻在院子的墙上，以警醒后人。它告诉人们，经商不可能永远成功和发财，满足于一时的发财则可能丢失更好的机会，会有意想不到的破财和损失；人也不要为一时的损失而沮丧，往往破财或亏损之时也会有意想不到的盈利和柳暗花明的时候。如果生意一时亏损，没关系，亏了自己，则利了对方，世上的钱不是一个人能赚得完的。人家赚了钱给你一个人情，自己也可以心安，有时吃亏也是一种福。对于做人来说，一个人不能满足于现状，不能骄傲自满，满则溢。人要有一种平常的心理，有时吃亏是福运的开始。同时从故事本身来看，也反映了鱼龙变化的过程，世事或人，往往因为机遇会发生根本性变化，经商之道也是如此。另外，俗话说，"吃得亏，才能打成堆，吃得亏，黄土变成金。"

"吃亏是福"的理念还体现在对商品质量的讲究上。为创保品牌，洪油业宁愿少赚利润，决不多掺乌油。刘修松、刘同庆油号甚至把油桶木板削薄一厘米，多盛十斤油让利给顾客。"宁叫赔折腰，不让客吃亏。""买卖不成仁义在。"洪江商人认为"占利为祸"，信奉为善者常受福，为利者常受祸，心安为福，心劳为祸，利深祸速。得到不相匹配的名声利益，这些福分终究会成为灾祸；如果能忍受最难忍受的困苦，就一定会苦尽甘来。人生在世，功名利禄十分诱人，所以有人争名于朝，争利于市。但是，用虚伪矫饰的手段沽来的名、钓来的誉、骗来的财、窃来的利，毕竟不是自己应得的，终究会变福为祸。机关算尽太聪明，到头来反遭灾祸当头、身败名裂的下场。洪江商人相信吃得苦中苦，方为人上人。他们正是在贫困中磨炼了意志，砥砺了气节，从而成就伟业。

图1-3　陈荣信商行壁上所镌刻的"吃亏是福"

经商义理九：诚信为本，和气生财。洪江商人无论是行商还是坐商，在经商活动中，都是讲究诚信为本、和气生财的。洪江商人，把商业信誉看得高于一切，他们认为经商虽以营利为目的，但做生意更应该以道德信义为标准。洪江商人对顾客、商家，无论大小，都以诚相待，热情相迎，绝不缺斤少两、货真价实、童叟无欺。如发现货质低劣，宁肯赔钱，也绝不销售。他们懂得：讲信用、重承诺、不欺不诈，才会有顾客盈门。洪江商人无论经商还是在为人之道上，均表现出诚意、忠厚一面。他们以"诚"为真实无妄的本然之道；以"诚"为道德之本、行为之源；重视"诚"的实践，强调言行一致、知行合一。洪商"以信接物"，讲信用、重然诺、重视商业道德。他们认为如果不讲诚信，就会陷入信任危机，不讲诚信，就会遭受巨大的损失，经营成果也会因此丧失。如果不讲诚信，那么身边的朋友会越来越少，慢慢地在社会上也是很难立足的。"诚信"是立身之本，处世之宝，"诚信"精神是培养人的高尚道德情操、指引人们正确处理各种关系的重要道德准则。

做生意讲和气、讲和谐也是洪江商人的经商的一大法宝。在他们看来，和气生财，和谐生福。和于物，则诸事顺；和于人，则得多助；和于心，则处之泰然；和于行，可左右逢源。和谐、和睦、和美、和平、和顺为洪江商业发展创造了和谐商业文化的基础。洪江商人以和为贵，崇尚和谐，追求财富之"和"，强调"以义取利"；注重修身之"和"，做人忠诚，广结善缘，"和气"生财，修身齐家，遗德后人；讲求经营之"和"，以人为本，恪守信誉；提倡竞争为"和"，合作双赢。实现社会之"和"，善待财富，他们和谐地创造财富，和谐地共享财富。在洪江古商城最发达的几个阶段中，为什么能够共生共赢、共生共荣？这就是"和"的结果。明清以来，洪江商贾云集，店铺如林，沅巫两岸千帆竞发。在光绪年间，各类人员近5万人，经商者近2万人，全国有20多个省市的商贾游客聚居洪江。民国二十三年（1934年），洪江3.76万人中，经商的就达1.3万人。抗日战争时期，洪江出现过"战时繁荣"的景象，全国20多个省市和港澳台地区及外国的商人纷至沓来，开设店铺达1300余家，这些都是和谐相处的结果。

　　经商义理十：无听发禅，上善若水。"无听发禅"是隐藏在洪江商道文化中的禅机。在洪江古商城杨三凤商行的侧门上，镌刻着众说纷纭的四个字："无听发禅"。它比起郑板桥的"吃亏是福"、太平缸的"鱼龙变化"等商道箴言，更显商道禅机，可以说是洪江古商城商道文化的至高境界，是一种经商的最高心境。"无听发禅"从字意上来理解，一个人若无尘劳之心，不汲汲于功名利禄、荣华富贵，以清净之心来聆听感受生活与世界，就能萌发禅的境界。从深层次来理解，它巧妙地告诉世人，无论是做官还是经商，只要能保持超然洒脱的心胸，无听而无不听，顺势而为，无论做什么都会得到收获与满足，这也巧妙地道出禅宗的真谛："青青翠竹，尽是法身。郁郁黄花，无非般若"[1]，"安禅不必须山水，灭却心头火自凉"[2]。反映的是一种深深的感悟：商道与儒道，商道与禅悟，原本就殊途同归，共系一体。生命中真正重要的，并不是尘世中那些过眼烟云般的外在幻象，而是心灵本身的清净和安宁，是不被任何而事物束缚的自由与祥和。

　　杨三凤商行始建于明洪武元年（1368年），为杨氏先祖弃官从商，来洪江创业发达后所建。明末至光绪五年（1855年），杨三凤商行曾经转

---

　　① 张培锋．佛语禅心佛禅歌咏集［M］．天津：天津人民出版社，2017：93.
　　② 林清玄．不如吃茶去［M］．北京：北京时代华文书局，2021：269.

让给邵阳申姓、会同梁姓商人经营，因此房屋结构多次修缮改造，变动较大，但行业特征保存较为完整。特别是门面广告、石刻文字对研究洪江早期商人经历"四民"变迁历史有较高的考证价值。

杨三凤商行主人原为一名武官，江西人氏，后朱元璋"调北征南"，他也随着移民大军由北返乡，路经洪江，深深地被洪江的繁华所吸引，于是在洪江定居从商。在杨三凤商行正门有一幅图，下面画着一个花瓶，上面插有三根戟，图案不失其武官本色，寓意"平升三级"，即平步青云连升三级。在侧门的门楣上有四个古篆体字，写的是"无听发禅"，至少有150年以上的历史。这四个字字迹已经有些模糊，两旁雕刻的依稀是仕商之类的人物也变得不甚清晰，笼罩着一层神秘色彩。

图1-4　杨三凤商行旧址

正因为追求无听发禅，洪江商人才会达到上善若水的精神境界，将洪商文化升华到了一个新的高度。孔子说："夫水者，君子比德焉。遍予而无私，似德；所及者生，似仁；其流卑下，句倨皆循其理，似义。"[1]老子云："上善若水。水善利万物而不争，处众人之所恶，故几于道。居善地，心善渊，与善仁，言善信，正善治，事善能，动善时。夫唯不争，故无尤。"[2]"上善"为至善、最完美，"上善若水"是最高境界的善行，最高的善像水那样，泽被万物而不争名利。水避高趋下时是一种谦逊，奔

---

[1]〔清〕孙星衍. 孔子集语 [M]. 长春：时代文艺出版社，2008：27.
[2] 刘建生. 道德经精解 [M]. 北京：海潮出版社，2012：32.

流到海时是一种追求，刚柔相济时是一种能力，海纳百川时是一种大度，滴水穿石时是一种毅力，洗涤污淖时是一种奉献。水的这些特质都体现在洪江商道文化中。

洪江商人具有水的仁性。洪江的许多经商格言都与之有关，如"义方恪守""以德为本，以义致利""财自道生，利缘义取""买卖不成仁义在""宁叫赔折腰，不让客吃亏""宁亏银子，不亏良心"。洪江人信奉以仁爱为核心的伦理价值理念，并由此产生相应的商业行为：对内，行仁道，看重血缘亲情，讲究忠孝礼义，善待员工，能营造商家内部的有序关系与和谐气氛；对外，则表现为仁厚的商家形象，为富尚仁、乐善好施，注重个人修养。因此，洪江商人虽居于市井阛阓，却关心国事，心系苍生，不仅奉义信义且行义。

洪江商人具有水的勇性。他们背井离乡，离开世守的田园，南上西南，北下洞庭、长江，经历了艰险的生存斗争和残酷的商业竞争，终于掌控了中原物质从汉口进西南必须在洪江中转的主动权，打开了洪江水运业的新局面。除了水路，他们还得走商驿古道。湘西山区和沅水流域匪患不断、险象环生，他们勇敢地与天斗、与浪斗、与匪斗，表现出浩然博大、昂扬进取的志向与勇气。在商业的经营之途上，他们同样勇于进取、善于开拓。

洪江商人具有水的智性。"事善能，动善时"[①]，善于根据环境的差异有效发挥功能，随天时机遇，改变自身顺应变化，以适应环境。他们常讲"要想生意好，他搞你别搞；要想生产旺，他上你别上""经商需用智，善谋方应市""灵活经营，财源茂盛；薄利多销，生意兴隆"。在商场之上，他们无孔不入，善于抓住市场需求，选择适合自己的商业门类。因此，洪江虽小，却门类齐全，商旅密集，百业繁荣。同时，他们也不断尝试多种经营模式，以更广地占有市场。在经营方式上既狠抓批发，又批零并举，同时深购远销、掌握信息，争取上优品、创名牌等。广告宣传的手段也是层出不穷，各式各样图文并茂的旗幌、字牌、柜招、地招、冲天

---

① 〔春秋〕老子. 道德经 [M]. 安伦，译. 上海：上海交通大学出版社，2021：17.

招布满繁华街段。

洪江商人具有水的黏性。这里的黏性指的是水的包容性。在商场中，想独占一切就会失去一切，因为"市者，天地之财具也，万人之所和而利也"①。商人要想总揽天下的财利，必须建立团队，依靠群体。洪江商人在激烈的商战打拼中，逐渐衍生出"五府十八帮"这种既各自为帮又相连为团的商业组织，形成了完整的市场体系和产销网络。由于商帮林立，为了避免各自为政，洪江商界还进行了分行划市，并在各行业公会实行严格的行业规矩，所谓"行有行规，店有店约"，因此，小小洪江，虽商帮林立，却和平相处，繁荣共存。商帮文化源远流长，体现了荀子所说的"人力不若牛，走不若马，而牛马为用，何也？曰：人能群，彼不能群也。人何以群？曰：分。分何以能行？曰：义。故义以分则和，和则一，一则多力，多力则强，强则胜物，故宫室可得而居也"②。由于他们融合、通达的品性，吸引了许多来洪江创业的外乡人，洪江也由此成为一座地道的移民城市，成为多民族和谐相处的典范。这些外乡人不仅给洪江带来了活力，也带来了丰富多彩的文化，使古城因其深厚的文化底蕴而更具魅力。如古城宗教文化氛围浓厚，有道教、佛教、基督教等，弹丸之地，多种宗教并行，在全国实属罕见。"无听发禅"与"上善若水"，都是洪江商人高度的自我道德期许，共同点是行善、至善，追求完美。所以当洪江商人致富时，往往为富而仁，行善积德。他们热心公益、慷慨大度、募资捐款、乐于慈善、扶贫济困，处处显示出洪江商人伟大的义举，做到了乐善好施不图报，淡泊明志谦如水，达到尽善尽美的境界。

洪江古商城经商义理是一部经商为人的学问，更是一门经商处世的哲学。经商义理形成于经商活动中，成为洪商文化的重要积淀。从洪江古商城经商义理十条归纳出的九条经商启示，将激励经商者永远向上，永远立于不败之地。

① 〔春秋〕管仲. 管子 [M]. 北京：北京燕山出版社，1995：24.

② 张必. 荀子译注 [M]. 上海：上海古籍出版社，1995：162.

附：

古代商人的经商十诀：

1. 择地生财；2. 贱买贵卖；3. 预测生财；4. 留连顾客；5. 趋义避财；
6. 多钱善贾；7. 奇谋生财；8. 处盈虑方；9. 用人以诚；10. 忘战必败。

第二章

洪江木材与商道文化

　　洪江商道文化的行业生态呈现出鲜明的蛛网式结构，以桐油和木材为两大支柱产业，带动相关产业，编织成井井有条、层层相扣的产业链。桐油业的兴起，带动了造船业和航运业的发展。造船的工匠多为麻阳人，他们在小对河旁修建了会馆。造船业的兴起，又带动了相关产业。造船、修船需要大量铁钉，使得铁作业兴旺，宝庆铁匠在高坡官坎下修建了会馆太阳官。每条鳅船上都需要有船篷，从事船篷制作的黔阳工匠在司门口修建了会馆玄女官。鳅船有"九板十八索"之说，"十八索"指的是每条鳅船上要配有十八条棕绳。洪江的棕作业者也多是黔阳人，他们在宋家巷修建了同业会馆南岳殿。洪油外销以前，所用的都是篾编纸糊的油篓。制作油篓的工匠多为镇竿（即凤凰）人，筲箕湾的天王庙是他们的会馆。糊油篓的皮纸多从外地进口，从事纸张经营的客商在塘坨修建了蔡伦官。洪油外销以后，为适应长途运输，开始使用木油桶。制作木油桶的宝庆籍圆木匠在筲箕湾修建的会馆，也叫玄女官。洪江木材市场的兴起，带动了排缆业的发展。由于桐油、木材的外销，货币大量流通，洪江的金融汇兑业应运而生。城市规模的拓展，衣食住行的需求催生了相关行业的出现，如建筑业、缝纫业、米粮业、屠宰业、烟草业、纸钱业、织染业、娱乐业、南杂百货等。此外，鸦片、白蜡等特别行业因洪江的地理位置得到发展。接下来将对洪江主要的行业做历时性和共时性的介绍。

第一节　木材交易市场的形成

一、苗木和苗木入市

沅水上游土地肥沃，气候温和，雨量充沛，极适合林木生长，是我国南方的重要木材生产基地。这里的木材，以清水江流域所产杉木最为著名，此间所产杉木都必须经由辰州水运出境，因此得"辰杉"之名。另外，早年人们对侗族和苗族统称为"苗"，清水江流域是侗、苗聚居区，所以这里所产的杉木又称"苗木"。

苗木以质地优良闻名于世，这里的杉木"心有红晕而锯屑甚香者，谓之油杉，最能经久不坏"[①]。清水江流域出产的油杉，材质好，直挺胀尾，少有锥形木。由于带有油质，经久而不腐，是民间制作棺材（即"藏具"）的上等材料，史籍亦有"作藏具辰杉为上"[②]之说，凡此种种，使得苗木长久以来畅销于木市。

早在明代初叶，苗木就已经进入市场，大量进入市场，应该是在明中叶以后。历史上，湘西一带曾有过两次大规模有移民：一次是元末明初大量江西垦荒移民的进入；一次是明中叶以江西经商移民为主体的移民进入。明中叶，江西临江府龙泉县（今为遂川县）的木材商人，足迹遍及了整个南部中国，成为经营这一行业的翘楚。这是因为在这一时期，龙泉木商创造发明了在当时最为先进的木材计量法——"龙泉码"。龙泉码运用的巨大意义，在于它解除了木材买卖双方由于计量不精确带来的困扰，实现了公平交易，规范了木材市场，为后来这里的木市成为中国南方木市的重要力量提供了坚实的基础，这些江西龙泉木商成为洪江木商的祖辈。

明初，永乐皇帝迁都北京，修建了紫禁城（今故宫）。永乐四年

---

① 〔清〕黄本骥. 黄本骥集（一）[M]. 刘范弟，校点. 长沙：岳麓书社，2009：438.
② 〔清〕黄本骥. 黄本骥集（一）[M]. 刘范弟，校点. 长沙：岳麓书社，2009：438.

（1406年），皇宫兴建伊始，朝廷便遣侍郎师逵、金纯二人，入湖广采办木材，沅水流域首当其冲。特别是正德以后，木材入贡征调极为频繁。"（正德）十年（1515年），（永顺）致仕宣慰彭世麒献大木三十，次者二百，亲督运至京……十三年（1518年），世麒献大楠木四百七十。"[①]当时，修建皇宫的木材，多取自湖广、贵州和四川，而湖广、贵州的主要木材产地，都属于五溪地域。据《明实录》记载，万历三十六年（1608年），朝廷"坐派贵州采办楠杉大木、柏枋一万二千二百九十八根块，该木价银达一百零七万七千二百七十一两"[②]。因有采木之役，自明正德至万历的近百年间，朝廷曾十余次免去了湖广辰州、沅州，贵州铜仁、黎平、镇远诸府正官例行的入京朝觐。

沅水流域的木材，沿沅水，入洞庭，下长江，而后经由大运河北上抵达北京。京城的贮木场在东直门外，称为"神木厂"。据《明实录》记载，万历二年（1575年）九月，工部上言："神木厂收贮楠、杉大木，出自湖广川贵，每根价银数千，采运劳苦，若任风雨浸淫，坐视朽烂，甚为可惜。乞委官搭棚若盖，以图经久。"[③]明神宗采纳了工部的意见，下诏搭建棚盖，使神木厂各地运去的珍贵木材，免受风雨侵蚀。

二、人工林的栽培与兴盛

随着木材需求量的增加，木材的生产经历了由天然林向人工林方式的转变。最初在沅水流域木材市场流通的都是天然林，但天然的杉木被砍伐后，下一届的杉木要在被砍伐的地方萌芽再生，连续几届之后，杉木的生长会变得缓慢，木质也会下降，这直接影响到木材的交易。在这种情况下，五溪林农为了获得更丰厚的利益，开始了杉木的实生苗人工栽培，使得这里出现了中国面积最大、材质最好的人工杉林。

---

① 李良品，彭福荣，王希辉. 二十一史西南地区土司史料辑录 [M]. 北京：中国文史出版社，2006：228.

② 明实录·明神宗实录 [M]. 黄彰健，校勘. 北京：中华书局，2016：8419.

③ 明实录·明神宗实录 [M]. 黄彰健，校勘. 北京：中华书局，2016：708.

　　沅水流域人工杉林的营造起始于巫水流域。在现湖南城步县长安营乡大寨村的溪滩上，耸立着十八棵古杉树。据林业专家勘察后认定，这些古杉树系东晋时代栽种，距今已有一千六百余年。这些古杉树是当地苗族群众作为风水林栽种的，所以才一直保存到今天。20世纪50年代，会同县林业部门在广坪乡蒿圮坪村大丘头和岩头乡坳脚村发现人造杉林古树群，树龄都在三百年以上，说明这一带在明代就开始了人工营造杉林。早年造杉林，用的是野生杉苗，即杉果成熟，杉种暴烈落地，长成野生杉苗，林农用于造林栽种，而人工培育杉苗，起源于清水江流域。培育杉苗的林农，从秋后砍倒的杉树上采摘杉果，经堆沤后摊晾于阴凉通风处，任其自然出籽，而后用于育苗。林农先年整地，惊蛰下种，除草施肥，育成筷子粗、紫红色、形如菊花头的杉苗，用于栽种。

　　杉木育苗技术的推广，促进了沅水流域大面积杉林的营造。清代末叶，在今会同县广坪乡及邻近贵州天柱、锦屏等地，出现了以实生苗营造杉林为业的农户，当地人称为"打山佬"。据《会同县志》记载：清咸丰年间（1851—1861年）杉木育苗技术从贵州锦屏传入会同广坪西楼、羊角坪、疏溪口一带后，当地便有以育苗为业，世代相传的农户。[①]

　　他们育出的优质杉苗出售邻近的乡民，用于实生苗造林。此后，广坪一带，包括附近的炮团、地灵也开始了大面积的人工杉林种植，并形成了以种植杉木为生计的农户群体。他们通常是先年将造林地的杂草、灌木砍倒、烧净，种上粟米等旱粮作物。次年挖山栽苗，在林地里间种粮食及经济作物，以短养长。幼林地里，结合粮食和经济作物的生长，一年抚育数次。三年后，杉树可生长成林。十五至二十年，杉树即可成材砍伐。先前因渠水流经靖州城，这一流域，包括通道、靖州、会同，出产的杉木被称为"州木"。会同广坪虽亦同属渠水流域，但因为这一带种植了数量可观的杉木人工林，所产木材数量巨大，且品质优良，便在其中另立山头，独树一帜，称为有别于"州木"的"广木"。在洪江木市，"广木"成为仅

---

　　① 湖南会同县志编委会．会同县志·卷十一 [M]．北京：生活·读书·新知三联书店，1994：403.

次于"苗木"的品牌。

清水江流域"苗木"的人工种植，不但育苗精细，栽种更是讲究。人工杉林虽是种植在坡地上，看来却是横竖成行。侗、苗林农创造了"山上孔雀开屏，山下见缝插针"的杉苗定位种植，使人工杉林成为点缀在山水之间的艺术品。民国三十五年（1946年）的《湖南经济》杂志第一期，载有《湖南木材产销概述》一文，对于当时的人工林曾这样描述："苗民经营杉木，已具悠久历史，一切育苗、栽培、砍伐、运输，靡不熟练。苗民持此为生，刻苦经营。满山遍岭，普遍种植，登高远眺，一片青葱，树身整齐，排列有序，人工种植，叹为观止。"[①]而对于人造林的管理，这里的林农早年采取的是"合款"的方式。"合款"本是侗族社会的习俗，为保护林木，为各族人民借鉴使用。种植山林的相邻村寨，三五年一次，由山主凑合钱、米，召集境内住户，商讨封禁山林事宜，拟定"款约"，与会者画押赞同后，众人同吃"合款酒"。通过"合款"封禁的山林，称为"禁山"。若有人违反禁约，往"禁山"偷砍乱伐，放牧开荒，除要当事者赔偿损失外，凡参与"合款"的人，都要去到违禁者的家中，拖出他家肥猪宰杀，大吃一顿。这样的"合款"，虽是民间自发组织的，但也具有很大约束力。林木育苗和栽培技术的不断提高，人工林的大量出现，带来了沅水木业数百年的长盛不衰，使这一地域的木业交易产生了质的飞跃。

第二节　洪江木市的形成与发展

沅水上游的木材进入市场，在明代，还仅限于清水江流域的苗木。康熙十二年（1673年）《会同县志》载：

---

① 周维梁. 湖南木村产销概述 [J]. 湖南经济，1946（1）：38-45.

> 洪江镇……其地扼要津，自上流而下者，必于此停舟，自下流而上者，必在此泊岸，故聚而成市。至于缯钱丝帛杂货，俱非土产。而百物俱贵。所可常继者，唯鱼、盐两项。[①]

该记载说明此时洪江的木市还未形成。而据康熙五年（1666年）的《黔阳县志》记载，在明代，沅水上游的木市在托口（今怀化洪江市托口镇），清初的一场大火使得托口木市尽颓，继而迁往清水江流域的远口司（今贵州天柱县远口镇）。

光绪二年《会同县志》载：

> 康熙十五年（1676年）在洪江大河边建江西会馆一座，乾隆三年（1738年）又在县城东百余里之"洪市"建立洞庭宫，"系江西南昌府商人"建立的会馆。一县有三个江西会馆，为全省各普通县（长沙、善化、湘潭除外）所少见。

这距离康熙元年（1662年）黔阳县令张扶翼谕民种桐只有十四年。精明强干的江西商人，在开辟洪江油市的同时，也将原先在清水江流域的木业经营活动拓展到了洪江。洪江是四水汇聚之处，又有大湾塘、回龙寺、青山脚等处深潭，是木材湾靠、编扎的天然良港，一个新兴的木材市场由此应运而生。此时，洪江木市的杉材货源，也拓展到了渠水和巫水流域。木市转移到洪江以后，市场得到了进一步的规范。具体表现在：

一、木材的规范测量及计算：龙泉码

旧时，沅水流域木市以"龙泉码"计量。古老的"龙泉码"起源于今江西省遂川县。五代南唐升元元年（937年），朝廷在今遂川县地置龙泉县。龙泉县旧属临江府。至民国三年（1914年），龙泉始改名遂川。明清

---

① 李怀荪. 五溪漫话 [M]. 长沙：湖南大学出版社，2020：148.

年间，以龙泉人为主体，组成了遍及中国南部的临江木商，成为这一行业中的佼佼者，获得了巨大的成功。其中最主要的原因，是他们通过长期的经营实践，发挥聪明才智，创造了独特的木材计量方式——"龙泉码"，具有划时代的意义。"龙泉码"的运用，解除了木材买卖双方对于计量不精确的困扰，实现了公平交易，规范了木材市场。五溪流域盛产木材，这里的木市为"龙泉码"提供了广阔的用武之地。五溪木市之所以在中国众多的木市能占有一席之地，与很早以前"龙泉码"在这里的广泛应用有极大的关联，江西临江木商功不可没。

"龙泉码"测定原木的材积，以眉高处（五尺左右）的围径为标准，这与当今国际通用的"胸高直径或围径测定法"很接近。"龙泉码"的围量工具称为滩尺，也叫汉篾。滩尺以细狭而均匀的楠竹篾制成，长三尺五寸，五寸为一进。滩尺的尺寸，用猫须蘸土漆点定。滩尺在蜷曲为环形后，通过蒸煮并用桐油浸泡而定形。另有一根起围的木杆，称为"丈杆"或"五尺"。围量木材时，为主一人称"围量手"，围量手代表水客方，作业时，要脚穿带尖钉的鞋子，以踩在原木上不打滑，保证围量时的精确性。围量手逐一测定围径，并唱喊尺寸；围量手身旁有名为"看红"者，代表山客方对围量手进行监督。为辅者，有二人代表水客，分别立于木材两端，负责打丈杆和鉴别木材质量；有二人分别代表水客和山客方，根据围量手的唱喊做记录，以避免差错。围量手唱喊数目时，均用行语：如一称"叶"；二称"多"；三称"方射"；四称"叉"等。旧时，不论山客和水客，都有各自的商号名称。人们将商号名称铸造在铁锤的锤面，称为"斧记"。山客方的斧记，已经敲印在木材上。围量木材时，水客方要派人将斧记蘸上桐油伴土红，在每根木材上敲打，使水客方商号的字样，随之显现于成交的木材。在木材的围量中，最具权威的是"围量手"，木材的等级由他为主进行评判，围量时，"滩篾"的松紧都是有文章的。他作业时穿着一双钉鞋，所以他身边总是跟着一个为他提钉鞋的小伙计。

"龙泉码"的计量单位为"两码"。六两码约等于现今计量的一立方米。例如，某根木材围径为一尺，按照龙泉码单，其木的码子为三分。其余如围径为一尺六寸者，码子为一钱二分；围径三尺者，码子为一两三分

分	码周围（尺）	0.95	1.00	1.05	1.10	1.15	1.20	1.25	1.30	1.35	1.40	1.45	1.50
	码分（分）	2.00	3.00	3.50	4.00	4.50	5.00	5.50	6.00	6.50	7.00	8.00	9.00
小钱	码周围（尺）	1.55	1.60	1.65	1.70	1.75	1.80						
	码分（钱）	1.05	1.20	1.35	1.40	1.55	1.80						
中钱	码周围（尺）	1.85	1.90	1.95	2.00	2.05	2.10	2.15	2.20				
	码分（钱）	2.05	2.30	2.55	2.80	3.05	3.30	3.55	3.80				
大钱	码周围（尺）	2.25	2.30	2.35	2.40	2.45	2.50	2.55	2.60	2.65			
	码分（钱）	4.05	4.30	4.55	4.80	5.05	5.30	5.80	6.30	6.80			
七八九钱码	周围（尺）	2.70	2.75	2.80	2.85	2.90	2.95						
	码分（钱）	7.30	7.80	8.30	8.80	9.30	9.80						
单两	码周围（尺）	3.00	3.05	3.10	3.15	3.20	3.25	3.30	3.35	3.40	3.45		
	码分（两）	1.03	1.13	1.23	1.33	1.43	1.53	1.63	1.73	1.83	1.93		
双两	码周围（尺）	3.50	3.55	3.60	3.65	3.70	3.75	3.80	3.85	3.90	3.95	4.00	
	码分（两）	2.03	2.23	2.43	2.63	2.83	3.03	3.23	3.43	3.63	3.83	4.03	
一级飞码	周围（尺）	4.05	4.10	4.15	4.20	4.25	4.30	4.35	4.40	4.45	4.50		
	码分（两）	4.43	4.83	5.23	5.63	6.03	6.43	6.83	7.23	7.63	8.03		
二级飞码	周围（尺）	4.55	4.60	4.65	4.70	4.75	4.80	4.85	4.90	4.95	5.00		
	码分（两）	8.83	9.63	10.43	11.23	12.03	12.83	13.63	14.43	15.23	16.03		
三级飞码	周围（尺）	5.05	5.10	5.15	5.20	5.25	5.30	5.35	5.40	5.45	5.50		
	码分（两）	17.63	19.23	20.83	22.43	24.03	25.63	27.23	28.83	30.43	32.03		
四级飞码	周围（尺）	5.55	5.60	5.65	5.70	5.75	5.80	5.85	5.90	5.95	6.00		
	码分（两）	35.23	38.43	41.63	44.83	48.03	51.23	54.43	57.63	60.83	64.03		
五级飞码	周围（尺）	6.05	6.10	6.15	6.20	6.25	6.30	6.35	6.40	6.45	6.50		
	码分（两）	70.43	76.83	83.23	89.63	96.03	102.43	108.83	115.23	121.63	128.03		
六级飞码	周围（尺）	6.55	6.60	6.65	6.70	6.75	6.80	6.85	6.90	6.95	7.00		
	码分（两）	104.83	153.63	166.43	179.23	192.03	204.83	217.63	230.43	243.23	265.03		

图2-1　江西龙泉码种类[1]

---

① 《江西省林业志》编纂委员会 . 江西省林业志 [M]. 合肥：黄山书社，1999：217.

等。在围量的过程中，若遇木材短、弯、尖（头尾相差悬殊）、疤、槽、空、破、烂，均要视情让篾。"龙泉码"将木材分为十一个等级，其中次品两个等级，即"子木"（围径不足一尺者）和"不登"（弯曲或伤残者）；正品九个等级，围径自一尺开始至五尺，由小到大排列。1953年，木材改由国家统一经营，木材计量也改用以立方米为单位公制计量。沿用数百年之久的"龙泉码"，至此完成历史使命。

二、木材业的经营

1. 从歇店到牙行

明代，沅水上游的黔阳县托口镇（今洪江市托口镇），是当时湘黔边境一带最繁华的码头之一。清水江和渠水在这里交汇，来自沅水上游的大量木材在这里集散。时至今日，河边仍然依稀可见的一座座码头，使人联想到当年木排云集的情形。沿着镇上古老的石板路前行，有时会看到挺立在历史风尘中的窨子屋。熟悉小镇历史的老人会告诉你，某栋充满故事的窨子屋很久以前是一家歇店。那时候，木材交易就在这样的歇店中进行。

歇店，即现今所称的伙铺、旅社、客栈。在当时，凡木材买卖双方的交易，均需由歇店的老板作为中介。生意做成以后，要按照成交的金额，从每两白银中提取四分，交给店主，作为买卖双方的住宿、伙食、木材看管和起运扎排的费用。当时，凡建有木市的码头，都有歇店存在。明代末叶，托口的歇店业由于木市的繁荣，是非常兴旺的。到了清初，情况发生变化，康熙五年（1666年）《黔阳县志》载："托市上通天柱，为峒木所必由，明时木商皆集于此，以与苗市。兵燹后，市移天柱之远口司。"明末的一场战火，摧毁了托口木市。随着木市的西移贵州，托口的歇店业衰败了。

木市西移天柱县远口司以后，远口司所辖的王寨、茅坪、卦治三地，由于歇店业丰厚的利润而争开木市。未几，王寨的王姓，茅坪的龙姓，卦治的文姓人家，发生了激烈的争执。后经官衙调停，达成协议，三处按年轮值，以分享利益。值年者，称为"当江"。到了雍正九年（1731年），沿江一个叫垒处的码头，提出要与卦治分享开歇店的权利，遭到卦治方面的拒绝。于是，双方发生了大规模的械斗，造成伤亡。又是通过官衙的再三调停，卦治文家做出让步，使垒处也能分享到开歇店带来的利益，事情才得到了结。刻有官衙调停文书的石碑，至今仍然保留在清水江的岸边。

就在清水江沿岸几个小码头，为争开歇店闹得不可开交的时候，托口下游的洪江，由于桐油产业的兴起，凭借天时地利，成为沅水上游一个新兴的口岸。洪江与托口相比较，它增加了潕水和巫水的汇入，有更多的木材资源提供给市场，加之它是木排停靠、加工编扎的天然良港，洪江木市应运而生，没有多久便成为沅水上游最大的木材交易市场。

在中国封建社会里，有一种称为"牙行"（俗称为"木牙"）的行号，也称"劝盘"，处于供给与需求二者之间，代客买卖货物，交互说合，负责议订合同（旧称议单），衡量结算，收付货款，监督买卖双方遵守、执行同业公会制定的河规制度，并从中收取佣金。木牙行按交易额向卖方收取佣金百分之三，向买方收取围量费千分之六。买卖议定成交后，预付估算总价的百分之五十，成为"押封"。木材交接前，所需要的保安措施由卖方负担工资，买方负担缆索；如有损失，按成本买卖各付其半；木材买卖，必须经过木行交易，不得私自授受。[①]牙行与现代社会的中介机构性质相似。

牙行不仅参与木业交易的规范化，其自身也被纳入官府的管理中。旧时"牙行业者需按规定向官衙领取行帖，名为'牙帖'。牙行每年向官衙缴纳的牙帖税银，谓之'牙税'。较之早年的歇店，牙行由于有官衙的介入，商业经营更趋于规范，属于资本主义萌芽时期的产物。洪江的木业牙行（俗称'木牙'），随着木市的兴起而诞生。本地的山客和来自外地的水客，就是在这样的'木牙'中进行交易。清中叶以后，洪江的'木牙'，一直保持在二十五家左右。当时，洪江属会同。嘉庆二十四年（1819）的《会同县志》中，即载有当时洪江竹木牙税的税额，每帖为银九钱二分。在同一时期，除了洪江以外，在沅水中上游的其他口岸，如托

---

① 傅俊波. 古韵洪江 [M]. 香港：中国国际文艺出版社，2007：92-93.

口、靖州、浦市等地，也都出现了'木牙'"①。从歇店到牙行，昭示历史上沅水流域的木材市场日趋走向成熟。

2. 山客和水客

洪江木市经营的杉木，长在山上，砍伐下山，成为商品，从水里运走。在木市上，卖方称为"山客"，买方称为"水客"。山客多为本地人，包括侗、苗等少数民族。他们的经营活动一般为两种方式，一是山主采伐自家山中杉木出售；一是山客购买杉林青山，采伐、成排出售。他们和水客交易的地点，大部分在洪江，也有就近在清水江各口岸，甚至远到桃源陬溪、常德河洑者。民国二十四年（1935年）的木业公会统计：含木牙业共有会员一百五十一户，多属于会同、靖县、城步、黔阳等籍人士。1951年私营工商业登记，木产业共一百二十一家，资金总额达二十余亿（旧币）。②

早年的水客多为外乡人，后来才陆续有本地人参与。他们在洪江或靖州、锦屏、广坪等地收购，少数巨商进入林区自伐自运，还有部分木商上溯清水江流域采购。这些水客中江西水客称为"西帮"，西帮中以发明龙泉码的临江人居多，故又称"临江帮"。其时活跃于大江南北的徽州商人，也成为这里的水客，称为"徽帮"。另有称为"黔楚五帮"者，包括以天柱人为主体的贵州帮；以常德、益阳人为主体的湖南帮；以大冶、黄州人为主体的湖北帮，号称"八帮"，曾设木商八帮公会。其中大冶水客每年从湖北采购棉花，运到林区发售，作为购木资本与山客进行交易，故又有"花帮"之称。就是这些山客和水客，通过木业牙行，完成了木材的交易。最盛时期有斧记二百余把，其中花帮最多而且最大，民国初年至民国二十六年（1912—1937年），花帮每年有大小斧记七八十把，每年运销量高达三十余万两，《湖南实业志》记载："各帮营业以花帮为最大，占总数量十分之六。"③

① 李怀荪. 五溪漫话 [M]. 长沙：湖南大学出版社，2020：139-140.
② 傅俊波. 古韵洪江 [M]. 香港：中国国际文艺出版社，2007：93.
③ 朱羲农，朱保训. 湖南实业志（一）[M]. 长沙：湖南人民出版社，2007：411.

道光二十五年（1845年）《黎平府志》载：

> 黎郡产木极多。若檀、梓、樟、楠之类，供本郡使用。惟杉则遍湖广及三江等省。远商来此购买，数十年前，每岁可卖二、三百万金。今虽盗伐者甚多，亦可卖百余万。[①]

这段记载展现了各地水客进入林区大量采购的情形。民国三十五年（1946年）出版的《湖南经济》第一期，则记述了洪江木市的木材交易情形：

> 而辰杉又以沅水上游之清水河所产者最著名，次为渠水、巫水寻地之所产。黔东清水河之三江之黎平、锦屏、茅坪、天柱等地所产之杉木，不但产量丰富，品质尤称良，其产量在洪江木材输出总量中常居首位，约占沅水流域木材输出总量的十分之四……[②]

而同属侗、苗少数民族聚居区的渠水流域，也有如下的记载：

> 渠水流域之通道、靖县、会同，崇山峻岭，亦盛产杉木，虽长大不及苗木，但纤维细密，质量仅次于苗木。巫水流域之城步、绥宁，在巫水两岸，森林密布，不见天日，多千年古木……木材品质虽不及苗木及渠水所产，但数量尚相当可观，在洪江市木材输出量中居第二位，约占十分之三。[③]

沅水上游侗、苗等少数民族所出产的木材，特别是清水江流域所产的苗木，通过本地的山客和来自各地的水客的有序交易，促成了洪江木市

---

① 俞渭修，陈瑜纂. 黎平府志·卷十二·食货志 [M]. 清道光二十五年刻本：15-55.
② 周维梁. 湖南木材产销概述 [J]. 湖南经济，1946（1）：38-45.
③ 周维梁. 湖南木材产销概述 [J]. 湖南经济，1946（1）：38-45.

的长期繁荣，使其成为中国南方输出量最大的木市，大量优质的杉木源源不断地流向长江中下游各地。清末，木材与桐油、烟土并列为洪江的三大支柱产业，全年木材输出为40万—80万两码。据民国二十四年（1935年）出版的《湖南实业志》记载，民国十年（1921年）至民国二十三年（1934年）的十四年间，洪江木市的杉木输出的总量约为2,225,000两码，折合成现今计量，约为3,782,500立方米。民国二十三年（1934年）木材输出数量超过年来最高数，达七百万元之多。这其中一部分是原木，一部分为寿枋料，即用以制作棺木材的上等杉料。此外，还有数量相当庞大的半成品杉枋、杉板输出。下面是民国前期洪江木材输出情况表。

表2-1　1921—1933年洪江历年木材输出数量[①]

年次	输出数量估计		每两码价格（单位银两）		
	木牌数（头）	化合两码	最高	最低	平均
民国十年	八百余头	四六〇〇〇〇	五·〇	四·〇	四·五
民国十一年	七百余头	四二〇〇〇〇	六·五	五·五	六·〇
民国十二年	六百余头	三五〇〇〇〇	六·五	五·五	六·〇
民国十三年	三百余头	一八〇〇〇〇	七·〇	六·〇	六·五
民国十四年	一百余头	五五〇〇〇	六·〇	五·〇	五·五
民国十五年	一百余头	五五〇〇〇	七·〇	六·〇	六·二
民国十六年	五百余头	二八五〇〇〇	一〇·〇	九·〇	九·八
民国十七年	七百余头	四一〇〇〇〇	九·〇	八·〇	八·七
民国十八年	八百余头	四六〇〇〇〇	八·〇	七·〇	七·二
民国十九年	四百余头	二四〇〇〇〇	六·五	五·〇	六·〇
民国二十年	二百余头	一三二〇〇〇	五·八	四·八	五·五
民国二十一年	一百余头	六五〇〇〇	六·〇	五·〇	五·五
民国二十二年	六百余头	三六五〇〇〇	一二·〇	一〇·〇	一一·〇

---

① 朱羲农，朱保训．湖南实业志（一）[M]．长沙：湖南人民出版社，2007：411-412.

表2-2　1921—1933年洪江历年输出木柴种类[①]

种　类	输出量估计	价格（元）	价值（元）
杉　木	五〇〇〇〇〇两	每两一二·〇〇	六〇〇〇〇〇〇
枋　桐	三〇〇〇〇〇两	每两三·〇〇	九〇〇〇〇〇
枯　板	六〇〇〇〇〇块	每百块二〇·〇〇	一二〇〇〇〇
竹　子	五〇〇〇〇根	每根〇·一五	七五〇〇

从上述表格可看到，洪江古商城的形成与发展，构筑在木材、桐油两大支柱产业的基础之上。围绕着木材和桐油衍生出不同的行业，或是相关生产，或是服务生活，形成了环环相扣的产业链，创造了洪江特有的城镇经济发展模式。

第三节　木材的运输

由于木材产自深山林区，从砍伐到运抵销场，是一个非常艰难的过程，需要众多工序的与人力，体现了该行业从业者的艰辛与智慧，现将木材运输的各个环节一一做介绍：

一、抬撬

沅水流域山高坡陡，所产杉条、木材通常很长，陆路运输极为艰难。若是小批量，以肩抬扛，称为"抬撬"，即由众多的"棚夫"（对扛木人的称呼），抬扛着长达五六丈的杉条，在崎岖弯曲的山间羊肠小道上行进。抬撬时，棚夫视情在杉条上捆绑相应数量的"撬块"，每根撬块由二

---

① 朱羲农，朱保训．湖南实业志（一）[M]．长沙：湖南人民出版社，2007：412.

人抬扛。行进时，所有棚夫的双脚，都必须踩在一条线上，以适应狭窄的山路。抬撬队伍的最前面，有一人面对杉条，负责指挥和调度，称为"龙须"，杉条的前后，各有一人直接抬扛。前者称为"霸顶"，后者称为"尾梢"。前者必须是能独当一面的大力士，后者则要有控制杉条因弯路而发生摇摆的能力。

二、拖　厢

人工营造的杉林称为"整山木"。逢大量的整山木采伐时，棚夫们便在山中架设木桩，再铺搭上去皮的杉条，扎成"拖厢"，完成木材的陆路运输。这种形似天桥的设施，将高低不平的弯曲山路，变成了平坦通直的通途。有的拖厢前后衔接，长达数十里。棚夫们以绳缆将杉条拖拉于拖厢之上，直至溪河之滨。拉木时，棚夫们为了动作协调，由一人领唱，众人帮和，高唱"拉木号子"："虎要下山打个滚，龙要入海翻个身……"伴随着木材在拖厢上的行进，雄浑与苍凉的号子声响彻山中，场面极为壮观。木材经过抬撬和拖厢，搬运至溪河，在条木的前端凿成"水眼"，用硬木棍及篾缆串联，编扎成五至八根条木的"小挂"，等待山洪暴发，抢运到各自的集中地，再行拼联。

三、扎　排

清水江、渠水、巫水上的拼联后的木排，以清水江的"苗排"数量最大，也编扎得最讲究。苗排长五到六丈，宽九尺，厚三层，三块为一"苗头"，约三十两（木材计量单位），需运输工三人，大水航行二三日可达洪江。[①]苗排上搭建有供排工歇宿的工棚，称为"野鸡棚"。苗排是由西向东行驶，野鸡棚的敞口朝前，面向东方，可以避免西晒。小排一般来自城步、绥宁、会同等地。各地木排到达洪江，再一次拼联、编扎的木排，称为"洪头"。洪头由五层木排构成，宽约十米，长约二十米。两块

---

① 傅俊波. 古韵洪江 [M]. 香港：中国国际文艺出版社，2007：90.

为一联。通常是两联拼接，长达八十米。拼联木排时，要用各种粗细不一的竹编排缆。粗排缆粗如碗口；细排缆则比小手指还要小，一般分为大王匹（五根竹缆粗）、中王匹（三根竹缆粗）、小王匹（一根竹缆粗）。编成的洪排，每块长六至七丈，分头排（引水）和梢排，头排宽三十二尺或三十四尺，梢排比头排窄二尺，厚度都是一样。两块称一连，两连称一个头，每头二百五六十两至三百四五十两不等。排工编排时，要根据不同的程序，喊唱不同的"编排号子"，声音高亢，震撼人心。

洪江木排的编扎、停泊与保安、运输都交给专业性的"包头"，由"包头"雇用技术熟练的排工编、运。这些排工一般来自麻阳、辰溪、黔阳等附近各县的农民，他们都归"包头"统一指挥，而"包头"向木商负责，编扎成的"洪头"是由南向北行驶。木排上的野鸡棚，敞口朝后，可以避免灌北风。排头顺沅水而下，至桃源陬溪，后又至常德河洑，再联接成长达两百米的"蓝筏"，而后进入洞庭湖。木排到了岳阳，再将筏身加宽到四十米，而筏长则缩短为一百二十米，称为"大筏"。巨大的木排由城陵矶进入万里长江，而后抵达武汉鹦鹉洲，南京上新河，这两个地方分别是长江中游和下游的木材集散地。

木排上为首的排工称"排头工"。排头工总缆木排的航行与调度，在沅水中行驶，以打锣为信号。进入洞庭湖以后，以击鼓为信号。木排过险滩，遇风浪，排头工以鸣锣、击鼓为号令，指挥同伴搏击风浪，惊心动魄。沿沅水，过洞庭，下长江的木排，一般都带运山货。有的木排，由于运输和沿途停留的时间较长，排工们便在木排上铺板装土，种植蔬菜，甚至养猪。祭祀完成后在预定的时刻开排。

四、放 排

旧时由于陆路交通不便，加之木材的特性，木材的运输长期靠水运，浩荡的沅江在漫长的历史时期，是洪江唯一的运输线，以舟楫排伐为主的洪江航运业曾十分活跃。沈从文在《湘行散记·辰河小船上的水手》中写道："我在心中打了一下算盘，掌舵的八分钱一天，拦头的一角三分一天，小伙计一分二厘一天。在这个数目下，不问天气如何，这些人莫不皆得从天明起始到天黑为止，做他应分做的事情。遇应当下水时，便即刻跳入水中。遇应当到滩石上爬行时，也毫不推辞即刻前去。在能用气力时，这些人就毫不吝惜气力打发了每个日子，人老了，或大六月发痧下痢，躺在空船里或太阳下死掉了，一生也就算完事了。这条河中至少有十万个这样过日子的人。"①在沅江流域，水手和排工（排古佬）是从业人数较多的职业，靠水吃水，他们的命运与沅江紧密相连，祸福相依。相比而言，排工的水上生涯更加惊险。从洪江到常德约500千米的航道上，沿途都是明礁暗石，急流险滩。旧时代曾流传一首民谣："报郎乘，报郎乘，报郎莫去放木排，郎见几多发了财，又见几多能回来。"民谣道尽了旧时排工的痛苦辛酸。现就已搜集到的文字和口头资料，对旧时木材运输过程中的种种情形做一个钩要。

1. 走排

木排的运输会在江水涨至适当水位才能起航，起航前会看好日子。起运时，"包头"或"包头"招聘的"棚排头"与排筏主人或其招雇的文、武管事坐镇两连相并的"棚排"进行指挥，沿途考察排筏运行情况。走排时，排头工掌棹，立于棚背和棚门，把握木排下滩方向。能行木排的适当水位称"走汊水"和"土槽水"。以穿岩、洪江洲河岸的小汊、标石为记，江水浸入小汊为"走汊水"，标石淹没为"土槽水"，所以"土槽水"水位较高。此外，还有过堂水（不要扒，排自己走）、交叉水（交叉河道，水位平的注意岩石）、岩干水（水位低，拆排从水缝中走过去）、过街水（用木头穿过去）等。放排除了观水势，还要观风向，风太大不能走。洪江至常德排运，每连排配备排工十一至十三人，其中"方排头"（领航）一人，与总指挥所的"棚排头"一起眼观六路，灵活指挥，趋凶避吉，以求安全到达。

洪江排筏航运的终点是常德附近的陬市（即陬溪）或德山，旧时排工到终点后一般走陆路回家。木排在常德以下改为常德"包头"承包，另外

---

① 沈从文. 沈从文全集（11）[M]. 太原：北岳人民出版社，2009：271-272.

雇排工驾驶，每个头用排工七人，运至沅江县的增埠，小水改在岳阳，重新编扎成长七丈、宽六丈、厚十五层（竖十横五）的一节。洪排四五个头以上（不限数量）连接成一车，过洞庭至长江最后到达销售商埠。由于江湖面阔水急，"打鼓佬"（领航员）必须会观察气象，确等风平浪静后才走排。如果观察失误，排至湖中，风浪袭来，就会排散人亡。排行江湖，以"打鼓佬"击鼓为号来定航向。导航时用木帆船（大车牌置备大、中、小三种帆船）、载运铁、木锚（长江改用"障"）和缆索做前导。木锚用檀木（一丈二尺）前端制成钩爪状，横扎一木（一丈二尺）做两翼，翼端各扎巨大沙包，锚、缆连结，沉入湖底，巨缆发自排车，排工们推动排车轮盘旋转，缆引排走。长江水底多淤泥，当铁、木锚失效时，用长宽各一丈六尺的竹簟即前面所说的"障"将锚、缆连结，推车如上。在大江大河行排，头排前端均用长约六尺的松木二三十根，扎紧成"站擂"竖嵌于排中（大车排须扎三四个"站擂"）做停泊吊缆用。由于声势浩大，在出缆吊引时，"站擂"附近被视为禁区，非排工不能靠近，以防意外。指挥的人必须要熟悉水性，因地、因势利导，确保人、排安全。到二十世纪二十年代末期，随着机动轮船逐渐在内河普及，常德以下的木排运输，大户们逐渐使用轮船拖引，取代木锚、"障"等传统方法，缩短了运行时间，减轻了劳动长度，同时也降低了人员危险。[①]

2.仪 式

开排前，排筏主人和排工会举行简单的祭神仪式。仪式地点在大排的前头，有一根叫"擂"的木桩，齐膝高，是栓缆子的地方。每次木排行江，都要在这里杀鸡掩煞。排头工将公鸡的鸡头搁放在"擂"上，将鸡头斩断，然后将鸡血淋浇在木排上。结束后将香案摆放在排头，供奉米酒、香茶、猪头，燃烧香、纸，向各路神仙祈祷一路平安。仪式结束后，就是吃开江。沅水流域的行船和走排，老板要做开江，水手和排工要吃开江。做开江主要是为了行江顺利、清吉。那一天，老板要办一顿好吃的"场

---

① 傅俊波.古韵洪江 [M].香港：中国国际文艺出版社，2007：91.

伙"，如果碰到特别大方的老板，还会请大家看戏，包个戏班子扎台演出。开江的吃食主要是肉，肉在沅水中上游一带的方言中有"冲"的意思。水手排工们在吃开江的这餐场伙中，都要讲吉利的话，有时会找能说会道的人封赠开江。开江那天，排头工操锣，排工点燃爆竹，当三声响锣过后，中间乱锣击之，同时点燃爆竹。当排解缆离开码头时，第一挂爆竹炸完，三声重锣收尾。接着又是鼓锣，燃点爆竹，这时开江的木排上响起第一声雄壮的摇橹行排号子，全体排工同时响应。周围的人们纷纷赶过来看热闹，给开江的人祝福，讲吉利话。在众人的喧哗声和雄壮高亢的号子声中，木排离开洪江向沅水中下游驶去。

3. 路 线

旧时放排是一种危险的职业。从洪江到常德，沿途要经历无数风险，尤其是沅陵以下有"三垴、四淇、九洞、十八滩"之说，更是一道道的鬼门关，排工葬身鱼腹是经常发生的事情。在洪江船排工人中广泛流传的《沅江路形记》，是对过去洪江船排工人艰难的航程及沿途沅水风情传说的真实描绘，为我们了解旧时沅水流域社会生活的一个侧面提供了珍贵的资料。现将《沅江路形记》全文摘抄如下：

> 岳州过来是澧州，常德坐在德山头。常德地方生得好，水高城低世少有；前有金鸡来报喜，后有靠背梁山秀；下有老龙来镇潭，上有犀牛来把口。常德开船有三湾，脚踩草鞋娘娘滩。娘娘滩上三支箭，箭箭射到河洑山。河洑山河洑山，陬市打伙歇桃源。自古桃源生得好，只是生坏跑马滩。弯弯曲曲牛角溶，盐船湾在老河潭。牵牛过河白马渡，冷水秋烟张家湾。此处就是桃源洞，祈求平安问神仙。左脚离了桃源洞，右脚踏上天台山。姑娘做鞋剪家溪，登滩拉纤不松肩。要吃鲜鱼茅溶寺，鱼梁船在河中间。孔明用计营盘洲，蛤蟆跳在江岸边，张古老插犁是川石，缆子出在凌津渡。凌津渡上放一纤，将军背剑挂榜山。一根竹子劈两边，姊妹修行大朝山。妹妹修行不真心，一边竹子焦巴干；姐姐修行心真诚，一边竹子发满山。仙鹅孵蛋夷望溪，伙计神佛罗

家湾。九狮拜象黄沙滩，望乡台上好凶险。两县交界茅里湾，神挂插在海螺山。练子锁岩瓮子洞，鲤鱼跳上明月庵。明月庵堂擂钟鼓，前面就是麻衣泆。打一猛虎来跳涧，轻轻跳过缆子湾。雷迥卡洞一蓬风，清浪庙内杀鸡公。烧了纸钱化了钱，扯起风蓬走漫潭。四十里漫潭走完了，手拿竹篙上碯滩。太公钓鱼猫儿脑，钓到阳岩上储滩。柴火出在朱红溪，不孝娘爷骂娘滩。媳妇烧火灶门岩，公公扒灰会石滩。横石九淇不作田，全靠打纤过荒年。九淇脑上一过河，舒家门口把船湾。脚踩船头打一望，指东扒西在哪方。小水就走老母洞，大水要走莲子滩。莲子滩上拉一纤，高溶洞上把档连。拉上伯爷滩，伙计出了鬼门关。稻草造纸辰州府，哔里梆啷捻匠湾。白布下缸兰溪河，美女梳头沙金滩。姑娘要饭杉溪桥，黄狗躺在卧槽湾。三洲婆娘大脚板，秤砣打破泸溪县。好个泸溪县，男闲女不闲；男子家中坐，女子去耕田。此县有个牛正司，此人出在油房湾。神仙下棋马嘴岩，老龙固在铁柱潭。胡邈读书六儿洞，裴汉宝塔指南天。穿起烂衣过浦市，背起丝网问鱼潭。苗子早反杀人溪，曹操人马蹬塔湾。万年有个风流岩，千年才有个辰溪县。来到两汊河口，大河走还是小河走；小河上面是麻阳，大河上面是洪江。辰溪当即把船开，前面就是米家滩。米家滩上放一纤，猛虎跳到河中间。木洲本属两个县，媳妇清早把婆搀。美女筛壶粟溪口，龙的舌子在水边。拉纤出汗王铺溜，白面岩在三篙滩。三篙滩上放一纤，西风潭里把船湾。夫子滩上钻岩坎，伏水湾到很凶险。江口本是溆浦县，野羊呷草在岩坎。要爱清洁扫把滩，辰洲滩上好险恶，搞得好安全过，搞得不好做两边。辰洲滩上放一纤，仙人湾里把船湾。慢慢细细呷了饭，准备再上鸬鹚滩。黄溪口的小菜好，龙头庵里呷中饭，扒排只怕朱岩溜，水又散来滩又干。青山角对面狮子岩，铜湾属于怀化管。干水怕的乌龟浆，铜湾滩上才安全。要呷茶油新路河，上面不远是淇滩。骂娘捣屁陈渡江，恶滩高头是难关。神仙修成仙湖桥，黄狮洞如鬼门关。拼命拉上碗盏滩，庵堂和尚把米添。锣洲上面是岩里，要呷螺丝铁罗滩。廖家院子风水好，冬瓜滩上水又浅。冬瓜滩上放一纤，安江码头把船湾。扒排只怕荷叶洲，风篷船在岩上面。文质彬彬是秀洲，对面就是牛屁眼。虹头有个野鸡岩，玉皇三绞钻岩坎。上了三绞滩，蒲顺塘里呷中饭。石秀太坪打对门，尖岩塘庵堂很好玩。要呷柚子在沙湾，倒挂金钩把档连。岩门蔬菜很有名，放到锅里只缺盐。小佛寺上很平坦，滩头就来把船湾。这个塘塘生得怪，吹了南风才方圆。桐油湾的油它冒有，饭勺船在岩山边。天柱峰下水清秀，一眼看到萝卜湾。黑岩角的路不好走，鸳鸯站在水中间。马羊山的马不得骑，洪江安全把船湾。

注：该路线是由下而上，放排时则是由上而下的。属于桃源县境的有跑马滩、牛角溶、老河潭、白马渡、张家湾、桃源洞、剪家溪（水缓，有岩石但不打排）、茅溶寺、营盘洲（分上营盘山、下营盘山，有岩石）、凌津渡（此处为拐角，有点险）、夷望溪、罗家湾、九狮、黄沙滩。属于现洪江市（旧为黔阳县）境的有沙湾、牛屁眼、三绞滩、黄狮洞、淇滩。民间有云，"倒挂金钩神仙碰，玉皇三绞牛屁股，黄狮鬼洞冲天溶，扒不熟的是木洲"。前三句指的就是这几个地方，都是令鬼神害怕的天险。其中黄狮洞是一个大拐角，分上拐子角和下拐子角，行排须万分小心；淇滩在黄狮滩下面，分上淇滩和下淇滩，有悬崖。属于辰溪县境的有新路河、龙头庵、黄溪口、仙人湾、木洲、米家滩，其中位于淇滩下面的新路河，在地形上是一个大转角，形成巨大的蛤蟆口，排无法正常通过，必须采用吊排，多人进行开吊。属于溆浦县境内的有江口，属于泸溪县境内的有浦市、六儿洞、铁柱潭、油房湾、卧槽湾等。

属于沅陵县境内的有瓮子洞、明月庵、麻衣沕、清浪滩、碣滩、猫儿脑、储滩、朱红溪、骂娘滩、会石滩、横石、九淇、莲子滩、高溶、伯爷滩、辰州府、兰溪河、沙金滩等。在洪江至常德500多千米的航程中，要经过沅陵的"三垴、四淇、九洞、十八滩"，沅江行排河势最复杂、最危险的航道基本都集中于沅陵县境内，行排一般会到沅陵休息调整。

　　"三埫"中的"埫"指的是水中巨石，奇形怪状，坚硬无比，阻挡了水的正常流动，使江水侧流，水流变得更急更猛，如果近旁还有洄水，很有可能将船只撞得粉碎。沅陵境内的三埫是指猫儿埫、裂木埫和接壤桃源的龙头埫，也称铜弯埫。"猫儿埫"在朱红溪与沅水汇合处下面不远，礁石的形状有如猫的两腿一尾，船排躲过两腿难躲一尾，是让人烦恼的行船阻碍。"裂木埫"位于清浪滩伏波庙下的水中，涨水时节，礁形有如暗藏水中的一把巨斧，稍不注意，船排就会被它劈开散裂；枯水时节，礁石就耸立于水中如同镇庙巨石。"龙头埫"在桃源境内，是水下暗礁，礁形如龙头，是行船放排的巨大障碍。凸出的礁石（埫），凹陷的水中漏洞和涡流也极为危险，譬如明月洄、五强洄、下绞洄、上绞洄等。

　　"九洞"的洞是指沅江航道上激流冲刷出来的口袋状深潭，是河床上巨大的漏斗形凹处，风平水静时毫无危险，但有时会突然急速下陷，如若船只刚好经过，就可能失控翻船，甚至被卷入深入之中。行江人将沅水九洞编入了沅水号子中："黄头洞来高溶洞，老木洞来青岩洞，杨家洞来鳜鱼洞，卡洞下面瓮子洞，还有一洞听水响，名字叫个响水洞。"黄头洞也叫黄龙洞，在离沅陵县城三千米处覃木溪的双桥附近。传说曾有一对黄龙从覃木溪游出并远行，归于大海，留下龙穴，故称黄龙洞。黄龙洞对行江人并无危险。青岩洞也叫横石洞（前述），在深溪口之下，北溶之上，满江横石几乎将沅水隔断，只留下一个溶口可以走船，加上横江石头的下面有一水洞，江水奔流至止，在水洞里卷起狂澜，行船必须挂内角而行，如挂外角走船，十有八九会打船，行江人曾有一句话："清浪滩只是有个名，横石九矶吓死人。"

　　至于高溶洞、老木洞（也称郎木洞）、杨家洞等大多都因地名而得名，那些地方有漏斗形的深水区，遇上天气和水流变换时，隐藏着巨大危险，是行船多事发之处。"九洞"中最为有名的就要算瓮子洞。据1983年版《沅陵地名录》载："瓮子洞，沅东入境首滩，江岸峭崖壁立，凿空为纤路。挂铁索其上，舟子攀曳而行，绝险仄。沅水到此，河床狭窄，其形如瓮，水流洄洑，舟行甚险，故名瓮子洞。"瓮子洞并非洞，也非水上的漏斗形深坑，而是一处长约7.5千米的滩，水流湍急，暗礁密布，行江人常有"过了瓮子洞，出了岩窝丛"的说法。滩头流传有关"寡妇链"的故事，是世代船家、排工辛酸历史的见证。

关于沅水十八滩民间流传着不同版本，滩名稍有不同，但数据相同，十八滩中有十五滩在旧时的辰州地界，其中有十二滩在如今的沅陵境内。据沅水橹号子唱词记载，从"沙金滩"算起，顺水而下，沅水要经过著名的"十八滩"：

> 沙金滩来燕子滩，百曳滩来九矶滩，横石滩来会石滩，嚷滩下面是诸滩，碣滩过去清浪滩，施于滩接次各滩，王沙滩来孟公滩，癫子滩来凌津滩，桃常之间有两滩，圣滩下面娘娘滩。

除了九矶滩、横石滩的险急外，碣滩有大弯，时刻要用劳动力，而青浪滩由于滩长弯多、暗礁林立，上泥马埫和下泥马埫处有两个大的急弯，船排一般会在青浪滩的前一站垭角洄设站，行至垭角洄时停下，在当地找熟悉河道和水流的能干滩师飚滩，并且加人加棹，由一棹发至六棹发，因为岩石要打排。1949年后，改由机器直接开吊，危险系数大大减少了。

木排送到桃源县陬市与河洑，放排的任务就算大功告成，排工一般走路或搭上水船回家。放排整个行程正常情况需要一二十天，不正常的话要个把月，有时甚至要两个月，最快的是顺大水下行，只要三天两夜就可到达。沅江的木排运输是洪江木材业不可缺少的环节，为洪江木商的财富积累做出巨大贡献，但这行业的辛酸与悲惨也成为历史的一个缩影，书写着沅江水上人坚韧而惨淡的人生，成为认识湘西、定义湘西的一个有力楔子。

第四节　与木材业相关产业的兴起

一、与木材业直接相关的产业

就木业而言，以苗木为主体的木材进入洪江木市以后，同时带动了当地的排筏业（包括放排和编排）、排缆业的发展。旧时，进入洪江的木排主要有：来自清水江的"苗排"；来自渠水的"州排"，洪江时隶靖州会同县，渠水途经靖州，故得此名；来自渠水流域会同县广坪一带的"广排"；来自巫水的"溪排"。这些木排统称为"挂子"。除"苗排"的"挂子"有三层以外，其余的"挂子"都只有一层，到了洪江以后，要编扎成三层、五层乃至七层，排排相连的大排"洪头"。而后流放到桃源陬溪、常德河洑，再编扎成更大的木排"蓝筏"，经过洞庭湖，驶向汉口的鹦鹉洲，甚至远至南京的新河。流放"挂子"到洪江的排工，多是各地的侗、苗少数民族同胞。清末民初，每天放"挂子"到洪江的排工，多时可达数千人。他们当中的相当一部分，都要跟随重新编扎的"洪头"继续沿江而下。这样，他们就必须在洪江等候大排的编扎，或三五日，或更长时间。他们要食宿，为饮食业、歇店业创造了商机；他们要娱乐，造就了洪江戏曲业的繁荣。

其次，往来于洪江的木排，都必须靠竹编的排缆编扎、固定、牵引。洪江的排缆业应运而生。是时，洪江大河边的排缆厂，都保持在四五十家的规模。排缆业的相当一部分从业者，亦为洪江附近的侗、苗少数民族同胞。他们终日站立在高高的编缆棚架上，用长长的竹篾编织出粗细不等的各种排缆。洪江的排缆业者，在打船冲募建了同业会馆玄女宫，祀神为九天玄女。篾缆品类繁多：用于编扎的称扎篾、黄篾、枇杷篾、二青、三青；用于航运、停泊吊系的称城步、小五皮，各长六十丈；还有专门用于长江运行、停泊吊系的大缆称"鳝鱼骨"，长达二百四十丈至三百二十丈；用于大水保安的称中五皮、州三花、州四花、岩门等各长六十丈。缆厂均设排筏聚集地带，即洪江大湾塘、穿岩、滩头、回龙寺、萝卜湾、司门前等地，便于木商采集运输。1952年私营木业停止后，排缆业也随后停业，"大湾塘地区创设洪江市第三化工厂；穿岩、滩头地区创设洪江市第二造纸厂；萝卜湾、回龙寺、司门前地区创设市纸箱厂。"[①]木商业的兴旺，还带动了铁工、木工、篾工、船工等行业的繁荣，因木排编扎运输需要大量的铁、木工器具、船舶和各种生活用品，木帮开拔时期，洪江市面上呈现一派热闹景象。

二、特商业

特商业（土药）也是洪江的支柱产业之一，为当地缔造了巨大财富。中华人民共和国成立前，云南、贵州大量种植罂粟，是我国最大的鸦片产区，其产品大部分经洪江销往长江流域及广东等地，洪江成为重要的中转市场。现就洪江特商业的相关情况做简要介绍。

1. 特商业市场的兴衰

十九世纪中叶，随着鸦片战争失利而来的巨额赔款，以及镇压太平天国起义产生的巨额军事费用，清政府国库空虚，处境狼狈。为了缓解颓势，挽救摇摇欲坠的中央王朝，政府大开烟禁，以求得巨额烟税，作为镇压农民起义的军费，但为避非议，将鸦片作为土药列入药类征税。《洪江育婴小识》载："洪杨事件（太平天国起义）以后，黔苗首难……是时已开烟禁，榷税饷军。于是黔南之土药络绎道途，修业而息之，居然与林木膏油相埒……自榷税之弛禁，土药遂筦其利。"咸丰五年（1855年），洪江设立"厘金局"，专门征收鸦片税和花税。洪江厘金局位于打船冲，时称"湖南厘金局洪江分局"，是全国最早的厘金局之一。下设黔阳、河下、渔梁、滩头、大湾塘五个分卡，收资员13人，巡丁22人，杂役5人。

从此鸦片开始大量进入洪江，成为继木业、洪油之后的第三大产业。因政府的暗地推动，罂粟的种植面积不断扩大，鸦片外销大增。从光绪六

---

① 傅俊波. 古韵洪江 [M]. 香港：中国国际文艺出版社，2007：94.

年到十二年（1880—1886年），征收"川南土药"的育婴捐每担八分，征得总银33917两，占全省烟税的1/4，平均每年鸦片运输量已达六千担。据贵州军阀袁祖铭属下"筹饷局"局长谢赓梅在《贵州烟毒流行回忆录》中说："洪江鸦片市场为贵州帮左右。光绪三十年前后，这些运销商无不利市三倍。贵州会馆即当时烟帮所建。这三十年中，每年运销高达三万担左右，寻常年份亦在一万五六千担之间。"鸦片税收成为清政府重要的财政来源和镇压太平天国的主要军费支出。1901年，由于清政府与英帝国签订条约禁运鸦片来华，中国则限期十年肃清种植鸦片，于是军队赴产烟区铲烟，烟源减少，市场逐渐冷落，这情形一直延续到民国十年（1921年）前后。

随军阀周显世、袁祖铭先后统治贵州，两人公开纵容种植罂粟，积极保护鸦片销运，成立"护商事务所""筹饷局"，征收"烟亩土地税""通关税"，鸦片业死灰复燃。民国十五年（1926年）周西成接管黔政以后，改鸦片税为"禁烟罚金"，将扩商税列为正式税收项目，成立贵州省护商总所，1927年撤销护商总所，改成筹饷总局，专门负责护商税和鸦片通关税的征收工作。每担罚金从民国初期的八十元增加到一百六十元，而平均每年经洪江分运的鸦片烟达三万担左右，贵州军阀仅在湘西每年就可捞到近五百万银圆的收入。

民国十六年（1927年），怀化泸阳土匪陈汉章在溆浦接受时湖南省主席何键改编，为第六师师长，率兵驱逐占据洪江的贵州犹国才部接管了洪江。陈汉章的势力范围分布在洪、芷、麻、晃、黔、靖、会、通、绥、辰、溆等地。在他主政的三年期间（1927—1929年），洪江的鸦片运销业再度兴旺起来。洪江鸦片商仍以贵州帮实力最强大，著名的有怡兴昌、恒兴昌、川元通、南升恒。其次为湘宝帮（多为双峰、邵东人），他们以洪江为基地，在长沙、汉口、贵阳、宝庆等地设分号，还兼营钱庄进行信贷汇兑业务，著名的有杨天成、遂怀昌、楚盛昌、谦益丰、裕庆昌等。当时，在洪江有"江西帮的洪油，湖北帮的木材，湘宝帮的鸦片烟"之称，而其他行业兼营鸦片者不计其数。这时期，洪江组织了"特商公会"，初设太平宫，后移至喻家冲，最后迁堡子坳。设会长、副会长、坐办、文牍、文书、庶务、会计等职务，经费充裕，均来于烟捐每担五元。由于清光绪年间禁止禁物注册商会，因此特商公会独立于商会之外，不受商会管辖。

鸦片业除了财大业大的巨额运销商外，还有许多小商贩和附属于大商户的行栈经纪和零售店。小商贩们多以亲邻结伴，在湘采购笔墨纸刀等小商品入云贵乡村出售，然后收购零星鸦片，沿途抄小路逃避税卡，称为"溜帮"。小商贩们多住专设的客栈。这类客栈既做膳宿，又做经纪收取一定的中介费用。客栈经纪将鸦片介绍给批发商，批发商将收购的零星鸦片按品质分级成箱，再卖给运销商或零售商。批发商也兼营零售。还有专供吸毒者消费的处所称"烟馆"，开设烟馆需缴纳"烧膏捐""烟灯捐"，馆内设床褥、茶壶、烟枪、灯具等。

民国二十八年（1929年），陈汉章为部下所杀，湘西一时大乱，加之不久长江中下游开展禁烟，洪江的特商业大受影响，商家多有倒闭，鸦片业再次走向低潮。民国二十年（1931年）前后，贵州军阀王家烈任湘黔边区剿匪总司令进驻洪江，设立"特税局"以及贵州驻湘代表机构，掌控了洪江的鸦片税收。同时，湖南省主席何键的第四路军渗入湘西，与王家烈私连，公开武装护运，让更多的鸦片入湘，鸦片业再次畸形发展。黔军退出洪江后，第四路军总指挥部为控制鸦片税收，由何的亲信谢龙大队长率部进驻洪江，成立专门监护鸦片税收的武装力量。他们负责从湘黔接界地将鸦片运往洪江，然后护运鸦片至宝庆交驻宝的监护大队，最后将征收的鸦片税款解送到第四路军监护处。鸦片只准公运，不准私运，一旦触规惩罚严酷。在军队护运下，这时期的洪江每年输出在八千担至一万担。

民国二十三年（1934年）随着王家烈被迫下台，贵州的罂粟种植失去了保护伞，鸦片业货源逐渐枯竭。后因战争爆发，形势巨变，各地掀开禁烟行动，洪江也在其列。加之长江流域先后沦陷，在既缺货源又无销路的情况下，洪江鸦片业的公开营业宣告结束。

2. 特商业运输

洪江作为滇黔鸦片的集散地，鸦片的出入有两条主要的运输路线。

入境路线：（1）从贵阳用骡马驮运至镇远装船，入㵲水经晃县、芷江、黔城到达洪江。（2）从贵阳驮运至麻江的下司装船，入清水江经剑河、锦屏、瓮洞、托口、黔城达洪江，后者为鸦片的主要运输线。每船装运十担。由于沿途山高水险，深林密布，盗匪经常出没，需雇请当地驻军武装护送，湘黔两军在两省交界地带交接，而且还要结帮而行，烟帮苗船最多时一次大二百多艘，荫蔽江河。抵达洪市后，鸦片统一存公栈，栈设贵州、江西、陕西、福建、宝庆各公馆，分商号堆码，武装看守，不准私自提运。

出境路线：（1）洪江用木帆船装载，沿沅水下辰溪、沅陵到达常德，在常德改轮船历洞庭入长江，抵武汉及长江流域各码头。（2）在洪江雇人力肩挑，越过雪峰山（前期经武冈，后改走龙船塘、宝窑、草寨）经洞口至宝庆，再分别运往茶陵、汝城、长沙，销往粤赣及长江流域。主要以第二条运输路线为主。在陈汉章割据及以前时期，洪江武装护送至洞口，与宝庆派来的军队交接；何健第四路军总指挥部掌控烟税后，洪江监护队直接护送到宝庆，再由驻扎宝庆的监护队护送到各处。洪江运输队回程必运银洋（每担1500块），外带布匹百货，因此运出时称"烟帮"，运入时称"银帮"。每年要跑四五帮次，每帮次上千担甚至数千担，武装护送，行走在崇山峻岭之间，匪盗出没，路程艰难。挑夫多为双峰、邵阳地方的贫苦农民，风餐露宿中谋求温饱，他们同沅水上的水手、排工一样，洪江商道文化繁荣的锦绣下渗透着这些苦力人的斑斑血泪。沿线客栈伙店到处可见，只是到现在基本都已荒芜，往日的热闹与人声留在了历史的最深处。

鸦片业虽然获利最丰，但课税也最重。清朝时，每担课税约60—70银两。民国后，税率进一步提高，仿照贵州税率每担课税160银圆，这只是正税，此外还有清剿捐、落地捐、公路基建捐、监运费、育婴捐、公会捐、堆栈费等，每担加正税约300银圆左右。从贵州到宝庆，每担鸦片要征税538元，约占烟价金额45%。集中护运可以有效防止偷税漏税。税款在洪江交50%，余半在宝庆付清。洪江缴纳的税款约占全省鸦片税的45%，加上宝庆交的半数，总数达全省的90%以上。鸦片税是政府最重要的税收来源，由此可见洪江在历史上的地位，为兵家必争之地也就毫不为奇了。中华人民共和国成立后鸦片业彻底绝迹。

三、钱庄与典当业

洪江商业以油、木、特为主要三大经济支柱，三者都属于输出外销，虽会从长沙、汉口等地回购棉花、布匹和南杂百货等商品，但总体上存在贸易顺差。为实现三业资金的回笼周转，以汇兑为主要业务的钱庄等行业产生了。洪江商人往汉沪等地采购百货，外地来洪采购油、木、土药等均不敢带现金，靠钱庄汇兑，信汇最多，票汇一般，电汇最少。信、票汇收费千分之二三，电汇收千分之五六。还有一种"打条子"的汇兑方法，多见于行商，每年汇总额在一千万元以上。光绪三年（1877年），洪江的钱庄业有合茂钱庄、中孚钱庄几家，到光绪三十一年（1905年），会同、洪江有21家，资金41000元，发行纸币12814元。民国后，钱庄业大大发展起来，经营汇兑、存款、放贷等业务，部分兼营鸦片。先后创立的有谦益丰、晋太祥、德盛昌、楚盛昌、日生昌、长春荣、开源和、裕庆昌、鸿记、同义和、荣丰等，其中鸿记的资金雄厚，最多达30万元，为长沙张姓巨商独资经营，在上海、武汉、成都等地都设有分号，可以进行资金的相互调度，得到洪江政界和商界的信任。在洪江银行未开展前，淮盐榷税和淮商销售收入都是委托鸿记代收，调拨长沙支付。除了鸿记外，还有裕通祥、裕通恒、义孚康、久大庄被称为"四大银号"，信用卓著，汇兑遍及全国，每一比期（收支结算日期，每月农历十四与月底）与汉口、镇江往来汇款，总数达数十万元。

钱庄经营的汇兑，多含贷款因素。如木、特商人在洪江购货所需款项及运费，向钱庄出售为期一月至数月不一的汉口或长沙各地兑付的凭信或票证（信汇或票汇），钱庄在收受此种汇兑业务时，视兑付期限的长短和市面头寸余缺情况议定洪江付给现金千分之八百至九百九十不等。此间差额，即钱庄收入之汇费与利息。除钱庄经营该业务外，其他行业的大户也多染指这种业务，但其中的风险是不可避免的。因木、特两业属行商，吉凶难测，充满变数，稍有不顺轻则损失财产，重则倾家荡产。经营此业者如根基不是非常深厚会受连累。如每年洪水泛滥季节，停靠江湖间的木材有可能一夜之间化为乌有，经营南杂业的益丰永即因经营"排票"遭遇此种变故而败落。

据《洪江文史》记载，民国十七年（1928年）《湖南当贴章程》规定：会同所辖之洪江市为繁荣市埠，典当业列为甲等。[①]可见当时的典当业已具规模，典当的利率由官府核定，向例典当月息二分五厘，质当月息三分。还有民间秘密经营的抵押，月息从二分五到五分不等，随钱庄业兴旺，洪江的典当业逐渐式微。

根据《洪商史话》记载：在官府主办的金融业方面，光绪二十九年（1903年），湖南巡抚俞廉三创设湖南官钱总局，洪江于光绪三十四年（1908年）设分局，资本为白银四万两。民国二年（1912年），湖南督军谭廷闿将官钱局改组为湖南银行，洪江分局改为湖南银行分行，民国七年（1918年）倒闭。民国二十二年（1933年），湖南省银行在洪江商城设立汇兑处。抗战爆发后，湘西成为后方要地，中国、中央、交通、农民、复兴等银行相继在洪江建立。民国三十四年（1945年）后，多家银行撤离，只存中国银行、湖南省银行、农民银行等几家继续营业。钱庄、银行与典当业共同构筑了旧时洪江的金融体系，在洪江商道文化的整体运营中发挥了重要的作用。

四、牙 行

洪江商道文化诸行业中还有一种特殊的行业，即牙行。前述木材交易提到的木牙行就是牙行中的一种，它是为外来和本地各业商贾买卖双方进行议价说和的商行，与买卖双方形成共生共荣的关系，在商品流通和商品交易的规范方面中发挥重要职能。

清光绪三十四年（1908年）左右，政府着手整顿商务，其中就有创办"牙行"一项。"牙行"即牙业行记，原称牙贴。牙行的性质属于"官督商办"，由政府衙门出面招商订立建办合同，缴纳押金。承办者多为合伙

---

① 湖南当帖章程（民国十八年修订）（附表）[J]. 湖南财政汇刊，1930（13）：22-24.

经营，接受官府的监督。每年新年伊始，牙行以书面请示知县衙门，然后转直属州，再转呈督抚，核发牙行管理营业执照，获得资格后方可正式营业。牙行需将全年收入总营业额的40%，原缴纳的押金，在年底税款全部缴清后方如数退还。营业期为一年，期满后需换领营业执照。领取到营业执照的牙行通常会悬挂"官牙某某行"的牌子，以示身份。

民国后，牙行改为全部商办。承办人向县税务部门申请营业执照，相关部门对店铺、基金、人员、称、斗衡量器具等进行审核，符合条件的就发给营业许可证，半年为一期，缴纳牌照税后就可挂牌营业。

据宣统三年的不完全记载，当时洪江向会同县衙领有牙贴的牙行共23家，其中油行4家，木行3家，鸦片烟号5家，粮行3家，药行3家，花纱布行2家，盐号1家，典当2家。牙行集股的成员是老板（股东），从中遴选经理，这些人有财力又有人脉，活跃于市场。牙行的内部日常事务，由牙行的行员负责，行员多为股东的子弟和亲朋好友，要求有高度的敬业精神。牙行的经营范围涉及人们日常生活的各方面，如米、油、盐、木材等。在商品买卖过程中，由牙行代办交易，对买卖双方主顾、掌称、算数、收款、付款等要做到丝毫无误，双方交易都是在牙行内进行。商品成交以后，按成交额征收买卖"行用"2%—3%左右，行用包括牙行需上缴的税即牙税和牙钱（牙行抽取的佣金），获得的"行用"除了拿出40%用于牙税外，剩余的一部分用于行内办公费用和行员的薪水，还一部分按股东（老板、经理、行员）来分红。

洪江的牙行业在民国时期继续发展，以木行和米行为例。民国二十三年（1934年）《中国实业志》记载，洪江有木行13家，其中大德、福顺和、张合顺等家规模最大，年成交额达68万元，经营木材的行商，木材输出量最高在40余万两码，约合50万立方米，值400万—500万元。如此高的营业额必然也会提升作为中间经纪牙行的营业收入。洪江代客买卖谷米纯属经纪性质的称米行，自行买卖谷米的称米店。洪江的米行多集中在粮船停泊的米厂街。据民国二十三年（1934年）调查，当时共有米行27家，年经营谷米355万公斤，占全行业营业的70%；有米号29家，资本总额13900银圆，年销粮食145万公斤，约占全行业营业的30%。可见，牙行在洪江商道文化组成中是不可忽视的部分，它对洪商文化特质形成所产生的作用还将在后面章节中再进一步地挖掘。

五、其他行业

洪江商业除以上介绍的富有特色的标志性行业外，还有一系列相关行业，涉及衣食住行等各个领域，构成麻雀虽小却五脏俱全的商业帝国，这些在油、木、鸦片等主干上开枝散叶的行业与支柱产业一起共同缔造了洪江几百年的辉煌，现择要介绍如下。

1. 绸布业

云、贵和湘西广大地区所需布匹主要由洪江供应，市场需求巨大。可以说，绸布业是继油、木、特之后的主要行业之一。早期的布业，以经营常德、湖北等地所生产的土布为主。湖北土布为四印布（保安县生产）、黄州布（又名景布）、阳罗布，常德土布有漆家河生产的漆河布。以土布批发为主的商号，资金在十万银圆以上的有庆丰祥，在一万至三万银圆之间的有潘连发、义茂仁、鼎太恒、万亿丰、吴怡茂、刘滋记、协和成、李祥记、新大隆等。以零售为主的商店则悬挂"呢绒绸缎、百货匹头"的大字招牌，花样较全者有长春永、华彰、聚丰恒等。零售店货源来自本市批发商或赴沪、汉和长沙等地购买。

洪江绸布业的兴旺可从1935年出版的《湖南实业志》中了解一些相关信息。据载，民国十年到民国二十二年间，洪市现有绸布庄号三十家，资本之大者三万元，小者一千八百元，资本总额为二十四万七千二百元。各号的营业额随资本的大小而有多少，多者十万元，少者一万元，营业总额为九十七万六千元。组织有系合资者，有系独资者。兹将各家情形列表于下[①]。

---

① 朱羲农，朱保训．湖南实业志（一）[M]．长沙：湖南人民出版社，2007：416-417.

表2-3　洪江市布庄一览表

牌号	组织	资本数（元）	营业额估计（元）
新大陆	合资	三〇〇〇〇	一〇〇〇〇〇
万亿隆	独资	三〇〇〇〇	一〇〇〇〇〇
怡茂	独资	二四〇〇〇	八〇〇〇〇
滋记	合资	一二〇〇〇	五〇〇〇〇
华彰	合资	一二〇〇〇	四〇〇〇〇
同义和	合资	一二〇〇〇	五〇〇〇〇
新昌	合资	一二〇〇〇	五〇〇〇〇
泰记	合资	六〇〇〇	三〇〇〇〇
裕记	合资	六〇〇〇	三〇〇〇〇
生和	合资	六〇〇〇	三〇〇〇〇
协和成	独资	六〇〇〇	二五〇〇〇
鼎泰恒	独资	六〇〇〇	二五〇〇〇
恒庆	独资	二四〇〇〇	八〇〇〇〇
长春永	独资	六〇〇〇	二五〇〇〇
荔记	独资	六〇〇〇	二五〇〇〇
祥记	独资	一二〇〇〇	五〇〇〇〇
恒丰	独资	四八〇〇	二〇〇〇〇
王乾泰	独资	三〇〇〇	一五〇〇〇
德泰诚	独资	三〇〇〇	一五〇〇〇
达昌恒	独资	二四〇〇	一二〇〇〇
乾丰和	合资	二四〇〇	一二〇〇〇
衡一	合资	三〇〇〇	一五〇〇〇
同心德	合资	三〇〇〇	一五〇〇〇
聚丰恒	独资	三〇〇〇	一五〇〇〇
长康	合资	一八〇〇	一〇〇〇〇
仁义和	合资	二四〇〇	一五〇〇〇
复兴成	合资	一八〇〇	一〇〇〇〇

牌号	组织	资本数（元）	营业额估计（元）
曾义发	独资	二四〇〇	一二〇〇〇
纶章	合资	二四〇〇	一〇〇〇〇
彭立盛	独资	一八〇〇	一〇〇〇〇

顺带一提的还有百货业。当时把百货业称"洋货业"，因为经营的商品多为舶来品。事实上，当时的百货批发商主要还是以匹头为主，没有真正涉及百货。那时在沪、汉、长沙等地采购百货匹头，可以先赊货款，资金周转灵活，走陆路，周期不长，获利甚丰，因此百货业中的商业巨子基本是以兼营或专营匹头者。如仁义福资产高达三十万元，晋兴隆资产不低于二十万元，这从侧面印证了绸布业在洪市的发达。

2. 南杂业

经营范围含油、盐、烟、酒、糖食糕点、海味、南杂百货等。品种繁多，范围广泛，并且自设糕点作坊，前店后厂。营业较大者早期为天怡斋、江长太，后期有庆悦祥、裕兴和、立昌祥、益丰永、经生恒等，批零兼营，但以批发为主。较大的南货商店在常德、长沙、汉口各地均派驻人员，或托人代理，从事购销代理。货物大部分过长江，沿沅水西上，销往湘西、贵州等地。资金雄厚者还兼营"排票"。

淮盐是南杂业的主要经营项目之一。淮盐由长沙的专业盐商从江苏沿海运来，走水路，于春夏涨水季节来洪，批量为"票"，每票为五千担左右，分票堆存在廖码头巷、太素巷的仓库内，由盐税局封存，按先后顺序发售。长沙总号只在收储或出售时派人来洪料理，集中住在廖码头巷的"淮商公所"。盐价（含本钱和税款）遵照省盐税局的规定。抗战爆发后，由于日本封锁河海，海盐运输困难，当局盐政为控制市场，平均销售，在各地成立专营食盐的机构为"子店"。"子店"成立后，南杂业对盐的经营大大减少。

3. 手工业

手工业为洪江百姓生活必不可少的行业。大都前店后坊，自产自销，既雇工带徒，也多亲自操作。由于原材料丰富，销路广泛，洪江的手工业为湘西地区之冠，行业突出者如下：

木作 木作业分建房、寿枋、造船、家具、圆木五大类。由于洪江地处湘西广大林区，木材充足，旧时建房，全用木材。洪江地势狭隘，高低不平，建房需要依势而建，对木匠的工艺要求极高。主管建房设计者，俗称"大墨"；制作家具者称"小墨"；制作桶、盆圆木器者为"圆墨"。造船业兼搞船只修理，航行于沅水、巫水的船只，皆为洪江制造。而洪江的圆木手工业则尤其精湛，所制作的产品深受用户的欢迎。

洪江的圆木业以杉木为主要原料，制作不同规格的圆形盆、桶等家用器具六十多种，是洪江影响较大的手工业之一。全盛时开厂设店多达四十余家，聚集在堡子坳，大、小河街一带。洪江的圆木制作，始于清乾隆年间。当时居住在丫叉田的一个姓郭的工匠，原籍桃花坪人（今湖南隆回县），自行研制圆形木器，后慢慢摸索，技艺越来越精，最后形成圆木业。出于对行业的保护，圆木业有规定，带徒学艺只限于桃花坪同乡，不传外人，这一规矩一直延续到中华人民共和国成立前。圆木业所用工具，除木工通用斧头、锯子之外，还有清刨、合路尺、栓钻、削刀、空刨、车刨、蚂蟥刨、压尺、圆规尺、栓锯、陷锯、榫锯共十二种专用工具。产品美观耐用，随排筏船只运销江汉、皖、苏、江北等地，西南销往贵州、云南，成为洪江代表性商品之一。

织染 洪江的传统木机手工织染业较为发达。从事织染业曾达到五千人，以湘乡（双峰）人为多，也有贵州过来的，集中在老街、新街以及土桥坑等地。

酱园、槽坊 洪江制作的酱油品质最佳者为"龙油"，色味俱佳。营业额较大的商号有"源春""宏盛"和"胜春"。酿酒的称"槽坊"，先是江浙帮经营的"何裕成"很有名气，酿造的"苏酒"甘醇可口，后来槽坊皆由湘乡（双峰）人来开办。手工业中还有以赤金为原料的"金箔"行业，其他如丝烟、鞭炮、皮革、鞋帽、裱糊、缝纫、篾作、色纸等杂工百艺，吸纳了很多从业人员，满足了广大百姓的生活需求。

瓷铁业 瓷铁业主营生活中的炊具、食具，包括碗、杯、碟、壶等瓷器，以及铁锅、铁鼎锅和铁钉、铅丝等日用品。鼎锅最初来源于绥宁长铺市的铸造厂，后来洪江成立惠和锅厂和尹谦太瓷铁号创建的华丰鼎锅厂。抗战爆发后，有十余醴陵人在洪江开办"湘西瓷厂"，生产粗瓷。洪江绝大部分瓷铁商属宝庆人在经营，著名的商号有尹乾盛、尹谦太、杨福顺、胜太昌等，其中尹乾盛、尹谦太获利甚丰，富甲一方。

纸业 洪江邻近生产竹木地区，城步、绥宁、会同等巫水沿岸地区建有诸多土纸作坊。主要生产老仄、时仄、火纸（旧时吸烟用的引火纸）、四裁、二裁（旧时迷信用纸）、泡料纸（用作鞭炮包装）。这五类土纸在机制纸未大力发展起来时，曾销往武汉、西北等地。土纸经营者集中在姜鱼街，坐地收购来自土纸小作坊的产品，或者亲自深入周边土纸作坊所在地收购。较著名的商号有永太隆、福太祥、周鼎盛、复兴祥、华利长、大生昌、余元太等。

书纸印刷业 洪江的书纸印刷业兴起于二十世纪二十年代，由木板印刷转为石印，共十余家，承印本地以及湘黔边陲各县的账册、商标及其他印刷品。全业雇一二人手书印版字模。洪江的印刷业还兼营文具、图书，有田静文开设的熙和书局和黄渔珊开设的黄元昌，先后经销上海商务印书馆出版的图书；傅锦霞开设的大德堂，经销上海中华书局出版的图书；傅慎甫开设的世界书局，经销上海世界书局出版的图书。兼营文具用品的还有徐祥丰、彩霞。全业以徐祥丰、彩霞、大德堂实力最雄厚。后来铅印机出现，二十世纪三十年代以后，石印逐渐被铅印代替。

4. 药材业

在洪江经营药材（主要以中药为主）的大多为赣商。赣商制药，选材认真，制作精细，质量上乘。他们只带同乡，不带外人，所以能经久不衰。药商中的老字号有创建于清嘉庆九年（1804年）和道光初年（1821年）的彭永和、罗同春，两家各延续了一百二十年和一百四十年。据统计赣药材业最盛时期，有药店二十余家，著名商号有洪胜堂、陈敦厚、济春堂。随着西药传入中国，民国二十年（1831年）以后又新建了专营西药的"中西药房""中南药房""中美药房"等共六家。

5. 饮食服务业

由于洪油、竹木、特商的兴起，百业兴旺，旅客云集，饮食服务业也得到蓬勃的发展。由原来的几十户发展到一百多户，分为筵席、饮食、旅栈、茶楼四个行业，会员按经营类别入会。经营筵席的有杨裕兴、百芝元、田玉美、金玉楼、益顺楼，之后又陆续开了大观楼、大世界、大中华、大旅社、太平洋、九州、湘黔、大美园、和平、长洪、雄溪、醉仙楼、双江楼、万圣楼、资湘楼等。一品香、求友楼、试试看、湘洪酒家，以及在街头巷尾摆摊挑担的属于饮食业，以粉面为主，兼营各种小吃，种类繁多。游茂顺、天益祥、马义顺、悦来、群安、可群等属于旅栈业（包括客栈和伙铺，管客人伙食），大都开在犁头咀、萝卜湾、大湾塘、滩头、川岩、带子街等偏僻地方，条件比较简陋，主要供挑夫、排工、船工、轿夫、农民、小贩等底层百姓住宿，价格比较实惠。清溪阁、蔡大兴、卡尔登、万益兴、览胜楼、望江楼、春风等，还有戏院小卖部属于茶楼业，以清茶为主，兼营各式小点心。

洪江是座消费性城市，吃喝玩乐盛极一时，时人称"夜上海"，华灯初上，夜幕下到处是一片欢声笑语，诉说着洪江的繁华。但接下来的抗战和内战打破了洪江饮食服务业的繁荣，虽然由于抗战期间大量难民西迁，洪江的人口翻了几倍，从事饮食业的人也翻了一番，但大多数都是经营小摊小店，只能勉强糊口，饮食服务业呈衰退之势。中华人民共和国成立后，在国家政策扶持下，饮食服务业得到恢复。1950年，据工商普查登记，筵席业55户，从业人员163人，资金（含固定资产）旧币四亿二千多万元；旅栈业77户，从业人员134人，资金旧币三亿一千万元；照相、钟表镶牙业24户，从业人员24人，资金旧币1519万元；理发业46户，从业人员109人，资金旧币3837万元；茶楼业50户，从业人员66人，资金旧币3233元。1956年，全行业实行公私合营，饮食服务业进行机构改革，在社会主义建设时期呈现出新的面貌。洪江的饮食服务业既是洪江商道文化繁荣的产物，同时又是其最好的见证者。

第三章
洪江桐油与商道文化

　　洪江"兴于'洪油',衰于'洪油'"。由于水利交通的便利,洪江从清代开始就已经成为湘西边陲最重要的贸易集散中心,最繁华的商业都市。这座繁华市镇与沅水流域其他市镇的区别在于洪油商人在桐油产业中的深耕与发展。

第一节　洪江桐油贸易概述

桐油在我国不同的历史时期有着不同的地位，其发展经历了由传统手工艺产品向现代化的工业产品转型的历程。根据考古资料和文献记载，隋唐时期已广泛利用桐油，熬制桐油是自然经济中必备的一种传统技艺。在西南，房屋大多是木质结构，用桐油涂制以防虫、增亮；桐油广泛用于油灯、油墨、油布、油篓、油纸伞等生活必需品；用于调制油漆，涂抹雨具，燃点灯火，医治疮伤及髹饰房屋、器具、舟车等。另外它独特的耐潮、防腐、防蛀的功能，是江南水乡必备的生产、生活物资。用桐油、石灰、苎麻拌和锤制而成的油灰，为木船制造时所必备。常年行驶于江河湖海之上的木船因海水腐蚀等原因产生损耗，为防腐保固，每年必须用桐油涂刷船身两次。船运业离不开桐油，"中国普通用桐油最多者，为油漆船之各部，凡夹板以至舢板，船之船体、船具，咸利用桐油以避水族附黏船身及作防水、防腐之用。又有涂于木器上，以免水气之浸入，大气之浸蚀，制造油布、油纸、油篓，以供夏日防雨之器具，制造黑墨，以作写字之用；且有用以充作燃料，为夜间燃灯之用者。"[①]在西南、江浙一带有大量家庭式的桐油作坊，西南农村农户因为种桐增加了收入，反过来推动种桐业的发展。

一、桐油贸易兴起（1864—1912年）

近代桐油贸易的发展并非一帆风顺，经历了一个比较曲折的历程，总体说来受战争的影响比较大。具体说来，以太平天国运动为界，太平天国运动被镇压后，国内交通恢复，政局开始重新稳定，近代洪江的桐油贸易进入发展时期。此前虽有桐油贸易，但没有形成规模，清政府镇压太平天国运动后，桐油贸易得以恢复。如洪江著名的张积昌油号，创立于同治二

---

① 李昌隆. 中国桐油贸易概论 [M]. 北京：商务印书馆，1934：25.

年（1863年），号称百万（银两）之家。后来历经"洋务运动""百日维新""清末新政"，桐油贸易得到不断发展。

同治五年（1866年），"有美船主某，偶携少许返国（价值仅六十二美元，为桐油出口之始），经该国工业界试用获效，于是继续贩运，进口量逐增。"[①]20世纪20年代，美国国内各地油漆厂如雨后春笋般发展，采购需求随之增大，国际采购需求推动了桐油国际贸易的发展。

"一战"前后，欧洲列强展开军备竞赛，拼命造船、造舰、造炮。海军造舰业对桐油有着大规模的需求，这带动了中国桐油产业快速发展。桐油富有弹性、黏性，具有抵抗冷热、潮湿的特性及防止破裂的功能，确保了军需品的质量。桐油的特殊性能被广泛用于造船业，故成为军需工业不可缺少的原料。

到了20世纪初期，欧美科学家又发现桐油还具有不透水和防腐蚀的特性，更具有不导电的性能，因此，桐油又成为电机、电线、海底电缆及电器制造中不可或缺的原料。除了用作油漆原材，桐油还可用作呕吐剂，可解砒霜之毒，可治烫火伤、治疗癣，经提炼的桐油可用于汽车运输燃料，还是制造玻璃、肥皂和其他胶质物的重要原料。于是，桐油从一项传统农副产品发展成为工业国家重要的工业物质。

在20世纪初期，桐油成为中国最为重要的大宗外贸商品，大量远销至国外，成为仅次于丝绸、茶叶之外重要的土货，是国家最重要的用以偿还外债的物资。"一战"前，桐油位居我国出口贸易第七位，由于各国急于扩军备战，桐油需求量更加迫切，中国桐油生产迅速上升，到"一战"后，桐油贸易已经跃居中国出口总值的三甲，成为重要的战略物资。到1938年，桐油贸易协定将桐油贸易发展推向高潮。

二、洪江桐油贸易繁荣（1912—1938年）

仅桐油贸易一项，汉口一度成为中国出口额最大的商埠，出口量最高

---

① 黄其慧. 湖南桐油产销概述［J］. 湖南经济，1946（1）：30.

年份占中国桐油出口总数的80%左右，因此国外常将中国桐油称为汉口桐油。集散于此者多系湖南、四川所产①，品质以四川秀山县之秀油为上。每年的交易季节在农历一月至八月间，品种有红白两种，红油内销，白油外销。由于桐油的出口地主要为欧美和日本，纬度都比中国的桐油出产地要高，桐油的防冻性能显得尤为重要。没有经过熬炼的桐油，常有冬天凝固冻坏情形发生。"洪油"以其冬天不凝固，可抵御冻害的特有品质，受到外商的青睐，成为外商采购的首选。

清朝前、中期的100多年里，社会安定，人工价廉，洪江油商极为发达，鼎盛时期，同业有十六七家之多，年输出洪油达20万担（每担净重122斤）以上，值700万银圆。清后期后因兵燹匪祸，盘剥繁重，年输出量不过6万担，值200万银圆左右。据民国二十年（1931年）汉口商品检验局桐油检验处所制的《民国二十年全年份运销国内桐油数量比较及统计表》中的数据，全年内销桐油、洪油、秀油的产量四川、湖南和湖北加起来总共为677245担、79349担、21133担，其中，湖南的桐油、洪油、秀油产量分别为188319担、78063担、17242担，分别占比27.81%、98.38%、81.59%②。据《民国二十三年上半年检验内销桐油产地数量统计表》和《民国二十三年下半年检验内销桐油产地数量统计表》中得数据可知，1934年内销桐油主要来自四川、湖南、湖北，此三省共产桐油8294.07公担，其中，湖南桐油产量8082.66公担，占比97.45%。③1935年，湖南桐油产量以流域言，沅水流域最多，约产桐油28万担，洪油8.6万担，秀油3.528万担，共计40万担。④据1934年统计，洪江全市有商号245家，资本总额1601900元，营业额39918999元，其中油庄7家，资本510000元，占全

---

① 复旦大学历史地理研究中心.港口腹地和中国现代化进程 [M].济南：齐鲁书社，2005：184.

② 实业部汉口商品检验局.统计：民国二十年全年份运销国内桐油数量比较及统计表 [J].检验年刊，1932（1）：211.

③ 实业部汉口商品检验局.民国二十三年上半年检验内销桐油产地数量统计表 [J].检验统计，1935（1）：78.

④ 尹红群.湖南传统商路 [M].长沙：湖南师范大学出版社，2010：235.

市商号资本总额31.84%，为各行业之首，营业额18000000元，占权益商号营业额45.09%[①]。

三、洪江桐油贸易衰落（1938年后）

从20世纪50年代开始，长江流域的木帆船，逐渐为铁壳船所替代，桐油失去了最主要的市场，这一产业也就无可奈何地走向了衰落。洪江桐油在历经了多年的辉煌之后走向了衰落，主要原因如下：

1. 美国、日本桐油成林，分割市场份额

1905年，美国农业部从中国带回桐树种子，在加利福尼亚州试植，后又在佛罗里达州试植，到1915年，每亩"所生果实约达二斗之多"。20世纪20年代前期，由于中国内战频发，出口到美国的桐油无论是数量和价格都极不稳定，美国油漆商"每有供不应求之憾"，"桐油之来源无定"，"美国油漆业蒸蒸日上，每年进口桐油，约达五百万加仑之多。其值在美金二百万元之谱"[②]。1925年美国试植初见成效，国内舆论对比美、中两国桐油产业，指出美国用科学的方法选种、栽培、榨油，中国则不然，种既不良，栽培听之天然，榨油后又杂以不良之物。美国虽然在全面抗战之前并未对中国的桐油出口贸易形成巨大冲击，但自20世纪20年代起在国内广泛种植，桐树成林挂果之后开始批量生产，对中国桐油的依赖程度就越来越低。加之国际造船业和飞机制造业在防水防裂的工艺上不断进步，桐油的功能逐渐被其他工业原材料所替代，桐油国际市场地位开始下降。木船已逐渐换成了铁壳船，桐油失去了重要的市场，接着便是化工原料替代桐油成为制漆原料，桐油的地位再一次下降。中国桐油的风光不再，桐油渐渐淡出了人们的视野。

2. 八大油号案加速了洪江桐油业的衰败

1939年，国民政府在湖南设立复兴湘分公司，政府对桐油贸易实行"统

---

① 朱羲农，朱保训. 湖南实业志（二）[M]. 长沙：湖南人民出版社，2008：403-404.

② 毓甫. 美国试种之桐油树 [J]. 上海中华实业界，1916（5）：12.

制"，即统购统销。当时桐油贸易的处境非常艰难，外销方面因"国际运输路线阻塞，影响所及，出口锐减，不免壅滞销"；内销方面又因"'统制'条例严密，转运手续繁复，复兴公司收购牌价，似不免略低，商人遂多观望，从而此种营运事业，乃不如前，本省桐油运销之前途，便日呈衰落。"①

抗战时期，国民党于1939年建立了军统情报组及其邮电检查所和查缉分所，洪江作为行政专员公署与保安司令部的所在地，1940年中统十区调查室亦由芷江迁驻洪江。七七事变后，江汉沦陷，内地与沦陷区的交通遭封锁，洪江八大油号的大量洪油运到常德近郊的德山囤存。各油号派在镇江的分庄员工，只有徐荣昌号的邓子英留守上海。1939年夏，邓见沦陷区洪油缺货，价格上涨，寄信洪江总号，建议将囤存德山的洪油速运镇江，以求厚利（实际上洪油已不能发运）。该信件被军统控制的邮检人员截留，交给设洪江的湖南省第七区保安司令部，司令谭自侯认为可趁机勒索巨款肥私，于是诓请徐荣昌号的徐余松、杨恒源号的杨竹秋、庆元丰号的刘雪琼、刘同庆号的刘炳煊、肖恒庆号的肖明贵、恒庆德号的肖新斋、新昌号的邓益华7家油号老板和永兴隆号的经理王泽民至司令部，以"运油资敌"罪名予以软禁，意藉羁縻，索贿两万银圆。不料消息走漏，媒体报道了"运油资敌"的新闻，香港、重庆报刊继而披露。

谭自侯深知独得一笔巨款已不可能，又怨恨老板吝啬，便以"运油资敌"案，将8人交宪兵司令部。宪兵司令谷正伦敲诈得一笔贿赂后，再以"经济汉奸"罪名转押重庆，送国民政府军事委员会军法处，听候判决。值此万分危急之际，洪油业选派专事交际工作的黄济铭、杨明心、朱月池3人赴重庆设法营救。他们以江西同乡情谊，吁请国大代表王冠英，通过各种关系，历时数月，费重金贿通军法处，将该案交司法处查办。同时，急召邓子英绕道香港，直飞重庆，向司法处递交洪江运送镇江的洪油仓储、航运、出售有关凭证，经过司法处调查核实，确认沦陷区销售的洪油，是沦陷前运到的存货，"运油资敌"不能成立，予以撤销起诉，在押

① 资料室. 三十三年一月份衡阳商业动态 [J]. 购销旬刊，1944（6，7）：15.

的8人无罪释放。但因统治者腐败，洪江八大油号"运油资敌"案，历尽艰险，洪油业巨子已心力交瘁，刘雪琼在获释后病逝于重庆的旅社。在此期间为疏通多道关卡，处处"打点""烧香"，全案耗费金额20万银圆，由各油号按资力分摊。洪油业亦由于战争，销路中断，加上官僚索贿等意外创伤，资金拮据，周转不灵，损失极其惨重。历经60多年，久负盛名的庆元丰一蹶不振。旋即杨恒源气息奄奄，只好关门歇业。八大油号的衰败标志着洪油辉煌历史的结束，下表可以佐证。

表3-1　1941年5月"洪江各油号一览表"[①]

牌号	帮口	负责人	资本额（元）	营业额（元）	牌坊及庄栈所在地	目前状况
徐荣昌	江西	徐余松	10,000,000	2,000,000	洪江有榨坊，镇江、汉口有庄	停顿
庆元丰	江西	刘雪琼	600,000	1,000,000	同上	停顿
刘同庆	江西	刘炳煊	600,000	800,000	洪江有榨坊，汉口、常德有庄	缩小范围
杨恒源	江西	杨竹秋	150,000	200,000	洪江有榨坊，邵阳、汉口有庄	停顿
萧恒庆	江西	萧新齐	150,000	200,000	洪江有榨坊	停顿
萧恒泰	江西	萧新齐	120,000	200,000	—	停顿
新昌	江西	邓益华	200,000	500,000	洪江有榨坊	停顿
大昌丰	镇江	戴盈泉	200,000	200,000	同上	停业
吉盈丰	镇江	鄂善伯	200,000	200,000	洪江有榨坊，镇江有庄	停业
永兴隆	镇江	王泽民	100,000	200,000	洪江、托口有庄	停业
张永义	会同	—	50,000	50,000	—	—

3. 洪江桐油加工工艺制约了其发展

中国桐油贸易一度超越了丝绸与瓷器，占据出口贸易前三甲。而洪

---

① 曾赛丰，曹有鹏. 湖南民国经济史料选刊（3）[M]. 长沙：湖南人民出版社，2009：512.

油因其超前的经营理念和创新的商业模式，加之洪油商人几代人艰辛的努力，曾经创下了商业上的繁华。虽然洪油生产加工技术与其他桐油相比更为先进，但由于是自然经济体系下的手工作坊生产的产品，行业生产工具和技术一直没有创新，尤其是桐油与桐枯粉的配比，温度的掌握，都只能依靠手工艺人长期的从业经验，其核心技术几乎无法转化为全机械生产。与国际市场上机器榨取方式相比，国内匠人榨取方法生产成本更高，时间更长，另外国内桐籽的采摘、储存技术还是原始采摘保存，造成原材料巨大浪费，所以整个桐油生产的水平较低，附加值更低。大规模机器生产一直没有在桐油产业中形成，无法降低生产成本。

由于桐油本身作为木制品涂料和工业原料的行业地位已经衰落，而工艺烦琐的洪油无法适应机械化生产，使得其难以跟上时代的潮流，国际市场中发现了其他可以代替桐油作用的其他工业原料，因此桐油整个产业发展缓慢下来。桐油制作工艺没有突破，整个的生产成本没有降低，被新型可替代原材料取代是自然的规律，就如洪油也是因为加工工艺的突破，产品性质与功能的变化导致了洪油凭借品质优势独占市场鳌头一样。在全球工业化机器化竞争格局下，洪油逐渐成为一个旧名称而退出了历史舞台。

抗战胜利后，桐油贸易有短暂复兴的苗头，但因国民党发动内战，滥发法币、金圆券、银圆券，导致货币严重贬值，洪江老牌庆元丰、杨恒源油号都相继倒闭，桐油贸易的衰退局势一发不可挽回。总之，在20世纪二三十年代形成的巨大的桐油国际贸易市场，由于前面提到的原因急剧萎缩；国内因为抗战时期禁运和统购政策，积压的原油以及桐树成林后的丰产都带来了大量的商品过剩，种桐户亏损，减少了种植与采摘。油号商库存积压，资金回笼慢，使得借贷资本无法偿还，信用体系崩溃，油号商破产，部分原来主打做出口的油商出口转内销，低价竞争，洪油高品质和高价位在战争结束后的初期，竞争优势降低，对于洪江桐油需求萎缩。因此在20世纪40年代末期，洪商及洪油从此走向衰落，特别是中华人民共和国成立后，国际市场的封锁，进一步扼杀了桐油国际贸易，一部分油商转投其他产业，如发电厂、瓷器厂等。

第二节　洪江桐油的生产与销售

一、洪江桐油的品质

湖南沅水、澧水上游各县及贵州清水江流域及东部各县盛产桐油，各地所产桐油经过沅水、澧水集中在各个口岸重要集镇运往外地销售，而汇聚巫水、沅水的洪江因独特的地理位置运输桐油，于是油业兴起，洪江桐油贸易因为水运码头而兴起。清代开始，因为水利交通的便利，洪江就已经成为湘西边陲最为重要的贸易集散中心、最繁华的商业都市。

洪油成为洪江最重要的手工艺品或者农副产品，其质地透明、浓重，呈金黄色，气味芳香，终年保持流体状态，虽寒冬亦不凝固，是桐油中的上品。洪油不像一般桐油的金黄或浅黄色，而呈现出质地浓艳的红色，因此也称之为"红油"，在江浙皖沿海一带，洪油被称为"顶红"，为桐油中的极品，畅销一时。

洪油与普通桐油相比有着卓越的防腐性能、坚韧的凝着力、干燥性强等优点，一直在市场上保持着重要的地位和桐油中极品的美誉，"其独特的防水、防渗、防蛀、防海螺苔藓吸附的功能，成为涂抹木制海船底部的油灰的主要原料，出口到东南亚，甚至更远的澳大利亚、西欧等地区。"[①]"洪油"的得名不仅因其生产和销售地在洪江，还以其品质上乘成为买家的首选。

二、洪油的生产加工

洪油经营分为采购原料、加工制造、产品销售三个主要环节，油号一般产、销、运分离。洪江只有油号，榨坊、工厂与仓储放在原料产地和交通运输地，一般在湘、贵、川等地分号设桐果收购、"洪油"加工基地。

---

① 何东平，张效忠. 木本油料加工技术 [M]. 北京：中国轻工业出版社，2016：226.

如清水江和沅江上游流域盛产桐油、白蜡、茶油等原料，八大油号汇聚托口，在托口集中收购，开设榨坊，日夜加工桐油。另外在晃州龙溪口、辰溪等地开设作坊。把货物吸进洪江总号，然后又通过沅江、长江两条"黄金水道"，流到沿江沿海城市。各油号在沅水、长江的大口岸都设有分号和公馆，负责市场销售、回程物资采购、汇兑等业务，以及商业情报的收集和汇报。

1. 洪油加工技术

洪油的制作始于清嘉庆年间，手艺人在重庆"秀油"的基础上反复改进工艺，以桐油做原料，加入桐籽炒枯之后，经过籽油制作、洗油制作和洪油熬炼三道工序，尤其是在炼制过程中，要将桐籽烘干，粉碎成桐枯粉，与普通桐油兑比混合，再进行复榨、分离，反复几次，才能保证洪油的浓度和色泽，以及优于一般桐油的渗入木材的能力。烦琐的工艺流程，完全依靠手艺人的经验完成。因此，洪江的洪油自始至终都只是以手工艺品的方式存在。

2. 洪油加工设备

每年桐籽采摘之后，必就地雇请农民临时工榨成桐油运洪江精炼。清同治年间，洪油业首富张积昌油号，率先就近在沅水对岸的滩头开办榨坊，进行榨油和精炼洪油，产生相对固定的榨油工人。民国后，洪江7家油号均设榨坊，装备土榨24具，雇请榨油工270人，每年11月至次年6月进行生产，年需桐籽16.5万担，每担120斤，产桐油3.25万担，再与各处收购之桐油混合炼制成洪油。

洪油的容器有竹篓、木桶、铁桶三种。竹篓容量和大小各地不一致，重量90—300斤不等。盛器最早开始为当地生产的陶器土坛，但笨重易碎，后来以杉木桶代之。木桶质地虽轻，但成本偏高，继而采用竹篓。竹篓是用楠竹破成篾条编织而成，以猪血为浆，内外用多层皮纸糊就，防跌防撞，不渗不漏，且价格低廉，便成为油号盛油器具的首选。由于竹篓被广泛使用，从而带动了油篓编织裱糊业的发达和兴盛，从事这一职业的人员越来越多，并拥有了自己的同业会馆天王庙，产业也高度集中。

随着洪油业的不断发展，竞争也越来越激烈，为抢占市场高地，挣得市场份额，油号老板们为降低生产成本，减少运输费用，分别在靖州、沅陵、辰溪、新晃、会同、托口、远口、玉屏、镇远等桐籽原料产地建设榨坊，置备榨、炼器具，修建仓库。于每年秋季桐果收获时，派出大量人员，前往榨坊所在地和湘黔边陲的广大地区收购桐籽、桐油。到了冬季则在当地招聘雇请季节性工人开展制炼，定量包装（以裱糊皮纸的木桶为容器，每桶净重60斤，合市称63斤），翌年端阳节前完成。待春夏之交江水漫涨，乃雇木帆船驶运常德转交轮船运武汉，再转江轮运镇江或上海销售。各油商在常、汉、镇、沪等地派有亲信人员经办转运、报关、纳税、交捐、出售、汇兑等事宜。

3. 桐油的生产组织

近代之前，桐油主要是农民家庭自榨或者送油坊榨后出售，属于家庭手工业。

到近代，由于市场需求增大，桐油商人开始控制生产。据《中国实业志》统计，家庭手工业占总量的73.8%。1909年，杨恒源油号为了进一步提高品质、扩大产品销路、提高产量，在辰溪县南庄坪原张吉昌油榨坊旧址扩建，建成木榨32套，石碾盘8个，熬油坊2所，计有6口熬油灶，2口熬桐油灶，20个大油仓，可以容量桐油120万斤，还有2个堆放桐籽的仓库，可堆放万担桐籽。有固定职工80多人，开业生产时雇用榨油工和修理杂工200多人。同时庆元丰号也以同样规模在此扩张。另外，八大油号在托口镇也设有榨坊，每坊雇用二三十、七八十不等的工人，用木榨榨油。

（1）生产组织者

在早期，桐油商人一般是世代相传或者贫困子弟拜师学徒而经商，也有极少数弃儒经商的读书人。近代商人来源发生了改变，更多元化：如刘岐山与太平军失散离开队伍后经商；学儒不入仕的清末秀才杨竹秋，拒绝谭延闿劝其从政为官后经商；弃官从商的前清优廪生刘慎伯；既官又商的张吉昌的儿子张秩永，捐员外郎，出任广西道台，雄心勃勃，企图在辰溪南坪庄修建一条街，建厂房数百幢，免费供外人迁往经营。

生产组织者发展到一定水平，积累了一定财富之后，捐官入仕途，如张吉昌儿子捐员外郎，后官至道台，皇上赐三品衔；庆元丰刘岐山长子刘慎伯担任洪江保管局局长和洪江商会会长，积极为宗族、公益事业捐资，谋求社会影响力和政治地位等。

（2）工人来源

每年桐籽采摘之后，桐油商人雇请农民临时工将桐籽榨成桐油运往洪江深加工。而工人分为长期工人和季节性雇工，每到九月到第二年五月，大量雇用临时性工人，工人各司其职，分配在炒制、敲榨、取油、炼制等不同岗位。短工从周围农村雇请。洪江本地榨油工多来自辰溪、麻阳农村，每年初冬进场，第二年端午节时回家。短工只要掌握普通榨炼技术，而长期工要掌握洪油配方技术。工人待遇：按职薪，一底一面，每月10元银圆，民国时期为大米3—5担/月，汉口、镇江派驻员工。生产经营是两头在外，桐籽收购分散在沅水、潕水、玉屏、镇远、黔阳、新晃、溪口、青溪、托口和湘黔边陲的广坪、远口等地，640市斤桐子/7人/1牛/天，120平方米榨坊，一年一雇，汉口、镇江、上海等派驻员工。

（3）桐农与榨坊

桐农负责桐树播种、管理、培育和收摘，是洪油生产中的最初环节，或自己种植，或收集附近山林散户的桐籽。有本地少数民族自己种植，自发性和随意性较多，也有有技术汉人去租地种植，自负盈亏。

榨坊是链接桐农、油号的中间环节。榨坊内设有"撑庄师"，执行"签子客"决定，保证洪油的品质。前期作坊有着自然经济加工的性质，产桐籽的农户将桐籽送往各地榨坊加工后，再挑到附近集市贩卖，各地榨坊仅仅加工收取加工费。之后随着洪油发展，各大油号自设作坊加工，雇用长期工和季节工加工洪油，而且油号很多老板都对作坊生产流程和技术非常专业，往往一个油号总经理或者老板都是优秀的签子客，油号管理层培养的一个重要环节就是去本庄榨坊工作。这一时期作坊的性质就从自给自足加工作坊发展成为具有现代工厂性质的作坊。这一性质演变源于洪油市场竞争需求，特别是洪油以品质所保证的市场占有量，因此各大油号对加工生产要求非常高，投入的资金和人力也非常大。刘岐山在20世纪20年代末在洪江与同业一道竞争。刘同庆油号刘炳煊为提高竞争力，不惜成本，自设榨坊，精细制造，加强检验，提高产品质量，统一出厂标准。此外，因洪油每桶重量有统一规定，必须共同遵守，他们就减轻包装木桶桶皮，做到减皮增油，大受用户欢迎。

洪油加工技术是很传统的手工加工技术，可以说是桐油业中的"工匠精神"让洪江洪油占据市场，形成其独特的品牌，而油号商人经营能力则进一步推动洪油发展。纵观洪油几百年的发展历程，技术变革中一直没有出现生产工具和设备的巨大变革，因此洪油作坊性质既有自然经济的特点，也具备一定现代工厂生产特征，更为重要的是它所承载的匠人精神，是当时中国经济生产中所不具备的。

4. 洪油的生产成本

油号在榨制桐油的过程中需要涉及众多部门和人员，榨油司、洗油司、熬油司、掌庄司是核心生产部门，其中每个部门内部又细分工种，且人工工钱存在差异。以王万和盛号为例，从规模来说，榨油司"共打六人名目，炒匠一百八十，正槌八十，牵槌两个二十，打杂四十，赶牛三十"[1]。此外还有签子客、光桶、灌封、管账、跑街等辅助性人员。油号在日常运行中除需要按时给员工支付工钱外，还需定期发放一些福利。王万和盛号抄本《洪油要诀暨往来书信》记载："一、计每届开锅、完庄，办园棹（桌）酒一席，或四盘四碗，油司去请码头上脚班人来吃，不俱伊有多少，旅有一席为例。一、计掌庄、熬油，每月两过牙祭，每人肉半斤，每日小叶例一批。完庄每届掌庄司赏酒钱一串二百文，又熬油司酒钱一串文，小工四百。"[2]这些都属于人工成本的范畴。自然在不同的历史时期，工钱的计算会有起伏，另外，油号的规模越大，支出的费用也越大。但从王万和盛号的记载来看，洪油生产的成本是比较大的。因为除了人力成本，还有原材料、运输、税金卡费等支出，如果在外地设有庄号，还会产生系列费用，所以洪油贸易是需要本钱比较大的生意，周期又长，

---

① 王振忠. 徽州民间珍惜文献集成（第5册）[M]. 上海：复旦大学出版社，2018：156.

② 王振忠. 徽州民间珍惜文献集成（第5册）[M]. 上海：复旦大学出版社，2018：135-187.

这也决定了它跟钱庄业的密切联系。

三、洪油的收购与销售

1. 洪油的收购

五口通商前，农户自行榨油，挑到市场去卖，赶场通过牙行卖给油商；或者卖桐籽给榨坊，榨坊榨油后到附近市场通过牙行卖给油商，牙行收取一定手续费，禁止私下交易。五口通商后，行贩即收购桐油的商人，绕过牙行成交；各大油号在桐油生产地设置分庄，收购原油或者桐籽，桐籽加工成原油后运回本庄进行深加工。"每年农历九月，必须在盛产桐籽、桐油的地区设庄，指派人员收购油籽。"

收购方法亦由简单的钱物交易，变为多种收购方法，除现金交易外，还有预购即预付给农户一定的现金或者生产资料、生活用品。洪油油庄收购的方法有三：（1）自设榨坊于生产桐籽的乡镇，收买桐籽，自行榨油；（2）设分庄于盛产桐油之区，收买榨成之桐油；（3）委托乡间桐业行贩，收买桐油。其采用一二两种方法时，收买桐籽及桐油，例经行贩之手，并多于先一年预付相当数量之钱钞于行贩，由行贩转付与栽桐树之乡人或者榨桐油之榨坊，作为定钱。

桐油产业摆脱对原材料生产的依赖，整合全部桐油产业链资源，用市场的力量吸纳周边县市桐油进入洪江市场，因此对产地依赖性比较低。洪江作为会同一个市镇，或者仅仅依靠会同、黔阳及周边县桐籽产量远远支撑不起每年700万市场销售份额。洪江八大油号在清水江流域，甚至在贵阳等产油流域，设置收购点和榨房，收购其他榨房和农民家的桐油，然后运到洪江设置的收购点，或者开设榨坊收购各地初加工桐油，再运往洪江及沅水流域自行开设的榨坊深度加工，根据品质贴上各自的不同类的品牌推向市场。据资料显示，"民国二年（1913年），思州、青溪、天柱等府县年产桐油50万公斤。……至北伐战争时期，该县油桐产销兴盛一时，年产籽上百万斤。"①民国十二年（1923年），"镇远县田复兴公司专门收购桐籽，加工成桐油，交售湖南洪江八大油行，再转运至汉口油库，运销美国。"②

这些收购方法到1939年国民政府实行"统制"而结束，桐油的收购变为政府设立的机构——复兴湘分公司——统一按规定的价格收购，"统制"是桐油销售量较以前一落千丈的原因之一。

2. 洪油的销售

（1）五口通商前

明清时期，湖南是产桐油的重要省份，湘西的洪油、秀油运销江浙一带。嘉庆二十四年（1819年），朱澍所修的《会同县志》记载，洪江镇为"上通滇、黔、粤、蜀，下达荆、扬，舟楫往，商贾辐辏，百物共集"，桐油列其物产第一位。但由于封建社会的牙行制度，使得收购与销售相脱节，没有形成完整的购销体系。五口通商前，牙行是洪油销售的重要环节。油商将油运到销售集散地后，即投当地牙行，探听行情，由牙行联系买主，成交后牙行收取一定比例的费用。据不完全记载，在宣统三年（1911年），洪江向会同县衙领有牙帖的油行有4家。

到近代，牙行不复存在，桐油销售方式有二：一是各帮桐油聚到集散地后，举行贸易大会，大批量分销桐油；二是油商在销售集散地，如汉口、镇江常年派驻职业经理人，负责该地的销售。由于统一采购、批量采购，洪江各大油号有很高的定价权，低价买进，高价卖出，甚至直接制定每年的销售价格，影响其他桐油销售定价。收购统一，降低成本，提高利润，投机经营出现。低价买进，短期储存，运往他方，高价卖出。庆元丰刘岐山靠此获利，财富增长迅速。辛亥革命推翻了清朝统治，此时油价大跌，洪江各油号都不敢买油，唯刘岐山因独具眼光，看准行情，借其手中

---

① 黔东南苗族侗族自治州地方志编纂委员会. 黔东南苗族侗族自治州志·粮食志 [M]. 北京：方志出版社，1995：144.

② 黔东南苗族侗族自治州地方志编纂委员会. 黔东南苗族侗族自治州志·林业志 [M]. 北京：中国林业出版社，1990：187.

财力，大量收购洪油，贴上自己品牌。1911年将油运到镇江出售，一举获利20多万银圆。在某种程度上，洪油价格垄断地位基本形成，成为桐油交易市场上的风向标，洪油旺则桐油旺。

清末民初，洪油商家分为"西帮"和"邵伯帮"两大派系。西帮即江西油商，资金最为雄厚；邵伯帮为江苏省江都县邵伯镇，其地处大运河东岸，扼邵伯湖出口。邵伯油商不但在长江沿岸销售洪油，还把生意做到了大运河流域。"洪油"销售的季节，分春销、伏销和秋销，其中以伏销为最旺。油商双向经营，实行赊购体系、物物交换、预售制等销售模式导致洪油资金高周转率，反过来进一步带动洪油产销。油商们每年春天从汉口、常德运来棉花、布匹和粮食，赊销给各地桐农。秋天，桐农以桐籽或桐油偿还。油号老板将各地收购到的桐籽，有的就地加工，有的运到洪江榨炼，制成高品质的洪油。由洪江总号运往各地分庄销售的洪油主要通过江西商帮和邵伯商帮运往大运河腹地江浙、山东一带。

（2）五口通商后

五口通商之后，尤其是第一次世界大战以后，桐油出口贸易不断增加，洪油更是"外销陡增，内销之数，反仅居百分之四十以内"。油号老板除了在洪江坐庄以外，还在长江沿线的汉口、芜湖、南京、镇江、上海分设庄号，从事经营活动，其中最重要的经销地是镇江。清末民初是洪油业的鼎盛时期，年销售量达700万公斤。那时候，洪江的货币流通量和税收都是仅次于长沙，列全省第二。到镇江的交易方式为竞价销售，资本化销售模式基本建立，不再是物物交换，而是通过对来年市场的预判，制定来年销售计划，依赖信用、品牌、钱庄汇兑来确定一年采购销售体系。具体做法为：

一、向汉口、镇江等各分庄机构兑款；二、必要时可以向各地分庄贷款，称为"上架子"，信用好，利息就低；三、依靠洪油品牌影响力，可以预售期货，先收款，后交货，利用这笔款采购回程可经营的布匹、煤油、南杂等商品，在产地设庄。每年春节期前，产桐地区原材料必须完成年度生产的80%左右，同时对每年计划生产数量和每桶油的成本预估，预先告知镇江庄员，让镇江分庄心中有数。镇江各油行春节期间，规定开一次公判，只要有利可图，可薄利多销，如现货不多，还可抛售期货，每次开公盘必须有洪油知名商号参加。

随着国际市场对桐油需求增大，洪油进一步走俏市场，很受国内国际市场欢迎。洪油高额的利润引来外商洋行资本介入，由于外商对市场的科学研判，注重市场分析，掌控国际市场的需求，逐渐改变洪油商号定价权，开始操控洪油定价与销售。

1936年，桐油出口外销很旺，欧美外商在常德、汉口油行收购价由一桶40元一跃至一桶70多元。杨恒源油号运到常德桐油两千多桶，没有看到出口形势，坚持要到80元一桶才卖。但桐油外销好景不长，只是昙花一现，外商停止收购，油行崩盘，随之桐油价一落千丈，降价到每桶30元左右，致使杨恒源油号不但无利可图，还亏损四五万元。大油号尚且如此，小油号难免破产。驻汉口、镇江等地外商对桐油市场每月行情都有详细的统计，绘制成表，报告政府，掌握桐油大涨大跌，操纵油市价格。桐籽的丰歉年景也是影响桐油产量的一个较重要的因素。民国十二年（1923年）桐籽产区歉收，"洋商明知产地无货，做出空买，价高至38两，油行以为油价既若是之高，内地油商必将源源运来，以供需要，于是大量抛期，迫至到期无货，坐受亏累，因而倒闭者，不在少数。"

抗日战争时期，桐油国际贸易完全服务于战时体系，桐油贸易由政府的复兴公司来管理。洪油价格完全依赖国际市场，这样洪油在桐油产业的定价权从此衰落，洪油辉煌的历史开始走向终结。

3. 洪油的销售地域

五口通商前，洪油仅仅是内销，大部分运往汉口，到镇江转销至长江腹地、大运河沿线、江浙广大地区，还有东海和黄海的盐场和造船业比较发达的港口城市等。上海有一部分销售。"内销地域，以镇江为最多，上海次之，其他各商埠再次之。"

表3-2 1930—1933年洪油运销国内各地数量比较表

（单位：担）

销售售地	1930年	1931年	1932年	1933年
总计	85466, 58	79349, 74	58519, 82	77440, 84
镇江	49133, 43	53923, 62	40312, 56	45841, 70
上海	29363, 03	21444, 32	16684, 52	29752, 62
通州	462, 86	1669, 36	790, 90	1326, 04
南京	735, 20	842, 94	655, 80	442, 04
芜湖	1801, 38	1347, 10	71, 40	75, 40
九江	3921, 96	……	4, 64	……
浦口	23, 20	40, 60	……	3, 00
大通	23, 78	5, 80	……	……
宁波	1, 74	76, 00		

【注】本表根据汉口商品检验局检验业刊及检验年刊之记载编成。①

自清同治八年（1869年）桐油走向国际市场，渐以外销为主，"考其出国，始肇于一八六九年，有美船主某，偶携少许返国，经该国工业界试用后获效，于是继续贩运，进口量逐渐增加，迄及挽近，乃我国桐油业之最大主顾。其输入欧洲，则因一八七五年克洛士（Cluoz）发明代替亚仁麻油之用途，渐为各方所需要，采购日众，市场日开，销数益增。自兹以后，我国桐油竟以外销为主矣。"②桐油的外销也带动沅水流域商品贸易的发展，洪油因品质原因在国际市场影响力一直很大，成为欧洲造船业急需的工业用品，直接带动了洪油的产销，洪油更是"外销陡增，内销之数，反仅居百分之四十以内"。

4. 洪油的经营模式

洪油经营的整体模式是上游收购原材料，下游进行深加工。具体做

---

① 李石锋. 湖南之桐油与桐油业 [M]. 湖南经济调查所，1935：56-57.
② 邱人镐，周维梁. 湖南之桐茶油 [M]. 湖南省银行经济研究室，1943：3.

法：对上游（黔东南和湘西产桐区）原材料进行实地调查，了解桐籽是丰收还是减产、原料供应是否有问题，了解江浙销油地区年岁是否丰收，以增减销油量的大小，确定产量和收购价格，收购桐籽、桐油、桐枯为原料。针对该区域交通不方便，运输成本高，油号在水陆交通便捷的产区设立收购分庄和加榨坊。丰收之际，桐籽贩深入圩场设网点收购，再运往分支榨坊，就地榨取。成熟地区与桐农确定长期稳定收购关系。

（1）"完庄"经营模式

洪油属于跨年度生产经营，从农历上年七月起，至下年六月底止为一届生意。在一届经营生产完毕后，就叫"完庄"，要办"完庄酒"，大宴同行、同乡、至亲好友，有的不请自来，表示祝贺。"完庄"之后.即召集常德、汉口、镇江、邵阳以及铜仁、玉屏、新晃、汉口等各分庄负责人员到总号参加联席会议，总结一届的生意经验和存在的问题，同时在总结会议上布置下一届生产业务，以及人员变动等问题。这种经营模式的作用一是能全面及时地掌握供销市场的信息，灵活调整生产计划，尽量降低资金投入的风险；二是更便于人事的考察和布局，强化对人才的物尽其用；三是可进一步联络感情，加强油号内部的凝聚力，树立员工的大局意识和整体意识，有着现代企业建构企业文化的性质。

（2）商帮运转销售模式

不论是在洪江设总庄或者是在镇江设总庄，洪江一直是洪油生产的枢纽，负责洪油从原材料到加工到销售的运转。在经营模式上有合伙经营或者地域商帮经营，同时以分号制或者股份制形成经营组织。一种形式是一方投资，股东培育、提携有潜力的伙计、员工，这些人成长后自立油号，这种模式代代相传；另一种形式是多方出资，合作经营，后期发展成为分号，分号各自经营，业务互相交叉，互相合作。

在整个经营管理中，几大油号都奉行"开店不经营，经营不开店"的做法，实现"所有权和经营权分开"，聘请专业经理人，充分发挥职业经理人的职业效应。

职业经理人聘用制通常会选拔一个精明能干、工作认真负责，且有一定经营业务管理水平的人担任经理，一切工作业务委以全权处理，如雇用或辞退职工，以及核批工资、分红利等，全权由总经理支配，老板概不过问。在待遇上从优，历届的经理都有较高的工薪，如油号效益好，并许以一成红利。

共同议定市场行价。比如，民国时期洪油行业规定，油桶装好桐油以后不能超过68.5斤，油桶皮重不能超过5.5斤，净重不能超过63斤。统一重量就便于统一价格，每桶洪油定价为28块光洋，正牌的洪油每桶可以多卖一元。同时，不得哄抬油价，应按统一的零售价销售。洪油业的利润大概占到百分之十五到百分之三十左右。

注重商业信息管理，注重管理方法与经验的积累，注重人才的培养。洪油店店规严谨，制度缜密，重视讯息，职责分明。规定分支机构及外驻人员必须三日一信，汇报市场信息，称为"卯信"，重要事项必以加急电报报告，仓储物质必须专人保管，定期检查。注重市场调查研究，及时掌握原材料供应、产品销售信息，除三天一封的"卯信"外，正副经理还要定期去各分庄检查业务、面授机宜，及时发现问题解决问题。建立完善的财务制度，如比期挂牌、货物盘存、成本分析等，并给予高级管理人员司账、跑街等较高待遇。

第三节　洪江油商和油号

一、洪江油商来源

洪江油商大都为江西商人，在历史上被称为"江右商帮"。明末清初，江东称江左，江西称江右。江右商帮是中国古代商帮中最早成形的商帮，称雄于明清两朝，纵横于工业、金融、盐业、农业等领域。洪江的《贺氏族谱》"祠堂记"中这样记述："贺秀山从江西来洪江，当明末清初之际，其时未有市镇也。"而洪江油商多为明代中后期进入的江西客商，其次是徽州客商。前期主要从事木材经营，从康熙年间起，洪江桐油业兴起，许多木商因为桐油的利润，转而从事桐油贸易。这些油商代代相传，形成一些百年老字号，把桐油生意做到了清末民初。

清末民初间，洪油商家分为"西帮"和"邵伯帮"两大派系。西帮即江西油商，资金最为雄厚；邵伯为江苏省江都县邵伯镇，其地处大运河东岸，扼邵伯湖出口。但民国时期之邵帮，系指镇江帮而言，大昌丰与吉盈丰属邵伯帮，其他各号属西帮。邵伯帮以镇江为本号，而以洪江为分庄；西帮多以洪江为本号，而以镇江为分庄。无论其为西帮或邵伯帮，例于汉口、常德两处，必驻有庄客。四处之号庄或庄客，各具有效用，镇江方面之庄号，负推销之责；洪江之庄号，负收买原油炼成洪油并起运之；汉口之庄客，负金融周转之；常德之庄客负洪油装轮过驳、报关及转运之责。

二、洪江油号

从清同治三年（1864年）张吉昌在洪江创建第一家油号开始，洪江经营洪江的油号逐渐增多，到民国时期，洪江当时知名的洪油品牌有：庆元丰的"岐山凤鸣牌"，杨恒源的"顶尖牌"，徐荣昌的"桐花牌"等十余种。油号遍布洪江，洪江的"八大油号"在托口镇俱设有榨坊，雇用工人每坊二三十人至七八十人不等，日夜用木榨榨油。来往于沅江上运输洪油的轮船气势恢宏，来往不息，满载财富奔向当时对洪江人来说广阔的世界。据1935年的全国实业调查报告显示：洪江桐油业"鼎盛时期，同业（洪油业）有十六、七家之多，运出洪油十二万担以上，值七百万（银圆）"。这几乎占到到全湖南省出口总值的一半以上。

洪江76%的油号是江西人创办的，16%是安徽人和江苏人创办的，8%由江西与贵州人创办，中华人民共和国成立后还剩11家。从同治三年至民国元年（1864—1911年）七家油号分别为张吉昌、高灿顺、杨三和、徐复隆、恒源永、朱志大、庆元丰，恒远永分为杨恒源和傅恒源；民国元年至民国二十六年（1911—1937年）共有16家，为庆元丰、杨恒源、徐复隆、徐荣昌、刘同庆、万太和、刘万亿、肖恒庆、恒庆德、刘庆丰、乾泰源、新昌、永兴隆、大昌丰、吉盈丰、济昌和。抗战八年（1937—1945年）油号由复兴公司统制，垄断了桐油市场。1945年至1949年间，还保留着13家油号，为庆元丰、杨恒源、徐复隆、徐荣昌、刘同庆、万太和、刘万亿、肖恒庆、恒庆德、刘庆丰、乾泰源、新昌、永兴隆、大昌丰、吉盈丰、济昌和。

洪江最富有的油号为"徐荣昌"，其创始人徐东甫出身农家子，从一名柜台学徒做起，然后另起门户，逐渐成为富冠洪江的油号商人，徐荣昌的"桐花牌"是桐油顶级品牌。

刘岐山（1848—1920年）为晚清洪江"庆元丰"油号创始人，江西新淦（现江西省新干县）人，是19世纪末洪江首富，曾是湖南省排名第二的巨富。他在堂姐夫开办的高灿顺油号勤勤勉勉地做着学徒，一直从学徒做到管事。离开高家油号后，开了间布号，后扩张成为"庆元丰布庄"。

辛亥革命成就了刘岐山。当时因为战乱，洪江的桐油原料价格大跌，洪油在洪江的售价亦大跌，刘岐山却倾尽所有家产收购桐油原料制作桐油，储存洪油。辛亥革命之后，时局趋向稳定，社会比较安定，刘岐山便将所囤洪油全部运往江浙一带销售。战乱使得江浙一带的物资比较紧缺，洪油销售价格较高，刘岐山因此暴富。随后，他创办了庆元丰油号，以油号生意为主，同时兼营布号和百货生意，由于经营得当，刘岐山很快成为洪江巨富。

庆元丰在洪江周边的黔城、江西街、托口、芷江、波洲、榆树湾，贵州的玉屏、镇远、远口、锦屏、剑河、凯里及沿潕水、清水江、巫水流域一带建有榨房（30余座）、仓库，并收购桐籽初炼毛油，集中到洪江二凉亭精炼成"洪油"。他创建自己的品牌"岐山凤鸣牌"，在常德、汉口、镇江、苏州、无锡、苏北、上海等地设庄、铺兼营汇兑（共有钱庄票号8个）运出"洪油"，运回布匹、百货，转运至黔、桂、川一带，兼营鸦片生意，循环经营。刘岐山以沅水、潕水、清水江、长江为骨架，两旁布满榨房、票号。往西，延伸到了贵州的归川、都匀，往南到了广西的龙胜，往东到了上海。刘家的"洪油"最远处销到了美国，在越南的河内、海防也有刘家的销售点，打造起一块刘氏鼎盛时期商业帝国的巨大版图。

"杨恒源"油号前身系恒源永洪油号，于清光绪二十年（1886年）

由杨竹秋与付成斋合资创办，开设于洪江大码头巷。杨恒源油号首届聘请杨兰初为总经理。杨是江西新余人，在洪江比较有声望，善于交际，曾担任商会会长，为人正直，有一套经营管理方法。副总经理黄松亦是江西新余人，在洪油业工作多年，对洪油制造和生产有一定的经验。由于管理有方，善于用人，对常、汉、镇各庄重点，选派忠实可靠、工作认真负责、有一定业务管理水平的人担任。其他采贮桐油桐籽各个分号和总号各部门，亦是因事设人，量才使用，虽然也有照顾老板个别亲属的，但总的来说，正副经理秉公执事，不以权谋私，不安排自己的亲属，做到用人唯贤，得到职工的拥护，职工的积极性因此得以发挥。正因如此，油号的生产逐步增加，销路不断扩大，产品质量得以提高，创建的洪油品牌"顶尖牌"名列同行业前茅，深得江、浙、沪、汉用户欢迎，业务发展很快，每年盈利可观，资金积累逐年增加。在职工的待遇上，也较同帮和其他行业为高，一般职工月薪为10—15银圆，高级店员（即跑街、写信、管账和插子客、掌庄司等）每月工薪为20—30银圆，大多数还可以长支。如遇婚丧喜庆，老板还会额外补助。常德、汉口、镇江各庄员，还能获得外水，如常德、汉口洪油到岸，仰由船工搬运，这笔力资不需发给船工，却被他们公开私分。镇江庄员还有油脚、油桶在出售后，都不入账，也全部归他们私分，每年每人可分几百上千元。

杨恒源洪油号流动资金最多年达30多万元银圆，年产洪油四万桶、秀油一万桶，都是采取预售（先款后货）、分庄贷款等资金周转的办法，使有限旧资金扩展几倍业务。每年农历九月，必在盛产桐油的地区设庄，指派人员收购油籽。每年春节前，油籽原料必须完成年度生产的80%以上。同时对每年计划生产数量和每桶油估计成本，预先信告镇江庄员，使他们心中有数。镇江各油行春节期间，亦规定开一次公盘，只要有利可图，就薄利多销。如现货不多，还可以抛售期货。因杨恒源洪油牌子颇俏，各油行都争购，从而扩大了销路。

杨家从黔阳的托口开始，在沅水、长江的大口岸都设有分号和公馆，"出差"就是到另一个家，根本不需要住旅馆。民国末年通货膨胀，法币贬值，断送了杨恒源。1948年杨恒源发生了金融危机。为了顾全信誉，油号去镇江暂售一部分洪油，应先到期借款。"4000桶洪油款经过两方面挪用达20多天时间，致使款汇到洪江时达一月之久，因货币贬值甚剧，结果只能买进400桶洪油。油号为这笔生意损失颇大，流动资金全部亏完，光靠市面活动借款，无法维持经营。历经80年久负盛名的老牌杨恒源洪油号，终于1948年底宣告歇业。"[①]

三、洪油商人的格局

洪油带给洪江城巨大的财富，也带给洪江人更宽广的视野。桐油业的兴旺不仅改变了当地人的生活方式，还改变了他们的眼界和思考方式。

经营洪油业的业主大部分忠诚笃实，不尚浮夸，注重质量，讲求信誉，以是兴旺，经久不衰。为提高竞争能力，一些经营户注重改进技术，改善管理，提高劳动生产率，如洪江同庆油号刘老板不惜成本，自设榨坊，精细制造，加强检验，提高产品质量，统一出厂标准。因洪油每桶重量，同业有统一规定，必须遵守，他们就减轻包装木桶桶皮，做到减皮增油。因桐油行会统一规定并共同遵守生产标准，因而广受用户欢迎。他们务实进取的精神和公平竞争的现代商业意识，也有力地促进了湘西桐油贸易的兴盛。

洪油捐税支撑了洪江以及沿江一带很多港口城市经济的发展。因为洪油发展完全是自发的民间商业行为，而洪油销售地主要在镇江大运河腹地一带，需要长途运输，必将遭受层层盘剥。无论坐商还是行商，洪商要获利必须以大格局包容让利给各地合作者。洪油以产地价格与销售价格相比较，差额甚巨，则获利应殊丰，盖油号为洪市唯一之坐商。凡洪江发生一切捐派情事，油号均首当其冲，动辄万千，常年开支，颇为巨大。此外油号收买的原油，自产地运洪，及洪油下运，沿途税捐苛杂，至堪惊人。如原油自产地运洪，由晃县龙溪口运往洪江，起运时，每桶（160斤）缴护送费大洋8角，至沅州及黔阳均须照票。由会同及附近黔边一带收买的原

---

① 欧阳晓东，陈先枢. 湘湖文库·湖南老商号 [M]. 长沙：湖南文艺出版社，2010：351.

油，沿渠水运往洪江，需经过托口，每小担（100斤）缴护送费大洋4角，至黔阳照票。运到距洪江5里之大湾塘又需缴印花、义勇队捐、学捐等大洋2角。运抵洪市则须缴纳产销税，每百斤大洋3角。自洪江运往镇江，洪油起运，每担缴纳产销税大洋7角3分2厘；湖南省政府清剿附加1角6分4厘；洪江团款监收处团捐3角4分；印花税1分2厘。至铜湾则再缴护送费每担大洋2角。至辰州又需缴产销附加税每担8角5分，护送费每担3角6分9厘。常德而下，至城陵矶缴纳关税后，始可直达镇江。从其名目繁多的税、捐可见，在数百年里，洪油业对洪江沿途经济的发展起着重要作用。

洪油商人都普遍投入到慈善、助学、公益事业的发展中。刘岐山富甲天下，却又简朴一生，乐善好施。《墓表》列举出其善举：修路架桥、夫补助宾、兴建义仓、育婴赈饥、施药施棺、建设消防等。其中"夫补助宾"，就是由刘岐山等洪江商人私人出资，领全国之先，在生活困难人群中实行的一种维护社会稳定的最低生活保障措施。他曾先后收到民国大总统的颁发的"嘉祥"和"敬教劝学"两枚金质奖章，一是在出资捐助家乡一所普育学校后，一是在出资创办"岐山学舍"后。江西新干县荷浦乡塘边村《珠溪刘氏九修族谱·缙绅录》记载：邦回公，清诰授通议大夫。民国三年（1914年）任湖南洪江市地方税款保管处处长。民国五年（1916年），大总统奖给三等金色褒彰一座。民国六年（1917年），大总统奖给"急公好义"匾额一方，蓝绶银纸褒彰一座。民国八年（1919年），大总统奖给"敬教劝学"匾额一方，三等金色嘉祥章一座。

据《育婴堂小识》记载，光绪年间向育婴堂捐款的油商有二十多家之多。育婴堂每年经费达数千两，官府批准申领月捐和贴捐，各商帮和行帮捐助。贴捐即允许育婴堂取牌名为"欧阳济育"的洪白桐油牙牌，开行设市，每年这两项大概可收取捐银千余两。开办二十多年，育婴堂所得捐款达上万两之多。

此外，洪江油商遇到天灾人祸施赈救灾，修桥架路，兴办学堂。洪油业者热衷教育事业，最早创办了洪江当时唯一的一所六年制完全小学——商达学校，其经费大部分来自洪油业。杨恒源油号杨竹秋担任复兴小学董事长，庆元丰油号刘雪琼担任雄溪女中董事长，刘同庆油号老板刘炳煊担任洪达中学（洪江一中）董事长。

洪油商人积极为公益事业做贡献，参与"义山""义园""义渡""社仓""义学"等公益活动。举凡地方公益事业的兴办及各项募捐，莫不以洪油为主，《育婴堂小识·卷二》（光绪十四年刻本）记载，光绪六年（1880年）开办育婴堂，张积昌油号首捐银1800两，独占鳌头，其他如赈济救灾、建渡修桥、防火建设、器材购置等，洪油业无不乐捐巨款，明磊榜首。

第四节　与洪油相关的产业与区域经济连接

洪油不仅为商人带来财富，成为洪江的支柱产业和税收主渠道，它的巨大经济利益也带来了与之相关的产业与区域经济发展，主要体现如下。

一、洪油与金融业

由于洪油业是一项季节性强、投资量大、周转期长的行业，融资是洪油经营非常重要的环节。融资模式：一是牌子老，信誉好，可以吸收部分游资存款，还可以预售远期沪、汉汇兑，到期向汉口、镇江等各分庄机构兑款；二是必要时可以向各地分庄贷款，称为"上架子"，信用越好，利息越低；三是洪油牌子俏，可以预售期货，先收款，后交货，这笔钱既可以用来经营纱布、煤油、白糖等，还可以增购原料、扩大再生产。桐油业对钱庄依赖极大，原因如下：一是在桐籽挂果前，各庄负责人去到产桐籽农户家中预先订购桐籽以保证其供应量，这需要周转资金；二是向榨房预购需要资金；三是桐油运输主要经过沅江流域湘西一带，匪患和路途遥远致使油商往往在汉口兑换成银票，带银票进入产油区；四是镇江一带油商采购时往往年初与洪江油商先议价，付定金，等到桐籽成熟采购时再定价。整个桐油生产周期比较长，整个流程需要大量资金周转。洪江油号占洪江总资本1/3，预售远期兑付的申、汉汇票，吸引游资存款，取得钱庄低息贷款。桐油贸易主要由油号经营，油号的资金大多来自钱庄放贷。钱庄经营状况的好坏关系着油号的生死存亡，钱庄的银息变化严重影响到桐油贸易的盈亏。

钱庄支撑了洪油产业发展，洪油商人赚取财富之后反过来投资钱庄，让洪油赚取的财富资本化，再用资本来支撑产业的进一步发展。同时也让洪油在经营的过程中资本化、信贷化、票据化、货币化，打破了洪油对生产、原材料的依赖性，用资本手段控制产销，决定市场定价权，建立可控的销售体系，保证生产、销售顺畅，一定程度上弱化了产地、天气、交通、战争、兵变、匪患等对洪油贸易的影响。

钱业在洪江具有特殊之地位，各行业多仰其接济。钱庄在民国以前，一般维持在两三家的规模，民国后骤增数家，至20世纪30年代，还有鸿记、开源和、裕庆昌、同义和、德盛昌、长春荣、荣丰七家，其中鸿记、长春荣及荣丰为独资经营，其余均系合资。鸿记资本为最雄厚，由总号随时调拨，最多可达30万银圆；开源和、裕庆昌次之，各为4万银圆；同义和、德盛昌各为3万银圆；长春、荣丰各1万银圆，总资本为46万银圆。营业种类为汇兑、放款及存款，但以汇兑为主，放款次之，年营业总额约为1300万银圆。洪江周边，因匪患素不太平，外籍人氏来洪经营，极少有将现银运洪者，唯一周转方法为钱庄汇兑（1933年9月始设湖南省银行洪江汇兑处，年汇兑额为400万银圆）。

例如，桐油商来洪收买洪油，其现金存于汉口，由驻汉庄客交银行保存，驻洪庄客抵洪后，则出卖汇票。盖洪地商人往沪汉者，亦不带现银，照向洪市钱庄或他种商号及私人购买汉票或申票，至沪汉取款，各皆不需运现，两得其利。

油号资本较大，金融周转亦颇灵活，其来洪设庄，除收买桐油外，兼以汇兑为副业。每年汇兑总额不下于1000万银圆。洪江钱业汇兑如此之大，皆因洪江输入货物以洋纱为大宗，每年约700万—800万银圆，绸缎及煤油烟卷50万—60万银圆，苏广货50万—60万银圆，南货30万—40万银圆，纸张颜料10余万银圆，其他零星货品均在10万银圆以上。输出货物以洪油、木材为大宗，洪油出埠可达700万银圆，木材可达500万银圆。

钱业汇兑方法有三，为信汇、票汇及电汇。信汇最多，电汇最少。钱业汇兑以行市为准，外业及个人则需加汇水，每千银圆约二三银圆，电汇较为特殊，然至多亦不过加五六银圆而已。在汇兑方法中，最具势力者为类似借款的特殊汇兑，在洪江称"打条子"。这种打条子的汇兑方法多流行于木商之间，因所需款额较大，明知吃亏亦无可奈何。

就汇兑地域言，以汉汇为大宗，省汇次之，申汇、贵汇、蜀汇更次之，盖洪江商业以油木等为主业，皆以汉口为经济中心，故汉汇超过其他各处。就汇款行业言，以油木业为最，布业次之，洋货业虽次于布业，但每年之汇兑数额，亦在100万银圆以上。凡钱庄及兼营汇兑的庄号与个人，在汉口、贵阳、重庆各埠及省内之长沙、常德、宝庆皆设有钱庄或驻有庄客，无庄客亦可转辗承汇，故洪江钱业名气贯通全国。

道光八年（1828年），汉口和洪江的钱庄分别印制了"汉票"和"洪兑"票，客商把白银存在汉口钱庄，领取汉票，再到洪江换成洪兑票，用洪兑票到清水江采购。当地人也可以用洪兑票到洪江购物，洪江商人则用汉票到汉口进货。其他一般商镇不具备印制和流通期票的条件，而洪江金融业可以担当。

基于洪江经济高度发展，清代后期洪江钱庄大量出现。光绪三十一年（1905年），洪江有21家钱庄，资本4.1万银圆，并发行纸币1.28万元。民国五年（1916年），有钱庄23家，资本2.78万元，铜圆3.7万串，发行铜圆券纸币2.33万串。裕道祥、裕道恒、义孚康、文庄四大银号汇兑业务遍及西南、中南及华东各大城市。1933年湖南省银行在洪江设立汇兑处。1934年，洪江货币流通量仅次于长沙。抗战时期，中央、交通、中国、农业、复兴等7家银行都在洪江设有分行。

二、洪油促进洪江其他相关产业发展

首先是码头和运输业的发展。洪江因码头而兴，码头早先主要运输清水江流域木材，随着洪油发展，洪油运输依靠的是沅江船运，因此洪江桐油业的兴起，带动了造船业和航运业。洪江油船称为"鳅鱼头"，即"鳅船”，因船头形似鳅鱼头而得名。造这种船的工匠多为麻阳人，他们在小对河旁修建了会馆。洪江油船的吨位有一种特殊的称谓，叫"个油"。一"个油"即一桐油，市秤100斤。如800个油的鳅鱼头，即可装运桐油40吨。造船业的兴起，又带动了相关产业。造船、修船需要大量铁钉，铁作业兴旺，宝庆铁匠在高坡宫坎下修建了会馆太阳宫；每条鳅船上都需要有船篷，从事船篷制作的黔阳工匠在司门口修建了会馆玄女宫；鳅船有"九板十八索"之说，"十八索"指的是每条鳅船上要配有十八条棕绳，洪江的棕作业者也多是黔阳人，他们在宋家巷修建了同业会馆南岳殿。洪油外销以前，装油所用的都是篾编纸糊的油篓，制作油篓的工匠多为镇竿（即凤凰）人，筲箕湾的天王庙是他们的会馆。糊油篓的皮纸多从外地进口，从事纸张经营的客商在塘坨修建了蔡伦宫。洪油外销以后，为适应长途运输，开始使用木油桶，制作木油桶的宝庆籍圆木匠在筲箕湾修建的会馆，也叫玄女宫。

在桐油、木材两大龙头产业的支撑下，洪江经济日渐繁荣。城市规模的拓展，衣食住行的需求，催生了多种行业。从事建筑业的泥木工匠多为宝庆人，财神殿巷口的太平宫便是宝庆会馆，泥水匠还在长岭界修建了会馆玄女宫。修建城市石板路、岩码头的石匠，则在大河边修建了鲁班宫。绸布业者多为南昌人，在大河边修建了洞庭宫。缝纫业者则在司门口修建了会馆轩辕宫。米粮业在堡子坳修建了会馆炎皇宫。屠宰业则在高坡宫坎下修建了三义宫。从事烟草收购、加工、销售的是福建客商，他们在岩码头修建了会馆天后宫。药王宫为江西药商会馆，位于土桥坑。洪江的印刷出版业也获得发展，会馆文昌宫又名文昌阁，建在高坡街。

洪江作为湘西最大的水码头，外来客商众多。船只到此，要卸货装货；木排到此，要重新编扎。客商、水手、排工需要打发时间，在当时，最主要的娱乐活动是看戏。云集洪江的戏班，在各个会馆的戏台演唱，终年锣鼓不歇。戏曲艺人的会馆叫老郎宫，建在塘冲。娼妓业也一度繁盛，会馆名太清宫，建在木粟冲。

名目繁多的酬神活动，使得与酬神相关的行业应运而生。敬神时，要焚香、化纸、放鞭炮。洪江制作神香的香粉，从贵州玉屏一带通过潕水运来，潕水中专运香粉的船，称为"香粉船"。神香业会馆宝鼎宫建在棉花园。当时，洪江纸钱和鞭炮的需求量大得惊人，每天有40个人凿打纸钱，还常常供不应求。纸钱业会馆玉蚨宫和喜炮业会馆吉庆宫，都建在土桥坑。

洪油是洪江商贸发展的核心。虽然说洪江城市经济三大支柱产业支撑，木材是源头，鸦片产业是巨富，但是没有洪油就没有这两大产业在洪江爆发的动力。据《育婴堂续识》所载："按五溪之地，山岭重复，居人之仰识，唯油木是资，故油旺则交易盛，而市业均旺，油衰则交易减，而市业俱衰。"洪江的兴衰一切归于桐油，木材的兴盛仅仅造就洪江码头城市，而桐油兴起则造就了一座城。这座城市因为周边盛产桐籽，继而出现桐油生产加工，如果仅仅是桐油简单加工，洪江也与沅江诸多码头城市一样，只是一种过境或者码头经济。洪江城市发展的核心竞争力在于桐油的深加工和资本化，用技术的变革打造独特的产品功能，再用先进的经营理念将洪江桐油品牌化，这是洪江油商与其他各地油商最大的区别。在对外拓展过程中，洪油商人以一座城市做IP对洪油进行营销，通过塑造洪油的品牌塑造洪江城市形象。洪油兴衰成为洪江城市兴衰的一道砝码，可以说，没有洪油就没有洪江这座城市。

三、与洪油相关的区域经济连接

1.洪油在一定程度上谱写了镇江贸易光辉的历史

隋朝统一中国后，开凿大运河，镇江开始成为东南地区的重要交通枢纽，是"东连吴会，南联江湖，西接都邑"的江南重要都会。唐末宋初，经济中心南移，镇江的城市职能开始形成。拥有水运优势的镇江，是大运河沿线广阔的经济腹地和商品交换的中介市场，也是区域市场网络中核心的经济中心地。

近代的镇江口岸贸易中，桐油是非常重要的进口土货贸易物资，每年几乎占土货进口总值的三分之一。镇江在近代中国桐油贸易中发挥的作用不同于上海和汉口，它是以内销为主，基本上不直接出口到外国，而内销为主的洪油成为镇江桐油产业的支柱。

镇江经济腹地延展于中国经济、造船业、航运业最发达的江浙、大运河沿线、山东京畿等地，"沿京杭运河，北含山东、河南、皖北、苏北，南包苏南、浙江；沿长江，西起湖南、湖北、江西和安徽省南部，东止上海；通过近海航线，南通福建、广东和台湾，北达东北三省和朝鲜。"①

近代镇江汇集了大江南北和京杭运河沿线采购桐油的客商，形成了长江下游最大的桐油市场。这些来自全国各地的商人不单从事桐油贸易，还与钱业、造船等行业发生着各种各样的关系，一直以来对洪油需求量极大。桐油贸易的发展不仅加强了镇江与许多地区的联系，还进一步巩固了镇江作为中国办理转口贸易业务最大口岸之一的地位。可以说，镇江的桐油贸易在近代镇江经济的发展中有着举足轻重的地位。从近代镇江关历年海关统计数据来看，桐油贸易是近代镇江关持续时间最长的贸易之一。

镇江桐油贸易开始于清道光年间，兴起则得益于太平天国运动。太平天国运动之前，运往江浙地区的洪油并不是直接由产地运往镇江再销往江浙地区的，而是镇江和邵伯的桐油商号到汉口采购由陕西皮货客商从洪江贩运的洪油，再用木船运回镇江销售。太平军攻占武汉后，原来的商路因战争受阻，油号只能放弃，转而经陆路将洪油直接运至镇江并销往江浙地区。此后，太平天国运动虽然结束，但油号还是将洪油直接由洪江运往镇江，不再经过汉口。

自镇江开关至镇江沦陷，镇江关的桐油贸易从未间断过。这一百多年间，由于受到各种不同因素的影响，镇江桐油贸易起起伏伏。例如，1874和1883年镇江桐油贸易量锐减。前者是因为湖南的旱灾和对台战事，据《中国三千年气象记录总集》记载，是年"靖州、会同、绥宁春夏旱"，干旱天气影响了桐籽的产量与质量，由于洪江本地不产桐籽，均来源于周边地区，因此桐籽的减产必然影响洪油产量。另外，天气干旱也影响了洪油的运输。洪江位于湘西山区，道路险峻，陆路交通极为不便，货物运输全靠沅江水路。持久不雨导致水位下降，水运受阻，从而导致洪油运输量

① 南京师范学院地理系江苏地理研究室．江苏城市历史地理［M］．南京：江苏科学技术出版社，1982：147．

消减，并进一步影响了镇江桐油的进口量。另外一个原因就是当时日本侵略台湾，清政府为了加强防守，征招兵船从瓜州经镇江运往台湾，江面被控，也影响了洪油向镇江的运输。后者则因为河南、山东等地水灾，影响了对桐油的需求，加之上海当年的金融倒账风潮，导致镇江68家钱庄倒闭，资金周转发生困难，此外中法战争爆发，这些因素使得镇江的桐油贸易量下降。总之，气候、政治环境的动荡、金融业的盈亏、内河航运的开放以及周边港口城市的开埠是造成镇江桐油贸易波动的重要因素，桐油贸易决定了镇江转口贸易的兴衰。

而有关历史数据显示，1887年镇江桐油进口量达到186174.4担，成为镇江开关73年中桐油进口量最多的一年，镇江桐油进口贸易达到了繁荣的顶峰。原因有二：首先是国内桐油贸易繁荣的影响，其次是镇江最大的老牌油号"吉盈丰"开始生产本土牌洪油，凭借洪油品牌影响力，销售量不断增加，直接带动镇江桐油贸易的繁荣。吉盈丰创始于清同治元年（1862年），是镇江本地桐油商帮的代表，历史最久，财力最雄厚，信誉最好。镇江的外地油号是江西帮，有刘庆丰、万泰和、高义顺等，他们来自江西或者洪江。洪江和镇江油号均互派分支机构，镇江的大部分油号都在洪江本地设立分号，炼制洪油。其中吉盈丰于1887年在洪江设立钱庄和油号，其股东投入大量的资金。吉盈丰名下的巽记机构，在洪江炼制洪油，最高年产量达到一万二千桶，最低也有八千桶，其中生意最旺的一届（每四年一届）共盈余20余万两，分得红利20万两，营业额由每年30万两飙升至60万两。

吉盈丰的昌记分号，则长期从汉口调运北货到洪江销售，并在洪江加工生产洪油。"同治年间，代售西洪的行号又增加了永记和积记两家。在光绪年间，经销西洪的行号除了老牌的高灿顺、吉盈丰、大生外，还有庆元丰、徐复隆、德义隆、永记和积记。本帮油号中除了吉盈丰生产本牌洪油外，积记也开始生产本牌洪油。镇江油号增加最多的是代销洪油和贩运汉洪的，增加了10多家，包括积隆、和济、立记等。1909—1917年间，西洪行号增加到七八家，包括刘庆丰、万泰和、高义顺等。本帮行号中，和济油号在湖南常德附近的泸溪设立榨坊，炼制本牌顶洪。本帮新设的乾泰油号与永和油号合资创办邵洪永泰生，在洪江设立榨坊炼油。[1]这些行号是联系镇江与洪江桐油贸易的纽带，同时洪江也是联系镇江与湘西其他桐油产地的纽带，洪江与镇江通过洪油建立起了深度的区域经济连接。

护国战争期间，洪江地区战乱连连，洪油减产，而镇江的桐油主要来自洪油，因此导致镇江桐油贸易量锐减。到1935年，国民政府实行废两改元政策，银根奇紧，镇江本帮行号停止向西帮放款，洪油生产一蹶不振，洪油产量也大为减少。由于镇江是军事重镇，当地经济秩序经常因战争中的调兵行动或是位于主要战区而受到影响。之后日军占据镇江，洪江桐油因为战争封锁无法运往镇江，桐油贸易基本停止，洪油和镇江桐油同时走向衰败。

对于两个城市这种一荣俱荣的关系，李昌隆在《中国桐油贸易概论》中描述得很清楚，"镇江洪油市场情形又何如乎？查镇江一埠……湖南所产洪油，即借长江之便，每年货件，由帆船或者轮船分批东运，以至镇江集中，故洪油客商，均聚于此，以行交易……属于正牌之牌名，为济昌和、吉盈丰、杨恒昌、恒昌永、徐复隆、永泰胜等6家，属于副牌之牌名，为……等十一家……上列各牌货品，均有头、二、三、四帮之别，每帮到后，在镇江开一公盘，平时行号买卖货件，亦以公盘作价……客家多至上海兜揽生意……暗中可以较贱焉。"[2]镇江作为洪油的主要销售市场，镇江兴衰直接关联洪油的兴衰，反之，也在一定程度上成立。桐油贸易作为镇江的支柱产业带来了镇江其他产业如金融业、堆栈业等的兴盛，促进了城市的发展，在此过程中，洪油扮演着重要的角色。当洪油和镇江桐油衰落后，镇江城市经济发展的受损是必然的。在桐油领域，洪江与镇江是真正的相互成就。

2. 洪油成为湘西区域经济的助推器

洪油贸易对上游原材料供应市场也是重要的经济利好，湘西作为洪油

① 陈遥. 近代镇江桐油贸易述论（1861—1937）[D]. 南京：南京师范大学硕士学位论文，2017.

② 李昌隆. 中国桐油贸易概论 [M]. 北京：商务印书馆，1934：77.

主要的原材料市场，种桐由此成为湘西地区的重要产业之一。

湘西地区因其气候环境适宜油桐树生长，自清雍正年间湘西"改土归流"后，在发展农业经济的同时，清廷不断发布促进油桐种植的政令。如雍正二年（1724年）上谕："舍旁田畔，及荒山不可耕耘之处，度量土宜，种植树木。桑柘可以饲蚕，枣栗可以佐食，柏桐可以资用，即榛楛杂木亦足以供炊爨。其令有司课种植等因。"[①]油桐的种植也变得更加广泛，如永顺、龙山、保靖、永绥、所里等地均有油桐种植。据记载，光绪二年（1876年）"永顺县桐油产量已达二万担以上"[②]。湘西山多田少，土地贫瘠，所产五谷杂粮不足以供养人们的生活，油桐和油茶作为该地区的大宗商品，成为本地人收入的重要来源。

从晚清到民国，随着国际国内对桐油的需求越来越大，湘西的桐油业也迎来了发展的黄金时期，兴盛过程与洪油市场的走势基本同步。湘西产的桐油分本色桐油和带色桐油，本色桐油又称为白油，主要销往国外。带色桐油最有名的是洪油和秀油，秀油因仿制四川秀山的制法而得名，由于洪油受到国内外市场的欢迎，各大油号都会炼制。在湘西，农民种植油桐的积极性很高。陈玉恒在《物产论》中说："辰诚永靖诸山，皆种桐树、茶树，收其子以榨油，而会同所产，茶子独盛。"据湖南省农业改进所调查，截至1941年，全湖南省桐林面积有二百余万亩，沅水流域为一百一十余万亩，占全省面积的二分之一还要多。

表3-3　截至1941年沅水流域各县桐林面积计产油量统计表

县名	面积（亩）	株树（棵）	产油量（市斤）（估）
乾城	172700	10363000	11052800
沅陵	146992	8819520	9407488
龙山	95832	5749920	6133248

①　中华大典编纂委员会．中华大典·经济典·综合分典·荒政总部[M]．成都：巴蜀书社，2017：1546．
②　龙先琼．近代湘西开发史研究：以区域史为视角[M]．北京：民族出版社，2014：74．

102

县名	面积（亩）	株树（棵）	产油量（市斤）（估）
辰溪	90927	5455620	5819328
桃源	85925	5155507	5499200
古丈	77845	4670700	4982080
保靖	77774	4666440	4977536
永顺	73456	4407360	4701184
会同	70810	4248600	4531840
泸溪	53400	3204000	3417600
麻阳	45581	2734860	2917184
晃县	34096	2045760	2182144
绥宁	28686	1721160	1835904
溆浦	23593	1415580	1509952
黔阳	18670	1120200	1194880
常德	18558	111480	1187712
凤凰	17845	1070700	1142080
靖县	16985	1019100	1087040
城步	14816	888960	948224
芷江	9955	597300	637120
通道	5093	305580	325952
永绥	4755	285300	304320
合计	1168141	70088460	74761024

从上表看到，湘西桐林种植面积达到1036309亩，占湖南省总种植面积的51%，其中乾城、沅陵均超出了十万亩，将及沅水流域总数的三分之一。桐油产量可达六千多万市斤，而湖南桐油总产量为八千万市斤左右，湘西桐油总产量占湖南省总产量的80%以上。[①]桐油的高产量也造就了湘西

---

① 张园园. 民国时期湘西桐油业研究 [D]. 吉首：吉首大学硕士学位论文，2015.

一些重要的桐油贸易集散市场，如酉水流域的王村、里耶、迁陵镇、罗依溪、龙头，沅水流域的洪江、沅陵、辰溪、浦市，㵲水流域的新晃、芷江等码头，这些码头均成为湘西当时的繁荣之地，也是湘西最开始走向现代的地方，沈从文的文学创作对此有深入的描述。

对于洪油制造来说，在油桐种植地加工的桐油大都属于毛油，还需运到洪江进行深加工，通过不同的工序再提炼萃取。洪江是潕阳河及沅江其他支流清水江、渠水、巫水等桐油资源最终的集中之地，所有沅水上游的桐油在此集中，进行精加工之后，顺常德而下，销往汉口、镇江。《洪江育婴小识》曾记载："查洪市油号，熬做洪油，岁不过三百万斤，因近处出产桐油不敷，多分榨于麻阳、辰溪、泸溪、浦市及绥宁黔粤境上，帖用皆不能收。若雨旸不时，虫伤子少，桐油产细，洪油遂减。"

从这记载可看到洪商不仅在湘西产桐地设庄榨油，还延伸到㵲水流域上游黔东境内的黄州、镇远、玉屏，以及清水江黔东南境内的锦屏、天柱等地。如清代玉屏县城设有万、谢两家油号经营油脂，民国时期，有私营油商肖均茂等十余户在市场开店收购桐油、茶油，运至湖南省晃县、洪江等地销售。"抗日战争时期，龚学飞的父亲龚成在洪江扬恒沅洪油号担任经理时，曾在玉屏北门口原杨家窨子旧址开办过榨坊，就地收购桐籽榨油，加工成洪油半成品运往洪江配置洪油。"[①]

洪油、白桐油、秀油等促成的湘西桐油贸易的繁荣，有效提升了湘西农民的经济收入。同治《永顺府志·卷十·物产》载明了桐油的重要经济价值："山地皆种杂粮，岗岭间则植桐树，收子为油，商贾趋之。民赖其利以完租税、毕婚嫁。因土宜而利用，此先务也。"同治《保靖县志·卷三》中也说"桐，实大而圆，取子榨油，需用多端。沿山种之，自下而上，行列井然。乡民多借此以为利，商贾趋之。"

同时，这也是湘西地方财政的主要来源，桐油大量出口增加了地方的税与捐的收入。湘西桐油捐税分国税、省税、地方税三种。除此之

---

① 安芮. 水道，集镇与民族社会：以湘黔㵲水流域桐油贸易为中心 [D]. 贵州大学硕士学位论文，2017.

外，民国初期湘西桐油贸易运输需要缴纳铜圆，1元（即125斤）桐油约缴纳0.2串铜圆。1933年之前油商担负的油税为元钱三百四十文，其中包括学款捐80文，公益捐60文，冬防捐200文。之后油税逐渐增加，成为湘西各县建设的主要经费之一，给湘西社会带来较大影响。"截至1944年湘西年均产桐油约46万担，因此仅桐油运输需要缴的费用即达73600串铜圆，每年需要缴纳的油税捐约为125,120,000文，不过这是平均年税捐，在实际情况中政府以学捐、军费等各种理由征收的税捐远远不止这些，加上各种名目的行商税等，这些费用成为湘西政府的主要财政收入来源。"[①]

桐油税捐也为湘西的教育事业发展做出了贡献，"现有榨坊捐项支配各学校经常费用"[②]，一方面政府征收油捐保证教育事业的顺利进行，另一方面湘西桐油富商热心教育事业，如杨恒源油号老板杨竹秋、庆元丰油号老板刘雪琼、刘同庆油号老板刘炳煊等纷纷资助教育事业，因此湘西的教育在民国时期相对发达，培育出许多大师。桐油业的兴盛也促进了湘西地区其他相关行业的发展，如航运业、造船业、造纸业、油篓业、餐饮业、百货业等。

---

① 张园园.民国时期湘西桐油业研究 [D].吉首：吉首大学硕士学位论文，2015.
② 保靖档案馆档案资料，8 号全宗，1 号目录，363 号案卷：2.

第四章

洪江建筑与商道文化

　　洪江古商城的建筑中，三百多栋古窨子屋，六十余座庙、堂、祠、院及一些旧报社、学堂、钱庄、戏台、作坊、商铺、青石街巷冲迄今仍保存完好。商城房屋建筑多为窨子屋，基本元素有墙体、入口、天井、楼梯、晒楼等，有的还在门口旁或天井处设置太平缸。如果房屋位置高，有的还建有码头。

　　洪江古商城的窨子屋一般都是坐北朝南，采用"井"或"回"字式样进行布局。窨子屋四面高墙环绕，形似四合院。里面用木材建房，多为两进院落两层建筑，也有两进三层或三进三层的。三层上有天桥连通南北房间。高耸的封火墙内，屋顶从四围适当向内中倾斜，靠方形小天井采光通气。会馆一般有正殿、偏殿，正厅、客厅，客房、戏台等。窨子屋兼住家与仓库双重用途。洪江古商城的建筑处处体现出洪江作为商贸巨镇的特点，呈现出洪江特有的商道文化内涵。

第一节　马头墙与商道文化

　　马头墙，又称风火墙、封火墙、防火墙等，指高于屋面的墙垣，也就是山墙的墙顶部分，因形状酷似马头，故称"马头墙"。马头墙有防火、防盗、防风、防暑等功能。

　　洪江古商城的古建筑具有徽派建筑的重要特色，马头墙上垛头有"印斗式""朝笏式""坐吻式""鹊尾式"等数种。

图4-1　洪江古商城的马头墙

　　印斗式。即垛头上端使用窑烧制成的透雕式"卐"字纹或"田"字纹的方斗一样的砖，侧面看去，犹如一块庄严的金印蹲坐墙头，在印托的处理方面又有"挑斗"和"坐斗"之分。马头墙使用金印式座头是为了显示房屋主人读书做官的一种追求，颇具激励之意。一般会出现在以读书为喜爱，以做官为梦想的文人儒士屋顶之上。

　　朝笏式。即用古代君臣朝会所用的狭长板子式样的砖做垛头，有的是在垛头处反放一块瓦片代表朝笏（如图4-2），属于简易型马头墙的一种，还有的将座头上翘得特别夸张，形成朝笏样，以表达主人对进朝做官的一种期盼，显示主人的一种志向。

图4-2 马头墙上的朝笏式跺头

坐吻式。即跺头由窑烧制成的吻兽构件做成，常见的有哺鸡、鳌鱼、天狗等。吻兽常见于北方建筑之上，而马头墙上镶吻兽，也体现了南北文化的融合。吻兽可以显示房屋主人的高贵身份，另有避灾祈福的意味。

图4-3 马头墙上的坐吻式跺头

鹊尾式。跺头使用雕琢成似喜鹊尾巴样子的砖块，应该有"抬头见喜，喜气洋洋"的寓意。

图4-4　马头墙上的鹊尾式跶头

　　洪江古商城建筑中错落有致、形态各异、古朴淡雅、高大明朗的马头墙，犹如一匹匹奔腾的骏马，让本该呆板、冰凉的墙体充满活力，尽显动态美。一系列由马头墙墙脊黑瓦强化的水平线所构成的轨迹，它们交叉、跌宕、转折、并进，反映出洪江地形的起伏、河流的蜿蜒，让洪江建筑在整个山清水秀自然美景的映衬下，繁中有序，充满韵律感，更加凸显出人与自然的和谐之美。

　　洪江马头墙按传统的五行装饰，讲究非常严格。建屋前，要请风水先生考察，风水先生根据屋主的生辰八字，以五行"金、木、水、火、土"之法推算，才能决定该屋采用的型式。一座建筑有时候同时出现金、水或火、土的组合，要取其"相生不相克"的原理。

　　洪江古商城的马头墙高低错落，从外形看是中国南方徽派建筑常用格式。洪江古商城房屋依山而建，马头墙有方形、弧形的墙面。商城的古建筑有的根据地形一改传统的讲究对称轴线的模式，而大多呈现出不规则的变化，是自由式建筑，这也从一个侧面表现了洪江商人开放的心态。另外，从美学的角度来看，弧形的墙面，更富有美感，远远望去就像水形一样富有曲线美。

　　在中国传统的观念里，马是一种吉祥的动物，它雄浑、高昂、豪迈，是一种精神，一种神韵。马代表的精神，是忠诚，是高贵，是奔驰，是不可征服。马具有象征意义，象征自强不息、奋斗不止；象征卓越非凡的人才、忠诚可靠的伙伴。在《中国传统吉祥图谱》中，由于马是一种生命力的代表，有神力的寓意，因而成为建筑、彩画常用的图饰题材①。显然，洪江商人对马无比崇拜与喜爱。仰视洪江古商城中高低起伏的马头墙，给人视觉产生一种"万马奔腾"的动感，隐喻着洪江生气勃勃，兴旺发达。

马头墙墙头都高于屋顶，轮廓作阶梯状，脊檐长短随着房屋的进深而变化，多檐变化的马头墙在洪江古商城中广泛地被采用。洪江古商城窨子屋马头墙高低错落，有一叠式、两叠式、三叠式、四叠式，通常三阶、四阶更常见。较大的房屋，因为有前厅和后厅，马头墙的叠数可多至五叠，俗称"五岳朝天"，亦称五岳朝归或五岳朝揖，象征着步步升过、富贵显达。最多的是洪江古商城的康乐门码头墙，有九叠之多。

图4-5　洪江徽州会馆砖雕灰瓦马头墙

---

① 郑军，等. 中国传统吉祥图谱 [M]. 南宁：广西美术出版社，2011：91.

图4-6　洪江古商城康乐门码头处的马头墙有九叠

洪江古商城马头墙大多为"金印式"或"朝笏式"，显示出主人对"读书做官"这一理想的追求，还有守财护安之意。常德会馆四周的马头墙为两叠式，即"金印式"和"朝笏式"，上面画有龙凤图案，以示飞黄腾达，荣华富贵。会馆门口上面的马头墙两边的"马头"相对，排列在左右，就像迎接客人的门卫，站在两边对客人作揖，有保驾守财护安的寓意。

图4-7　常德会馆门口的马头墙

第二节　大门与商道文化

洪江古商城古窨子屋的门窗多有雕花画梁，其门楣、楹柱、照壁、窗格、家具均饰有游龙翔凤、云纹动物图案，生灵活现、古韵古色、袅娜飘逸，堪称一绝。窨子屋的大门多以青石筑成，两边还有长方形的门枕石。洪江商人很重视大门的装饰，不仅门上有雕花，门楣和楹柱上也装饰着式样繁多、色彩斑斓的花样图案，题材有飞禽走兽，也有松菊梅兰。此外，屋主人还会用青砖叠色外挑几层线脚，再在上面盖上瓦檐，做成"门罩"来装饰大门，使得整座窨子屋恢宏大气。洪江古商城建筑大门有深刻的文化含义，有一定的讲究。主要有三种门：第一种是方门。多为私宅或会馆所采用，如常德会馆、四川会馆的门。方门多轩昂伫立，文化含义为方正，象征刚正阿直，做人公正、经商公平。作为会馆，谈买卖就要刚正阿直、不卑不亢，诚信质朴；做生意就要童叟无欺，公正公平。

第二种是圆顶门（拱门）。多为政府机构的大门形状，如洪江报馆、曾国藩兵服厂等。有些巷道也建有拱门，如堡子坳朱志达墙垣就建有两个拱门。拱门体现太极两仪的阴阳文化，有圆有

图4-8　常德会馆的方门

图4-9　洪江报馆门

方，天圆地方，体现对上圆满，对下方正之意。

第三种是角花门。角花门是在方门上方的两角镶嵌吉祥图案模型，有蝙蝠模型，构成编织幸福、富贵之寓意；有书籍的模型，蕴含书香门第的含义；有凤羽图模型，构成飞出金凤凰的吉祥含义等。

洪江古商城窨子屋的门有着深厚的商道文化的内涵。门板一般是两扇活页，朝里开，有防财富外流之意，同时也不影响外人走路，并且与对门户的门不相对，表示相互尊重。

图4-10　高家大院大门上方两边为蝙蝠造型

大门的门板厚重结实，上面有密密麻麻的门钉。这种门，不仅有防盗防匪的作用，而且具有象征意义。门钉，谐音"门庭添丁"，门钉很多象征门丁多，门丁多就门庭兴旺，生意兴隆。

常德会馆门钉组成圆形的图案和方形的图案，图案上有很多个"（卍）"，整体构成一个繁体"寿"字，还有"喜"字和"福"字图案，这样就构成了"万喜万寿万福"之意。徐复隆商行、杨义斋商行门钉构成"万喜万寿"字。杨三凤门的门钉图案为一个花瓶，内插三把剑，象征官运亨通，连升三级、平步青云之意。

洪江古商城私宅、会馆大门上方大多有帽屋，即门上方遮挡雨水的小建筑，像一个"商"字头，如巨商刘

图4-11　洪江古商城铁钉门

图4-12　常德会馆门上方帽屋

图4-13　盛丰钱庄门口的
拱形式盖顶

岐山修的房屋门上都有帽屋。大家都知道，人们进屋首先是进门，门为先。由此就可联想到洪江商人的用意，即"商"为先，商为"门"，商为"本"，商为"业"，甚至商为"天下"。虽有些夸大，但其实洪江商人、洪江商帮、洪江会馆的先辈们确实以"商"为导向，开启了洪江在明清时代的商业辉煌的基业，创造了古商城灿烂的商道文化。

　　大门的修建主要分为两种形制：一种为"八"字形，苏州会馆门口外即为"八"字形，有吸纳财富之意；另一种为长方直角式，如常德会馆的大门口就是，它同样有吸纳财富之意。

　　古商城防雨设施有三种方式：一是在门上建帽屋；二是建直角式盖顶；三是建拱形式盖顶，拱形式盖顶与拱形门结合在一起有天地正气、阴阳合一之意。

　　盛丰钱庄的门板四角嵌有蝙蝠图案，意为编织财富。因富裕有钱，就可以到钱庄存钱、取钱，这是商道文化的自然体现。

第三节　窨子屋与商道文化

　　洪江古商城的整体建筑，遵循古代风水学理论和阴阳学理论，突出"以人为本"的建设方针。洪江古商城建筑坐北朝南，三面对水，根据人们习惯以及舒适度，结合古商城聚落采取以广场为中心、向四周布局的模式组织建筑和环境空间，塑造舒适、祥和、自然的环境气氛。特别是用于居住与商业的窨子屋，屋顶特意修建可以晒衣服的封晒楼，还可以眺望纳凉，休闲娱乐，既充分利用了土地资源又满足人们生活的需求。独特的洪江古商城窨子屋天井，既能加强采光，同时又有"四水归堂""肥水不流外人田"的寓意。

图4-14　洪江窨子屋鸟瞰图

洪江古商城窨子屋的形体各异、大小不同，有回字形式，有宫殿样式，其外面的墙体是青砖砌成的封火墙，里面则是由木质材料修建的堂屋和厢房，地面则用平整的石板铺设，墙体多为双头马头山墙。洪江古商城的窨子屋与其他地方的窨子屋不同之处在于它的商业性。洪江商铺众多，门窗是最具有商城特性的标志，进门的门墙不是平常的长方形平面直角开门，而是呈现几何等边双斜角开门。窨子屋的建筑结构也与其他古城窨子屋的建筑不同。洪江的窨子屋的一层多用作店面，高而宽敞，二层多是通达的仓库式结构，三层有小间。或者前院二层为大厅及仓库，后院三层为居室。由此可见，窨子屋结构饱满，空间利用充分，是实用性和美观性有机结合的传统优秀建筑，体现了它的商道文化特色。

洪江古商城中会馆建筑主要由戏台、厢楼（耳楼）、正厅、后殿及居住用房（厢房或小院）组成。典型布局是进入会馆大门的第一进院子的天井两边有两层戏台看楼，看戏时男士在下，女士在上。天井后为第二进院子，正厅是祭祀的地方，正厅两边为厢房，正厅后面又有后殿，后殿左边是后戏台，右边是休息室，专为堂主、馆主和达官贵人准备的。后殿后面是后花园。会馆整体布局型式随山就势，因地制宜，摹本平面类型以三合院为主，四合院为辅，不规则合院镶嵌其中。其中三合院和四合院是由间或廊纵横拼联，加上院落、天井、围墙、大门等基本元素组合而成。

会馆外围护结构均为砖墙，但内部结构均为木构架。最常用的木构架为穿斗式、部分抬梁式、人字架式、混合式等。会馆高高的封火山墙基本上是以青砖砌成，再粉以石灰砂浆，坚实厚重，给人以坚不可摧的安全感。墙体外轮廓高耸挺直，构图高低结合，呈不对称均衡，具有强烈的地方特色。墙顶均为墀头，由砖出挑三步，抹以白灰，粉刷时亦做一些花饰。穿斗架由柱、穿、挂组成。柱一般为直径20厘米左右的圆木柱，根据房屋进深大小，一个穿斗架可设三柱、五柱或七柱，多为奇数。抬梁式构架一般用于会馆的厅堂中，能在室内形成较大的空间。人字架是以斜木取代挂柱，直接架在斜木上，其作用与人手相同。混合式构架，是指上述几种构架在不同部位的混合使用。在抬梁式构架柱挂上放置斜木可视为抬梁式与人字架的混合。

古商城会馆建筑具有文化艺术特色，常以歌功颂德的牌坊、碑亭等标志性建筑构建其精神景观，采用匾、对联及取材于历史佳传、民间故事或富有寓意的花、草、动物形象的木雕、石雕、砖雕等多种艺术表现形式施以伦理教化。这些构建了古商域生动多彩、朴实情真、极具特色的文化特质，充满自然生机和人性情感的精神空间体系，给人以强烈的感染力。由于经商的影响，会馆建筑的门窗装饰、墙头彩绘、太平缸、雕刻艺术等简洁明快，不以繁复精致取胜，而是大气豪放，有着商行特有的特色，与洪江商人放眼天下、积极进取的精神气质相契合。

第四节　上墩岩与商道文化

上墩岩为柱基石，起到避免房屋柱子受潮、防霉及稳固的作用。精明的洪江商人从"经商要发财"的角度出发，为求吉利和发达，在建造房子时把功利性、美观性、寓意性三者紧密地结合在一起，形成三位一体的吉祥物，足见洪江商人的用心良苦。

图4-15　上墩岩

从结构上来看，洪江古商城房屋的上墩岩由三部分构成：上部分是石鼓。鼓有良好的共鸣作用，声音激越雄壮而传声很远，很早就被华夏祖先作为军队上助威之用，有鼓舞士气、拼搏取胜意义。在远古时期，鼓被尊奉为通天的神器。"鼓"谐音"古"，有远古、长久之意，又因其为圆形，鼓面朝上，以示天圆、天长。"鼓"激励着洪江商人勇于拼搏，使他们腰缠万贯，是富贵有钱的象征。

中间部分是八面体。其上雕有花草、飞禽走兽，雕刻精美，题材丰富。以梅、兰、菊、竹为主题，以示四季常青、主人德馨；以双龙戏珠、双凤朝阳、龙腾虎跃为主题，以示生意红火；五蝠（富）朝阳、一鹭（路）莲（连）科、麒麟为主题，寓意吉祥如意；以羚羊为题，以示三阳开泰；以鱼为画，以示年年有余；以貔貅为画，以示招财转运和辟邪。底座部分是方正的四面体，铺于地面，十分牢固，有地方、地久之意。一个饱含商道文化丰富内涵的上墩岩就这样构成了天圆地方、天长地久、四通八达等丰富寓意。

"天圆地方"是阴阳学说的一种体现，源于先天八卦的演化。八卦阴阳学说认为天是主，地是次，天为阳，地为阴，而且认为圆动、方静，阴阳合一，动静合一。道家认为："天圆"代表心性上要圆融才能通达；"地方"代表命事上要严谨方正。洪江商人根据"天圆地方"的道理设计上墩岩，象征四面八方来财，生意兴隆，也体现了洪江商人的精明圆通，方正有制。

图4-16　徐复隆商行雕刻有"八仙过海"图案的上墩岩

洪江古商城窨子屋的建筑结构同样体现了"天圆地方"的文化理念。洪江古商城大多数会馆为四合院。四边布置堂屋、住房，中间有院子。门窗皆开向院子，对外不开窗。四面或两面对称建房，其结构成方形，体现的是"地方"；院落成闭合状，门窗皆开向院内，体现的是"天圆"。洪江古商城常德会馆是这种建筑的典型代表，其结构精巧，建筑别致。同样对应"天圆地方"设计理念的还有：院子之间呈封闭状态与分块耕种的农田；大门开在东方，"旭日东升"方位即"生气"方位，寓意紫气东来，大门为方形；大门上的图钉为长方形，中间是圆形。走进四合院大门，四周马头墙设计为方形，它的作用除了不让宅外的人直接窥视院子之外，还有防火、防盗的作用。由此可见，马头墙的形状和作用也是"天圆地方"的一种特殊体现。"天圆地方"是洪江商人经商文化的义理内核之一，它警示着洪江商人，也告诉后人和世人经商要圆通方正，方圆合一，只有这样，才能聚集四方福和禄，获得八面财和运。

徐复隆商行现存一上墩岩上雕刻着八仙的法器，分别是蓝采和的花篮，象征能广通神明；吕洞宾的宝剑，象征镇邪驱魔；韩湘子的笛子，象征万物滋生；张果老的渔鼓，象征和谐上进的人生；李铁拐的葫芦，代表着商人救济众生慈善心理；曹国舅的玉板，反映了商人追求"和声籁清"的环境的诉求；钟离权的扇子，折射出商人追求舒适长寿的心态；何仙姑的荷花，代表着商人不染尘、修身养性的品格。

第五节 太平缸与商道文化

太平缸即消防缸，取保佑太平之意，为中国古代重要的消防设施，它最大的作用就在于储水防火。可由陶瓷、石材铸造，有些高档的地方会用青铜铸造。洪江古商城的太平缸多用青石制成，为美观大方的艺术品。

图4-17 洪江古商城的太平缸

洪江古商城老院子里的太平缸多为圆形、六角形、虎爪形等，用黏土烧制而成并用青石板镶嵌，造型别致。太平缸外面有着各种浮雕，形象生动，雕刻精美，题材丰富。有的以梅、兰、菊、竹为主题，有的以双龙戏珠、双凤朝阳、龙腾虎跃为主题，有的以鱼龙变化为主题，有的以诗文为主题，有的以孝、悌、忠、信、礼、义、廉、耻为主题，并附诗画。太平缸代表的商道文化核心内容是"鱼龙变化"，寓意商海沉浮，变化无常，被洪江商贾奉为经商至理。在洪江流传"一个包袱一把伞，跑到洪江做老板"和"客无三代富，本地无财主"的谚语，反映了"鱼龙变化"过程，折射洪江商人的财富观念与人生态度。

第六节　码头与商道文化

洪江古城依山傍水，大大小小的码头比比皆是。这些码头均为会馆、商家、船帮和居民因建馆、修房、停泊船只、生活之需而建。

一、洪江码头概况

从码头的布局来说，也是很有讲究的。洪江码头主要按照阴阳对应的原则分布，分为水码头、旱码头，长码头、短码头，高码头、矮码头，大码头、小码头；而按码头的功能，则分为生活码头、会馆码头以及众多的行业码头，如菜码头、米码头、油码头等。

洪江有一块清光绪十五年（1889年）的"洪江街市全境图"版模，这块雕刻版记载了沿江28个水码头，而这只是当时有名气的大码头，还有许多小码头和旱码头图上没有记载。据历史资料记载，洪江的码头有48个。

在《洪江街市全境图》上，28处商业码头分别是：1. 柴码头；2. 新码头；3. 高码头；4. 左家码头；5. 申家码头；6. 杨家巷码头；7. 塘坨码头；8. 新安码头；9. 廖码头；10. 太素巷码头；11. 松林码头；12. 大码头；

13.三甲巷码头；14.洪盛码头；15.宋家巷码头；16.同仁码头；17.赵家码头；18.吉庆码头；19.七属码头；20.辰沅码头；21.一甲巷码头；22.武宝馆码头；23.福建码头；24.山陕码头；25.大佛寺码头；26.江西码头；27.贵州码头；28.六甲码头。

　　另外还有回龙寺、青山脚、大湾塘、萝卜湾、滩头、岩山脚、月亮湾、蛤蟆岩、马羊山、草鞋塘等供木材停靠、编扎和起运的数十处坞址。民国二十一年（1932年），洪江有码头工人422名。据民国十九年（1930年）统计和民国二十二年（1933年）《中国实业志》记载，洪江的货物吞吐量仅次于长沙，居湖南省第二位，可见当时洪江古商城商品转口贸易之盛。位于现洪江影剧院附近的高码头，长113级阶梯，宽约1.5米，古朴陡峭，见证了古城数百年的风雨沧桑。

　　民国时期洪江码头有：1.苗船码头；2.铺桥码头；3.长沙会馆码头；4.贵州会馆码头；5.万寿宫码头；6.大佛寺码头；7.岩码头；8.财神巷码头；9.太平宫码头；10.一甲巷码头；11.辰沅会馆码头；12.关圣官码头；13.犁头嘴码头；14.蒋家码头；15.赵家码头；16.铜仁码头；17.宋家巷码头；18.洪盛码头（现大桥头）；19.三甲巷码头；20.大码头；21.松林码头；22.太素巷码头；23.廖码头；24.司门口码头（即徽州会馆码头）；25.粪船码头；26.塘坨码头；27.杨家巷码头；28.申家码头；29.左家码头；30.高码头；31.湘乡会馆码头；32.古楼脚码头；33.沙子坪码头；34.铁山脚码头；35.江坎脚码头；36.司门前码头；37.陆家码头；38.麻阳会馆码头；39.鼎锅厂码头；另后街旱码头有：40.天王庙码头；41.青山界码头；42.高坡宫码头；43.北辰宫码头；44.康乐门码头；45.狮子楼码头；46.胡家坪码头；47.长码头；48.高码头。

　　明清时期，洪江有"打醮"习俗。民间传说，旧时每遇久旱无雨，年成不好或地方不干净，老百姓便会请高僧、道士、巫师设坛念经做法事，洪江人称"打醮"。设坛求雨，称打雨醮；祈求平安称打清水醮；驱邪又求雨称打罗天大醮。逢大醮，请佛教、道教、巫教三教长老、道士、巫师。按照老辈留下来的规矩，由于打罗天大醮要49天夜以继日不停敲明钟，还要置很多焰口，规定放焰口的地方必须是通衢水陆码头，而且每天要换一个地方。按其说法推理，洪江码头应为49个，实际的数量不止这个数。

二、洪江码头简介

1. 水码头

水码头是古商城当年最热闹和繁华的地方，既是货物吞吐的主要通道，又是人流不断的公共生活场所。各码头分工明确，有生活码头、货运码头、柴炭码头、建材码头、蔬菜码头、渡船码头以及粪船码头之分。洪江水码头皆为会馆、船帮、资方、市民因建馆、修房、停泊船只、生活之需所建。几经变迁，现绝大多数码头已不复存在。

梨头嘴码头：宽约2米，有87级台阶，属生活和停靠洪安客船码头。当时往来安、洪的客船多达100余艘。设有水保，抗战时期水保保长为段之盛，中华人民共和国成立前夕水保保长为舒保华。

梨头嘴是洪江码头最集中的地方，是洪江明代以前最早有集市的地方，曾有"汉口千猪百羊万担米，当不得洪江犁头嘴"的民间谚语。相传在很久很久以前，犁头嘴这里只有一个茅草棚子，河边是一排古老的柳树，那时人们把犁头嘴叫柳树脚。树脚茅棚里住着一位姓罗的老婆婆和她的独生女儿。由于犁头嘴地处沅水和巫水汇合处，从邵阳（宝庆）到贵州去卖纸、布、笔墨的客商和从贵州担鸦片到湖南来卖的客商都要在这里过河，顺便在茅草棚乘凉歇脚。于是老婆婆就在这里摆摊卖甜酒、泉水、水果为生。当女儿长到十七八岁时，村里来了一个贺裁缝，为人忠厚，老婆婆就把女儿嫁给了他。老婆婆和贺裁缝年老去世后，儿女们继承家业。有一天，从贵州来了个姓王的生意人，带着十几个脚夫来借宿。夜里姓王的客人突然重病发作，自知性命难保，把脚夫打发回家，又赶忙把贺裁缝的儿子叫来，对他说，我以前做生意时，常在这里落脚，后与你的父亲结拜为兄弟。如今我的货物都送给你，但是要过三年才能打开。贺裁缝的儿子答应了，姓王的客人在柳树脚去世，贺裁缝的儿子安葬了父亲的结拜兄弟。三年过后，贺裁缝的儿子喜添儿子，当时正是梅花盛开的时节，便取名贺梅生。又突然想起王姓商人的临终赠予，三年期已满，连忙打开货物，居然是一担担白花花的银子。贺裁缝的儿子一夜之间致富，接着就在柳树脚一带河岸修建了一排排吊脚楼，开店铺，招待各方客商。他的生意越做越大，将柳树脚发展为船帮码头和商埠，也把柳树脚改名为犁头嘴，含有"立（犁）地生财"的意思。

苗船码头：位于炮铺桥益记槽坊下面，宽约6米，有60余级台阶。此码头主要停靠贵州黄平一带的船只。贵州清水江以上滩干水浅，这里的船一般只有3吨左右，3个人驾驶。涨水季节，这种船像漂树叶子一样，有时多达几百只。因为码头都分了帮，不是一帮的船不准停靠，加上这种船多，也停不下，黄平人便建此码头。由于贵州多为苗族，故称苗船码头。

炮铺桥码头：位于打船冲口，宽约2米，有40余级台阶。此码头是群众挑水、洗衣、洗菜用的生活码头。炮铺桥码头于1987年修建沅江路时重建，十年前因修建福街再次拆除重建。

长沙会馆码头：宽约7米，有100余级台阶，直通河下。因长沙会馆设有自己的帮船，加上水不深，大船湾不拢，主要停靠苗船，同时也是市民挑水、洗衣、洗菜的公用码头。

图4-18　长沙会馆码头（李冬和摄于2008年9月）

贵州会馆码头：宽约7米，有60余级台阶。此码头专停靠贵州铜仁一带的船只。铜仁船一般有40余吨位，码头可停10来只船。

万寿宫码头：宽约8米，有100余级台阶，外岸有一个漂亮的牌楼，此为渡河码头。中华人民共和国成立前这里是洪江的主要渡口，由各会馆出资进行义渡，义渡船多达10余只。大佛寺、育婴堂、红十字会等慈善机构也均有义渡船。当时城内蔬菜主要靠岩门一带供应，往来岩门、安江的船只都要从这里经过，故每天有成千上万的人从这里上下。

大佛寺码头：宽约2.5米，长60余级台阶，属生活码头，有时也停船卸货。

岩码头：宽约20余米，有70余级台阶，属山陕馆、福建会馆合修的会馆码头。此码头主要是生活、柴炭码头，平时在此处码好的块子柴多达几千担，全市百姓的烧柴基本是在这里买的。

财神巷码头：宽约2米，有70余级台阶，属生活码头。因挑水的人多，一年四季台阶不干，又称湿码头。

图4-19　万寿宫码头

太平宫码头：宽约5米，有100余级台阶，有牌楼，还有一对石狮子。因保帮无船，故一般停靠外帮船。在旧社会，这个码头也是聚众赌博的场所。

一甲巷码头：宽约7米，有50余级台阶（只修一半），属生活、粮食码头。民国三十三年十一月三日发生火灾，民国三十四年复修，由保群同乡会会长、洪江总工会主席曾伯粦主持施工。

辰沅会馆码头：宽约10米，有100余级台阶，直通河下，靠水边修有月亮型平台，有两级牌楼。

关圣宫码头：宽约6米，有100余级台阶，修有封火墙。清朝时为停靠官船码头，平时停靠水果行的船只。

蒋家码头：宽约1.5米，有80余级台阶，属附近几家蒋姓人的生活码头。

赵家码头：宽约7米，有80余级台阶，修有双火墙，属生活公用码头。

铜仁码头：宽约3米，有80余级台阶，据说以前贵州铜仁船无码头停靠，后通过打官司才修此码头。

宋家巷码头：宽约3米，有80余级台阶，属生活公用码头。

洪盛码头（现大桥头）：宽约8米，有80余级台阶，是巫水渡口码头。

三甲巷码头：宽约4米，有80余级台阶，生活公用码头，平时停靠粮船。在旧社会因船多经常发生纠纷。

大码头：宽约4米，有80余级台阶，属生活、卸粮码头。

松林码头：宽约4米，有80余级台阶，属生活码头。

太素巷码头：宽约4米，有80余级台阶，主要停泊黔城一带的木炭、粮船。

廖码头：宽约4米，有80余级台阶，属生活码头。

粪船码头：宽约2米，有50余级台阶。以前对挑粪管理极严，两餐饭期间不准挑粪，大河边挑粪只能走一甲巷、财神巷、喻家冲。

塘坨码头：宽约4米，有50余级台阶（未下河）停靠黔城、黄茅一带运石灰、砖瓦船。

杨家巷码头：宽约3米，有80余级台阶，属生活码头。

申家码头：宽约3米，有80余级台阶，属生活码头。

左家码头：宽约3米，有80余级台阶，属生活码头。

图4-20 湘乡会馆码头，于1987年修建巫水路时重建

高码头（现影剧院附近）：码头较陡峭，宽约1.5米，有80余级台阶。

湘乡会馆码头：宽约6米，有80余级台阶。

司门前码头（即安徽会馆码头）：民国时期的老码头，至今仍存。宽约7米，有80余级台阶，较陡，后形成菜市场，属生活码头。

图4-21 司门前码头（胡光塾摄于1998年）

古楼脚码头（现影剧院前）：宽约3米，不太长，是专门的柴菜码头。

沙子坪码头：宽约2米，有50余级台阶，属生活码头。

铁山脚码头：码头不大，从巫水上游运来的大块柴就堆放这里，以前油号、各行业都是在这里买柴。

江坎脚码头：位于沅江巫水东岸，码头不大，较陡，属生活码头。

陆家码头：宽约6米，有100余级台阶，是渡口码头，未修雄溪大桥前相当热闹。

麻阳会馆码头：位于巫水河东岸，宽约5米，有89级台阶，共分三段。

鼎锅厂码头：宽约4米，有80余级台阶，平坦，也是菜市场。

粪船码头：位于塘坨市场，修塘坨市场时拆除。

2. 旱码头

旱码头又称街市码头，其作用是将"街、冲、巷"连接起来，形成整体格局。古城内有旱码头25个，这些街市码头至今大多保存完好，名称如下：胡家坪码头、歌诗坡码头、麻园码头、狮子楼码头、老街码头、茅菴街码头、长岭界码头、季家冲码头、木粟冲码头、向家坪码头、油篓巷码头、炎皇宫码头、洪盛巷码头、宋家巷码头、北辰宫码头、打船冲码头、

图4-22　洪江古商城码头阶梯

康乐门码头、塘冲码头、高码头、育婴巷码头、长码头、高坡宫码头、青山界码头、天王庙码头和初建街码头。其中以长码头和高码头名气最大，分别有89级和113级台阶，系古商城标志建筑物之一。

洪江古商城码头建筑有一定的讲究，全是按阴阳原理建设，级数都为单数，如长码头为89级石阶，四川会馆码头为17级石阶，天钧戏院到洵把总署码头为5级石阶，堡子坳下到新民路码头为49级石阶，下到高家大院码头处为25级石阶，高家大院码头为7级石阶，庆元丰货栈为9级石阶，邵阳米行为25级码头，贵州皂坊为17级码头，常德会馆码头有9级石阶。常德会馆为什么要修9级石阶呢？从阴阳学说来看，在数字上，阴是双数，阳是单数，有上升的含义，所谓"七上八下"就是这个道理。由于"9"是个位数字中最大的，它在中国被认为是一个至阳的虚数、极数，表示最多、无数，常德会馆的9级码头，这里寓意会馆财富步步增多。另外，"9"与汉字"久"同音，因此被当成是代表长久的数字，象征常德会馆生意长久。

长码头：长码头位于古商城区中心，是一座人流如织、商贾忙碌、经贸活跃的内旱码头。它长100米、宽6米左右，稍稍弯曲，由青石板铺就，从天钧戏院到高坡街共有5个平台，第一平台5级石阶；第二平台34级石阶；第三平台31级石阶；第四平台16级石阶；第五平台3级石阶，共89级石阶，八为"发"之意，九为"长久"之意，寓意富贵永发的意思。

为防止下雨时路滑，长码头青石板上錾有深浅不一的凹槽。它上接高坡街、油篓冲、季家冲，下通育婴巷、龙船冲、财神巷和北辰宫，码头上下两端尽头则各是一块小小的地坪，均是青石铺地、上錾条槽。下坪旁设有天钧戏院，供人们闲时休憩、说家常、论时势、摆龙门阵及弹唱。长码头是一个风水宝地，它前后分别连着五条不同的巷口，形成了两个"五龙会首"的风水格局。

洪江水陆码头众多，有"五府十八帮四十八码头"之说。江西、贵州、邵阳、湘乡、四川、重庆等外来人口"闯码头"涌入洪江，在码头结成帮派，把持各大码头。同时，又将江南文化、巴蜀文化、百越文化与荆楚文化融合，因此在各大码头京剧票房应运而生；无声、有声电影院先后开张；打鼓说书、小曲评弹、枪刀杂耍热闹非凡。极盛之时，洪江码头搬运工人达近万人之多。洪江码头工人生活在社会底层，在用血汗钱养家糊口的同时，也于繁华之地以悲亢的码头号子倾诉胸中苦闷，创造了有名的洪江沉江号子，形成了富有洪江特色的码头文化。码头文化的多元性、开放性、流动性也造就了洪江人热情、开朗、幽默的特点。

第七节　洪江道路与商道文化

洪江商业的发展与繁荣与道路交通的发达有关，它是洪江古商城得以发展与繁荣的基础。洪江古商城自古以来就是湘西南重要的驿站和繁华的商埠，"路"给古商城带来的无限商机，成就了古商城历史上的辉煌。

一、外在物质形态

洪江古商城道路交通网主要是由沅巫两条水路、五条古驿商道及冲、巷、街、码头等组成，它是洪江古商城文化的外在表现形式之一。

1. 沅巫水路——"远古丝绸之路"之中转站

洪江坐落在沅水、巫水汇合处，沅水、巫水及其上游汇纳的渠水、清水江可四季通航，为水运提供了有利条件。沅水下游河道宽，上游河道窄，外来的大商船沿沅河而上到达洪江后必须换成小的苗船，要么继续走沅河上游，要么经巫水进入贵州，洪江便成为沅水进入贵州的瓶口，是大西南的门户。另一方面，沅江作为进洞庭湖入长江的主要水系，贵州的货物到达洪江后，走沅水，进洞庭，入长江，可达东海，之后又可将长江沿岸上海、镇江、南京、武汉等地的丝绸、棉纱、布匹、百货、食盐等经沅江运回洪江，进贵州、云南等地。正因为洪江的特定水路，使洪江成为货物集散地和中转站。我国著名的民俗学家林河先生在《寻找失落的中华文明——海上丝绸之路从黔中郡起航》一书中指出："海上丝绸之路，早在三千多年前就已开始，而延续到近世。从成都到西域的海上丝绸之路，主要是避开了三峡险滩，通过重庆酉阳、秀山的酉水，进入古黔中郡都府之地沅陵，溯沅水到洪江，再从洪江上贵州，到沅水尽头的清水江，最后换马帮至云南，入缅甸进印度，到达西域各国。"①可见，洪江是"远古丝绸之路"上的一个重要的货物集散地和中转站。

2.古驿商道——五龙会首聚洪江之"清明上河图"

洪江除了便利的水路交通外，还有肩挑马驮的旱路。洪江古驿商道共有五条：一条往西，从大湾塘出，经新店至黔城（原龙标县），可通往贵州东南地区，全长30千米。一条往西南方向，亦从大湾塘出，经王家亭子、肖家、东岳司、岩脚至会同县城，同样可通往贵州东南地区，全长60千米。一条往东，从长寨出，经龙船塘、岩鹰界、凉山界、暴木隘、草寨、丝茅塘，可达邵阳洞口，全长152.5千米。一条往北，从萝卜湾出，经沙湾到安江，全长30千米。一条往南，直接从老街出，经冻青坪、渔梁湾至黄茅、马蹄坡、若水、团河到会同、靖州等地。这五条旱路也是洪江商人联络外界集散商品、货物的黄金线路。因湘西多匪患，洪江商人多会请帮会或镖局押送，小户商人则会结伴而行。尽管古驿商道对比水路而言，更为艰难险阻，但洪江商人为了生意经营也勇敢前行。这五条旱路给古商城带来滚滚财源，民间流传着"五龙会首聚洪江"的说法。正因为洪江有得天独厚水旱之路，洪江古商城才能发展延绵。

3.洪江商道路文化的物质结晶

洪江古商城坐落在山环水抱优美环境之中，依山傍水而建，街巷甚多，四通八达，有"七冲、八巷、九条街"之称。"冲"由低到高，窄狭弯曲；"巷"平直悠长；"街"宽敞笔直，形成一里、二亭、三脚、四坡、五湾、六坪、七冲、八巷、九条街、十二条路、四十八码头格局。它们分别是：一里即庆安里；二亭即二凉亭、粟家凉亭；三脚即青山脚、鼓楼脚、大树脚；四坡即老鸦坡、大枫坡、歌诗坡、煤炭坡；五湾即李子

---

① 转引自欧阳星凯. 洪江：欧阳星凯作品（汉英对照）[M]. 北京：中国民族摄影艺术出版社，2010：29.

湾、桐油湾、宵箕湾、渔梁湾、萝卜湾；六坪即向家坪、胡家坪、冻青坪、白马坪、娘子坪、沙子坪；七冲即打船冲、俞家冲、龙船冲、塘冲、木粟冲、季家冲、牛头冲；八巷即里仁巷、一甲巷、洪盛巷、三甲巷、财神巷、太素巷、油篓巷、花鼓巷；九条街即皮匠街、吉隆街、新街、荷叶街、老街、姜鱼街、吉庆街、河街、塘坨街。十二条路即新民路（洪盛路）、幸福路、带子街路、高坡街路、河滨路、劳动路、南岳路、巫水路、嵩云路、雄溪路、沅江路、中山路。除里、亭、脚、坡、湾、坪、冲、巷、街、路外，码头也是洪江古商城路的物质形态。

二、内在表现形式——"易文化"

1. 洪江古商城的道路特点

洪江古商城道路独具特色，它有两个显著特征：一是道路弯曲，呈水形，比如新民路街道就是如此。从洪江大桥到政府门口，这条道路满是当年留下来的痕迹。古商城旅游区内的道路更是曲径通幽。二是路口多为单数。在古商城内，冲、街、巷、码头紧密交错形成许许多多的交叉路口，纵观这些交叉路口，多为三岔和五岔路口，四岔路口较少。

为什么古商城的道路大多是如此呢？它是怎样形成的呢？这是自然环境在起决定作用。洪江古商城地貌分为三个平台和一个制高点。制高点是青山界，为苗王中心，房屋多为吊脚楼。第一平台为高坡宫一带，第二平台为正街，第三平台为靠近沅巫河边的河街（界）一带。

其次受易文化的影响。从明清时期的人文环境来看，由于中华民族有着传统的重视地理风水习俗，特别是对易文化的崇尚，人们相信阴阳、太极、八卦。洪江商人认为福祸运道在于天佑，要顺应天道，于是把古城建筑按"阴阳、太极、八卦"来布局，建筑以"山为骨架，水为血脉"，古商城的道路，也充满了易文化的氛围。易文化中的阴阳理论，奇数为阳，偶数为阴，城中道路阴阳相对，阴阳变化，阴阳合一，自然相配，无处不暗藏着玄机，这透出了古人的智慧。多设置三岔路口和五岔路口，也是易文化的阴阳、太极理论应用，"三"和"五"为奇数，为"阳"，"阳"为"上"，为"升"，寓意着洪江商人会走出很多商路来，生意更加发达。

2. 洪江古商城道路中的易文化体现

（1）三岔路口不会正对锋芒

易的太极理论告诉人们，追求圆满不应该伤害人，要收敛棱角。不管是从过去的街市全景图，或是在现存的古商城景区内，冲、街、巷、码头的交叉路口均以三岔路口为最多。在所有的三岔路口处，没有两条道路间的房子围墙尖角正对着第三条路的情况。在建造房屋时，一般将巷口的房子外墙建成圆形，鲜有尖角的外墙。例如，沿清代照相馆向下走，到油篓巷的第一个三岔路口处，能见到一幢有尖锐外墙的房子坐落在路口，而面向它的第三条路则有意避开了锋芒，将道路的方向进行了转移。这个墙角高耸伫立，得到很多摄影爱好者的青睐。墙角下方一人高的位置则人为地做了处理，边缘去掉了尖角，变得更为柔和，也更安全。由此也折射出洪江商人遵循"和气生财"的经商理念。

在洪江发家致富的商人很多，且鲜有为富不仁的，商人之间讲求的是和气生财，重义轻利。在一甲巷17号原徐富隆商号的住宅中堂内，立有一根警示柱，在木柱石墩之间，嵌着一块正方形青石，寓意便是实实在在经商，堂堂正正做人，做到警钟长鸣。另外，"勤俭持家"也是洪江商人的一大经商理念，"一个包袱一把伞，来到洪江当老板"就是洪江商人成长的生动写照，从身无分文、白手起家到富甲一方，洪江老板深深懂得"勤俭黄金本"的道理，因此信守以勤俭为美德，低调做人，时刻收敛锋芒的信念也无形地体现在了商城的道路建筑中。

（2）四岔路口不会呈现十字交叉状

因为洪江古商城窨子屋在修建过程中是依照八卦太极图来布局的，不是方阵矩形布局，所以古商城的四岔路口比较少，而且古商城里的四岔路口全部都不呈现十字交叉状。现存的古商城景区里，形成明显的四岔路口的有两处：一处是厘金局，镖局所在的路呈东西方向，分别与朝南方向通往刘同庆油号和朝北方向的一甲巷交汇。另一处是刘松修商宅，坐落在四岔路口中间位置，正门对着留园和刘同庆油号方向，后门在去烟馆的半路上。这样的设计不仅是出于防火防盗等安全方面的考虑，从商人们的角度出发，他们追求的是赢得财富、守住财富，他们认为避开十字交叉直接相对、相冲的路口，可以帮助他们避免财气的流失。另一方面，在道路建设时避开十字路口，他们认为可以避免道路两边的宅子正面相对，互相挡住财气，如此，才能开门迎得商机无限来，财源滚滚进。

（3）五岔路口体现了深奥的易文化底蕴

五岔路口是最能体现易文化内涵的。如果我们把五个路口当成五个点（见图a），再把五个点变成五条线路箭头，就是五个不同的方向（见图b）。如果把五个点沿边连接，就成了五边形（见图c）。然后，我们把五点相互连接，就成了五角星（见图d、图e）。五角星的中心就是太极。而五岔路口处地形不规则，只要有两三处凸凹就能形成八边形（见图f、图g），这恰好构成八卦图（见图h）。这不是偶然，应该是古商城设计时特意为之。我们在考察中基本估算了一下，五路口汇合处多为80或90平方米，说明太极中从一为二，合二为一的道理，即九九归一。

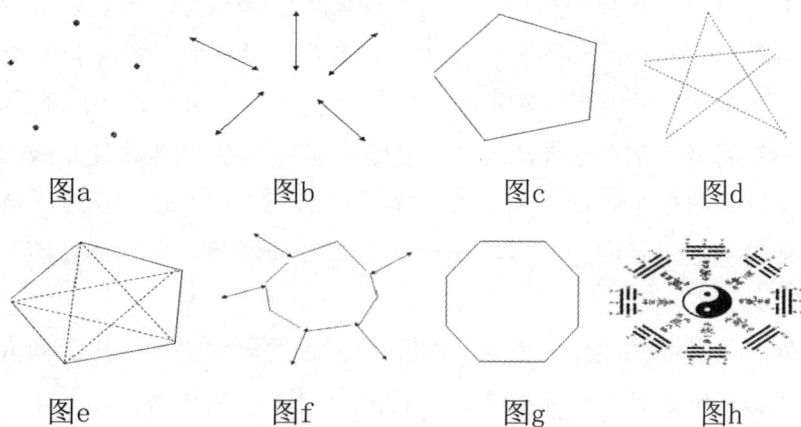

图a　　　　　图b　　　　　图c　　　　　图d

图e　　　　　图f　　　　　图g　　　　　图h

图4-23　五岔路口示意图

岔路口是洪江古商城道路最有特色的路口，也是洪江古商城最有想象力的路口，是洪江道路商道文化最集中的体现。洪江古商城长码头上下就是最具典型的五岔路口。走进古商城，便会发现重要的交叉路口，如天钧戏院所在交叉路口，分别有五条路从东西南北通往长码头、汛把总署、常德会馆、财神殿和胜春酱园。往上到工商联所交叉路口，五条路也是分别按不同的方向通往木粟冲、雄溪公园、美孚洋行、潘家大院和清代照相馆。另外，现在的人民医院（原莲花地）、电影院（原廖码头）处虽已进行改造，修建了公路，但仍保留有五条岔路在此汇合。而上面说到的五条古驿商道，实际上也是洪江通往各地的五岔路。可见，古商城人们对"五"这个数字的崇拜到了极点。

古商城旅游解说词中，将天钧戏院处的五岔路口交汇处称为"五龙会首"，这只是其中的一个象征意义。著者认为洪江古商城长码头五岔路口，其义非常深刻，内涵丰富，是洪江古商城路文化最集中的体现。

"五"在中国古代具有多重内涵，《说文》中有"五，阴阳在天地之间交午也"[①]。从"五"本身来看，象征着"多"，洪江人追求的是财富多，财富多就施舍多。"五"也是尊贵之象征，洪江人希望"五子登科"，修身、齐家、平天下，有"九五之尊"的胸怀。

从易理论解释"五"可象征"阳"，寓意蒸蒸日上。洪江古商城五岔路体现了易中阴阳八卦的布局，也可以理解为它是按金、木、水、火、土布局的阴阳五行之路。阴阳五行学说，是易哲学的精髓，在中国社会很长时间内主导着人们的世界观和方法论，至今仍具有不可撼动的影响力。

洪江古商城五岔路也是五省通衢的象征，古商城的道路便是极力遵循着五路总口（通往东、西、南、北、中五路的交叉口）这一法则。同样，五条旱路也是往东、西、西南、南、北五个方向延伸，分别通往滇、黔、桂、湘、蜀五省。

此外，从经商的角度来看，占据五龙会首的风水宝地，洪江商人必有雄心壮志要将生意做到五湖四海，广开业务财路。站在人生以及事业的交叉路口，需要进行抉择，而五条岔路也正象征了东、西、南、北、中五个前进方向。正因为如此，洪江从这五条道路走出了高灿顺、刘岐山、刘松

---

① 唐译. 图解说文解字 [M]. 北京：企业管理出版社，2014：96.

修等一批杰出商人。同时，象征着五湖四海的人聚集到洪江来发展。洪江地理面积虽不大，却有着海纳百川的胸襟，从不排斥外来商人对本地商人的渗透，且敢于吸收外地人到本地商业中来。正是这种良好的经商心态和大度心怀，吸引着一批又一批的外来移民，共同创造了洪江古商城的鼎盛辉煌。

三、价值和意义——用易文化诠释万物

1. 客观意义

一是符合人与自然和谐共存的需要。在洪江的城市发展建设过程中，很多时候对道路的破坏是不可逆的，人们如今看到从洪江大桥到政府门口的新民路街道，就破坏了洪江街道的原貌。还有后来的沅江路、巫水路街道等，也都存在不同程度的对古城原貌的损毁。

古商城的道路建设是在充分尊重自然、利用自然的基础上修建而成，可谓与自然融为一体，相辅相成。后人只有在充分了解古商城道路文化的基础上，对其进行修护和改造，才能保持它的原貌，才能与自然共存，走和谐发展之路。

二是符合安全保卫的需要。每几栋窨子屋构成了安全城墙，巷头巷尾都有安全门，并且每隔五、六栋十几米远就有安全门（拱门）。窨子屋为两层，只开枪眼，不开窗眼。窨子屋与窨子屋之间有暗道相通。

三是符合移民生根发展的需要。任何城市的发展都离不开便利的交通，只有充分理解洪江古商城道路文化的特点，才能深入挖掘它的价值，从而延续古已有之的经商文化，为我所用。

2. 现实意义

一是比较意义。洪江古商城的道路与怀化其他县城的道路的确有所不同。例如，麻阳老县城锦和镇，就是矩形布局，有东西南北四门，形成十字街，道路清晰可见。黔城镇也是这种矩形布局。而洪江古商城的布局恰似一座迷宫，人在迷宫走，好像进了八卦阵。

二是开拓意义。洪江古商城有很多布局体现着易文化，特别是窨子屋的布局。研究窨子屋布局的大有人在，但我们相信，用易文化解释它的真

谛将是另一条研究洪江古商城商道文化的思维方式。我们要澄清一点，真正的易卜是一种哲学，现代人可用易的哲学诠释古商城的文化，揭示古商城文化真正的内涵价值。

第五章

洪江制度与商道文化

　　从洪江发展的历史概况中可以看到，直至宋代，洪江才开始有为官者定居，而且即使有了为官者定居，官方的管理与限制作用仍然很有限，正如清人潘清在《洪江育婴小识》所描述的："洪江枕沅水之滨，悬迁有无化居，五方杂错，其市康去县治远，开圛梁津馆，大率不领于官，如周礼保息之养民。"此描述显示洪江一直是一个城市职能较为单一的商业城镇，民国以前，洪江一直未出现过政治行政机关，其间虽然设立过洪江巡检司（1687年）和保甲局（1874年），但皆为地方治安机构。政府管理权力的削弱使得外来移民占大多数的洪江城市管理更多的带有"民间自治"的色彩，其中调适洪江社会内部运转的机构主要是会馆，凡涉及社会公共事务，大都以十大会馆为首出资并加以管理。此外还有同业公会，民国后转为商会。总之，洪江商道文化的内在管理呈现为地方自治为主、政府管辖为辅的服务于洪江商贸活动的一套体制，概括起来就是"小政府，大市场"。政府对洪江商贸活动的干预主要通过税收来进行，这对洪江商业的市场化和自由化起着重要的推动作用，直接促成了洪江商业的长久繁荣。

第一节　洪江厘金局

厘金局是征收厘金的机构，亦称"釐捐局"，又名厘局。厘金，又叫"厘捐""厘金税"，是中国近代史上一种重要的商业税，开创于1853年清廷镇压太平天国农民运动时期，是清政府对通过国内水陆要道的货物设立关卡征收的一种捐税。最初，它仅是一种临时性的筹饷措施，之后发展成为一种经常性的税制，直到1931年才被国民政府裁撤。作为晚清一项重要商税，厘金拥有80余年的历史，对当时的经济社会产生了极为重要的影响。

一、洪江厘金局的设置

洪江古商城厘金局现为一栋单进三开间木质穿斗式建筑，占地面积约330平方米，建筑面积约620平方米。据《育婴小识》载，洪江古商城厘金局始建于咸丰五年（1855年），为"朝廷军兴不得已之政"，"自金田兵事兴，而筹饷之议起，至今沿之"。可见厘金局主要是当时清王朝为镇压农民起义，尝试解决所面临的财政困境而设。

有清一代，咸丰朝以前，财政税收主要为四项：地丁、钱漕、关税、盐课。其中地丁收入约占全部岁入三分之二。由于康熙末年"滋生人丁，永不加赋"的规定，清廷税政缺少扩张性，岁入难以骤增。一旦国家有事，财政即感困难。康雍乾几朝，朝廷主要依靠户部库存和捐纳制度来应对突发事件。道光咸丰年间，清廷迭生事变：鸦片战争、太平天国起义、连年战乱，清廷财库匮乏。东南数省许多殷实人家在战乱中流离失所，根本无力捐纳官职，捐纳制度名实亡；兼之盐引停运，关税难征，地丁钱粮因兵荒而蠲免缓征，清政府面临空前的财政危机。

自1853年夏天之后，中央财政已拨不下军费，本无正当财源的省级财政却要负担为数甚巨的各军营军费。为筹措军饷，地方不得不另辟蹊径。《清史稿·食货志（六）》："釐金抽捐，创始扬州一隅，后遂推行全国。咸丰三年，刑部右侍郎雷以諴治军扬州，始于仙女庙等镇创办釐捐。"①《清朝续文献通考》记载："当时军需孔亟，筹款维艰，厘金虽自四年奏准，实则三年已先举行，兹谕权舆也，是年春金陵失陷，饷源枯竭，太常寺卿雷以諴治军扬州，始于仙女庙创办厘捐。"②厘金亦称"厘捐""厘金税"，是旧中国对商人征收的一种苛捐杂税。始于清代，咸丰三年（1853年）副都御史雷以諴为筹措镇压太平天国革命运动的军饷，在扬州仙女庙（今江都区）设局，对米商按货值征捐百分之一。因百分之一为一厘，故称厘金或厘捐。随后，征厘货物品种迅速增加，几乎包括全部土货（国产商品）；征厘地区迅速扩大，终于扩及全国。③

　　是年，太平军定都金陵（今南京），并占据镇江、扬州各城。清政府为围剿太平军，调集数十万大军，屯驻大江南北。四月，以刑部侍郎在扬州帮办军务的副都御史雷以諴因为练兵急需军饷，因部拨军饷未能接济，分摊各省协饷又一直不到，为急筹军饷，便于长江边上设局，对往来船只劝捐助饷，成效显著。但劝捐毕竟是"劝"，非长久之计，于是采纳幕客钱江的建议，试行"商贾捐厘"，既不称征厘，也不称抽厘，而谓之"捐厘"，即类似捐输而又能长久课征。此法在扬州城附近仙女庙、邵伯、宜陵等镇率先施行，至咸丰四年（1854年）三月始行奏报，并请于江苏省各府州县，亦仿行劝办。奏报后得到朝廷嘉许，认为办有成效。同年四月，雷以諴又在泰州设分局，抽厘助铜，其章程仍照仙女庙章程斟酌规定。

　　咸丰五年（1855年）五月，湖南巡抚骆秉章于长沙设立全国第一个省级厘金总局，委盐法道裕麟总理局务，本地绅士为襄办，厘局规划和抽厘章程照扬州仙女庙和泰州厘局章程拟订，并于各府州县商业繁华之市设立分局卡。初办仅抽货厘，咸丰六年（1856年）三月另设专局，续办盐、茶厘金。咸丰七年（1857年）以后，捐厘助饷得到咸丰帝的认可，允许在

　　①〔清〕赵尔巽．清史稿·卷一二五·食货志（六）[M]．北京：中华书局，1977：3694.

　　②刘锦藻．清朝续文献通考（一）[M]．杭州：浙江古籍出版社，1988：8038.

　　③郭今吾．经济大辞典[M]．上海：上海辞书出版社，1986：730-731.

各省推广，厘金制度即由地方筹饷方法逐渐成为全国筹铜方法。由于厘金"就地筹饷"为临时所创，中央政府并无统一规制，仅议定由地方督抚自行掌握，酌量抽厘助饷，因此各省厘金往往各自为政。在厘金创办初期，即在军事时期内，各省多由粮台、军需局和筹饷局等机关经理厘金，其后普遍设立专局专门经理厘金。按照当时的实际做法，各省督抚只需将该省厘金的收入数与支出数，按季报户部核查即可。也就是说，谁征谁用，怎么征，甚至怎么用，朝廷无法监管。因此，厘金成为不受中央控制的大财源，由各省督抚把持。

洪江因水路区位优势，是大西南商品货物集散的重镇码头，商贾云集，税源充足，于咸丰五年设立厘金局。作为比较重要的交通枢纽，洪江厘金局属于县级局卡，一般由同知、通判、知州、知县等级别人员担任，并延续雷氏在创办厘金的过程中的由地方官慎选本地公正绅董专司稽查。洪江厘金局也兼用绅士，官绅合办厘务。厘金局下设黔阳、河下、渔梁、滩头、大湾塘5个分卡，收资员13人，巡丁22人，杂役5人，专门经理厘金。

二、厘金的征收

厘金之征，初源于劝捐。劝捐渐难，乃改为劝厘，劝厘则又变为征厘。劝捐实是征厘的前导。最直接的借鉴是道光间林则徐曾推行一文愿，即1升米抽钱1文，名为"自愿"捐助，实含课征之义。厘金最初征收的金额极低，百分之一为一厘，即按货物的1%征收，故称厘金。但是，随着厘金制度的推广，厘金的税率不断增加。洪江厘金局遵照湖南厘金制度，采取"一税一厘，厘以每钱一千抽收二、三十文为率"[①]，也就是2%—3%，税与厘合计则为4%—6%。湖南厘金局主要是为湘军筹饷而设。后因湘军集师于皖、浙，其饷粮筹措虽有朝廷指拨、他省协拨，但也常有饷断粮缺之虞。为专供曾国藩的湘军，咸丰十年（1860年），湖南设立东征局，增抽

---

① 〔清〕但湘良. 湖南厘务汇纂·卷十四 [M]. 清光绪十五年刊本：5.

厘金，在缴纳湖南省内本应缴纳的厘金外，加抽半厘，本省抽一两，另由东征局加抽五钱，使湖南厘金在原税率的基础上增加了50%，以此达到专款专用的目的。

1. 征收厘金的种类

当时，洪江征收厘金主要有百货厘、盐厘、洋土药厘、帖捐四种。

百货厘举办最早，范围最大。洪江集市贸易繁华，百货厘金征收范围已由最初的米厘覆盖到各类生活用品，如杂货槽坊、南货槽坊、服装、布匹、药材、皮头丝线、洪白桐油、茶油、棉花、川广白（片）糖，楚白蜡、各色私烟、药材等。百货厘金中，又以洪白桐油为主。光绪六年至十二年（1880—1886年）间，每年桐油产量五万余石，据《育婴小识》记载，"兹就全市生意设论，以洪白桐油为最，次洋土药，次布匹，次茶油糖斤，大约江西帮十居七八，江浙帮居其二三，合以南货槽坊，当推为次。洋土药皆黔人买卖，故月捐在洪桐油伯仲之间。黄汉帮夙具布帛之利，又第居次。福建帮惟各色丝烟。"从中可知，根据洪江本市生意情况，因桐油市旺，百货厘金又以桐油厘金为主要收入。厘金创办初期，因为厘金直接关系到军饷，各省没有开过免厘先例，即使军粮也照章征收厘金。至于其他官方运货，免厘显然也无可能。后因"军务告竣"，各省办理善后工程，政府派员到出产省份采购物料，会给予印照免征厘金，但因免厘，弊端百出。同治十一年（1872年）江西巡抚刘坤一奏请取消此例，上谕命令以后免厘货物，仅有贩灾米谷一项，而且每次采办贩灾米谷，皆须奏请免厘。《育婴小识》记载了洪江厘金局对于市面米厘的征收，因连年灾荒，粮食歉收，米价暴涨暴跌，加以"洪江地窄人稠，户口二三万人，皆不耕而食，一日消谷千余石，其平时居积，率重金钱而轻栽粟，家无担石之储，咸仰食于黔中清江镇远两河米艘"，故光绪四年，颁布地方连遇荒年，采买谷米赈济，应抽厘税，均予捐免。

其次是洋土药厘金。咸丰八年（1858年），烟禁放开，鸦片归入药材，开征洋土药厘金。对进口鸦片抽取洋药厘金，国产鸦片则抽取土药厘金。历代统治者以"寓禁于征"的幌子，对鸦片税课征偏重。在洋土药厘金中，洪江主要征收的是土药厘金。川、滇、黔、桂、陕是出产烟土的大省。湖南本不出产土药，只对贩运过境的川、滇、黔三省土药抽厘。由于洪江处于川、滇、黔三省土药外运的重要关卡，过境土药皆在此完税，厘金收入十分可观。初时，每百斤抽银十八两，每年厘税合计，约在七万两左右。据《洪江育婴小识》记载，洪杨事件（太平天国起义）以后，"衣冠右族，琐尾流离，避地洪江，僦屋腾涌，几十倍常值。是时已开烟禁，榷税饷军。于是黔南之土药络绎与途，修业而息之，居然与木材、膏油相埒"。这也是鸦片大量进入洪江的首盛时期，由此成为洪江的三大行业之一，与油木并立。后庚子赔款使清政府财政捉襟见肘，不得不对各项税收不断加征。土药厘税一加再加，每担课税约六七十银两，成为政府财政收入中的重要组成部分。民国之后，为使军队获得源源不断的军饷，军阀周显世、袁祖铭先后统治贵州期间，公开纵容种植罂粟，积极保护运销。民国十五年（1926年）周西城接管黔政以后，更上一层楼，标新立异，以建设地方事业为名，改鸦片税为"禁烟罚金"，每担从民国时期的八十银圆增加到一百六十银圆，平均每年经洪江分运的鸦片烟达三万担左右，贵州军阀仅湘西一角每年捞到近五百万银圆的收入。据贵州军阀袁祖铭所属"筹饷局"局长谢耿梅在《贵州烟毒流行回忆录》中称："洪江鸦片市场竟为贵州帮所左右。光绪三十年前后，这些运销商无不利市三倍。贵州会馆即当时烟帮所建。这三十年中，每年运销高达三万担左右，寻常年份亦在一万五、六千担。"[①]

盐厘是盐课的重要组成部分。《清史稿·食货志·盐法》记载"道光以前，惟有盐课，即咸丰军兴，复创盐厘，……盐课分二类：曰场课，曰引课。……盐厘分出境税、入境税、落地税。逮乎末造，加价之法兴，于是盐税所入与田赋国税相埒"[②]。清王朝为了筹集军饷，举办厘金，盐亦成为抽厘的对象，在盐税之上又征盐厘，遂使收入大增。湖南不产食

① 姚钟伍.贵州文史资料选粹·教科文卫篇[M].贵阳：贵州人民出版社，2010：11.

② 〔清〕赵尔巽.清史稿·卷一〇〇·食货志（四）[M].北京：中华书局，1977：3603.

盐，民众所需大都由官办从两淮引入，通常全省食盐年消耗量达三十七万余引，每引征税银一般为二两，年税收入达七十四万两，所以湖南的税收在咸丰初年除了地丁漕折，便是盐引。但自从太平军横扫长江，占据天京后，"江路梗塞，淮南盐务片引不行，楚南无盐可售，民忧淡食，且盐商不至，岁入大减"①，湖南全省不得不改食川粤私盐，因而大量盐税归不法盐商私贩所侵吞，盐税的流失严重削弱了省府财力。湘省于咸丰六年四月设立盐茶总局，统一办理官私经营的盐茶税。同时，官府尽可能疏通淮盐运输渠道。

　　昔日洪江，乃大西南重要的黄金口岸，是淮盐、川盐集散地。盐业，自春秋战国时期就由国家专营。而私盐贩卖，具有巨大的利润，屡禁不止，政府不得不采取严厉措施。同治十一年，开设洪江督销淮盐缉私局。盐厘开征后，加上原来的盐课与前期早已实行的"加价"，一物数征，致使商民交困。需要指出的是，因盐厘收入较大，所以盐厘收入不入厘金项目，而合于盐课之中。盐为日用必需品，盐厘遂亦成为盐款收入之大宗。"洪江团练以土著士绅主之，设公所于七属馆。招募丁壮尝数十人训练侦探。于时淮网断绝。借食川粤盐。始募人捐领盐行牙帖，提二成盐用充团防费。"因此，盐厘虽并于盐课，其实也用于军需团防经费。

　　帖捐又名"牙帖捐"，是旧时捐税之一种。牙商或牙行纳税后取得牙帖，方准营业。清史致谔《禀左宗棠书》："上年厘税之外，尚有另办户捐、牙帖等捐。"②清黄六鸿《福惠全书·升迁·查税契》："其每年收税底簿及更换牙帖，俱宜查缴，不得存留。"③"牙帖"是牙行经营时用的营业执照。牙厘总局是厘金和牙帖兼收的省级机构。明清时期，牙商或牙行要呈官府批准纳税后才能领取，领了"牙帖"才能营业。"牙商"要按期缴纳"牙税"和"牙捐"。"牙帖"大致分上、中、下三等，按时

---

① 〔清〕裕禄，等.湖南通志（第2册）[M].北京：商务印书馆，1934：1429.

② 〔清〕张永.光绪元年长寿县志[M].余云华，点校注.北京：方志出版社，2013：216.

③ 〔清〕张永.光绪元年长寿县志[M].余云华，点校注.北京：方志出版社，2013：216.

换领。清末，兵祸连年，军饷开支持续增加，政府财政日益困窘。为了筹集军饷，清政府在旧牙税以外加征牙帖捐税。征收的帖捐数额最大部分为帖捐，其次才是牙税。牙帖捐税征收的范围急剧扩大，征收对象一般为牙行。牙行承领牙帖后或因事故歇业及无力承充者，准赴衙门呈缴废帖，免交牙税，由官府另募顶补。牙帖每年更换一次，由各州县按年照额征解缴省。如《育婴小识》载，洪江桐油牙行欧阳济育，捐领洪白桐油牙帖，按照海防则例缴纳捐款，领帖开张，每年应纳牙税银一两五钱，除行中辛俸缴用外，所余捐充育婴经费。刘泰昌所领黑白桐油牙帖，因油商皆投欧阳济育洪油本行买卖，捐用育婴，共劝善举，以致无用可收，最后无力开设，呈请牙厘局核准销毁。

2. 厘金的征收方式

厘金按征收对象分为坐厘和行厘两种。坐厘又称板厘，属于交易税性质，在产地或销地征收，抽之于坐商。行厘又称活厘，属于通过税性质，征于转运中的货物，抽之于行商。

厘金就其课税地的不同，可以分为出产地厘金、通过地厘金、销售地厘金三种。出产地厘金类似特产税。通过地厘金是以货物从某地运至另一地点的运输行为而征收的税费，又称活厘或行厘，是使用最广、征收数额最多的厘金，征收办法大体有三种：一是只在起运地征收厘金一次，在运输过程中不再加征；二是在起运地及到达地各征收一次，在起运地征收称"起厘"，在到达地征收称"落地厘"；三是在起运地征收一次厘金后，再在中途征收一次、二次或不定次，采用起验制。此外，还有采用遇卡征收的办法，即在中途应征厘金次数不定，逢卡捐纳。销售地厘金是抽之于坐商的交易税，有坐厘、坐贾、埠厘、门市月厘、铺捐日捐、销场税和落地厘等种种不同名称。

在征收方法上，厘金的征收方法有两种：其一为官征，也称散征，是厘金局卡直接向商民征收厘金的方法。征收厘金时，若列于征厘章程的货物，按省总局颁布的征厘章程，从量征收；若未列于征厘章程的货物，则从价征收。官征制度是由各省官府设立局卡，按各省所定税率征税。商人运货到卡，由船户或本人前往局卡报验，经查验后，核算收税，开票放行。卡厘征收手续一般包括如下几项程序。

报验：凡商人运货至应完厘金的局卡，须由船户或商人本人往局卡报验。船户开一报单，上面应将所运货物数量及货价列出，并必须将船名、载重、水手及旅客人数一并开列。

查货：由司事及巡丁专门负责，查货时间由黎明到日落，随到随查。查货方法大半采用抽验方法。

核算及征厘：货物验明后，查货司事偕同船户或商人至局卡中的核算房由核算司事就船商已登记的报单上核算应纳厘金数目，然后将应纳数目填在一手票上，由商人或船户持至钱房，付清款项，由钱房在手票上盖一钤记，即成为收据。

放行：货船纳厘后，由厘局发给放行单。船只行经各厘局所属的查验卡时，经核验后，即可放行。

沿途查验：以本商本货货票相符为原则。如货票同时到卡，查明两相符合，即加戳放行。如货多于票或货少于票，则责令完纳。沿途设卡稽征，目的是防止官、商两方营私舞弊。

坐厘之官征，大都以店铺一个月的营业额为征厘根据，按比率征收之。

其二为包缴，是相对于散征而言的征收方法。所谓散征，就是厘金局卡直接向商民征收。包缴，则带有承办或承包的意味，分为认捐和包捐两种。所谓认捐，是指由会馆或同业公所拟定一年厘捐数额，与厘局交涉，承办征厘（承办期限为一年）。所谓包捐，是指由同业以外的人（主要是厘局征收人员及当地绅士）把一定地区应纳的厘金承包下来，并由包商办理征收事项，按承包额向厘局交纳，多收部分归包商所得，不足部分由包商包赔。

洪江厘金创办初期，即在军事时期内，一般采用官征，也叫散征，就是厘金局卡直接向商民征收。后期因"敛者嫌其烦琐，公议依货认捐月输其数，以归简便"，有的采取认捐方法，由会馆帮会或同业商人拟定厘捐数额，与厘局商定，然后依货拟定认捐数目，并负责征收缴纳，各种货物抽厘均有具体章程。

3. 洪江厘金大致收入情况

据资料统计，湖南厘金开办之初，全省厘金收入每年大约为一百四十万两，但实际可能远超这个数目，达到两百万两左右。洪江厘金的具体收入情况，已无从可考，只能从育婴加捐的情况来进行一些侧面的了解。

表5-1 《育婴小识》所载洪江对市面商品加抽育婴捐的月捐章程

类 别	单 位	捐 数
杂货槽坊	月 捐	钱2000文
各色烟店	月 捐	钱2000文
药材店	月 捐	钱1500文
服装店	月 捐	钱1000文
川南土药	每石捐	银8分
各色布匹	每捆捐	钱8文
洪白桐茶油	每石捐	钱8文
川广白（片）糖	每石捐	钱6（4）文
冰 糖	每石捐	钱10文
川楚白蜡	每百觔捐	钱50文
各庄棉花	每大、中、小包捐	钱48、24、12文
宝庆辰沅七属三馆	每月捐	各捐钱3000文
衡州馆湘乡馆	每日捐	各捐钱1000文

从捐输章程看，杂货槽坊、各色烟店、药材店、服装店每月有固定捐数。川南土药、洪白桐茶油、川广白片（片）糖、冰糖以每石为单位，根据实际市面交易数额征收。不过，川南土药抽厘最重，每石捐银八分，以银结算，其余皆以钱结算。其中，宝庆、辰沅、七属、衡州、湘乡馆为本省商人，归以馆捐。

表5-2 《育婴小识》所载光绪六年至十二年，洪江市面商品育婴捐情况

	洪白桐油	川南土药	茶油	各色布匹	衣服店	南货槽坊帮	各色丝烟	银钱店	疋头丝线店
六年	钱325千296文	银397两	钱74千872文	钱99千770文	钱9000文	钱18千文	钱16千文	钱4000文	银10两8钱
七年	钱428千328文	银636两	钱136千776文	钱180千246文	钱13千文	钱18千文	钱22千文	以后总捐截止	以后总捐截止
八年	钱339千84文	银553两3钱6分	钱39千708文	钱126千360文	钱12千文	钱22千文	钱23千文	—	—
九年	银112两7钱2分，钱124千552文	银557两9钱6分	钱23千32文	钱110千291文	钱12千文	钱24千文	钱12千文	—	—
十年	钱302千504文	银577两8钱4分	钱7千96文	钱109千480文	钱13千文	钱18千文	钱30千文	—	—
十一年	钱268千244文	银342两2钱	钱127千576文	钱101千433文	钱10千文	钱32千文	钱26千200文	—	—
十二年	银204钱6分，钱387千544文	银326两4分	钱63千976文	钱92千33文	银9两6钱9分，钱5000文	钱26千文	钱5800文	—	—
合计	银156两3钱4分，钱2175千652文	银3391两7钱	钱473千36文	钱819千613文	银9两6钱9分，钱74千文	钱168千文	钱135千文	—	—

从表中数据可看出，光绪六年至十二年，川南土药共捐银3391两7
钱，最多；洪白桐油共捐银156两3钱4分，钱2175千652文，位居第二，育
婴捐收入主要来自洪白桐油和川南土药。在厘金征收中对土药课以重税，
以育婴捐每石捐银八分，能计算出土药市面总额42396.25石，再以最初的
每石18两白银计算，七年土药厘金合计白银763132.5两，每年土药厘金收
入十余万两。当然，此时土药抽厘已经不止每石18两白银，早已高出这个
数目很多了。洪白桐油、茶油、各色布匹等因不知具体价格，无法计算。

表5-3 《育婴小识》所载光绪十六年至三十年，各帮货物育婴捐情况

	洪油帮	土药帮	茶油帮	布匹帮	广唐帮	南货槽坊帮	丝烟帮	黄州布帮
十六年	银35.44两，钱305串394文	银226.45两，钱32串118文	钱103串168文	钱100串	银33.78两，钱35串170文	钱28串	钱9串360文	—
十七年	钱382串24文	银167.67两，钱24串825文	钱35串664文	钱100串	银37.61两，钱16串580文	钱21串	—	钱12串
十八年	钱326串392文	银217.25两，钱64串250文	—	银10两	钱61串668文	钱24串	钱5串	钱3串744文
十九年	钱399串704文	银58.1两，钱22串	钱7串916文	30.13两钱20串160文	钱46串572文	钱26串	—	钱3串800文
二十年	钱529串464文	银128.8两，钱37串220文	钱10串44文	钱77串888文	钱73串834文	钱19串	—	—
二十一年	银3两，钱349串684文	银171.82两，钱44串380文	钱41串548文	钱134串32文	钱72串260文	钱34串	—	—

续　表

	洪油帮	土药帮	茶油帮	布匹帮	广唐帮	南货槽坊帮	丝烟帮	黄州布帮
二十二年	银2.17两，钱237串656文	银104.1两	钱48串96文	钱107串888文	钱59串254文	钱24串	—	—
二十三年	银59.37两，钱82串784文	银108.51两，钱39串	钱29串300文	银0.13两钱117串，955文	钱82串690文	钱24串	—	—
二十四年	钱339串444文	银79.11两，钱136串986文	钱112串216文	钱128串220文	钱91串394文	钱24串	—	—
二十五年	银191.07两，钱135串384文	银70.37两，钱108串476文	钱59串808文	钱126串464文	钱77串392文	钱24串	—	—
二十六年	银166.67两，钱237串144文	银155.33两，钱60串796文	钱15串998文	钱138串977文	钱53串850文	钱24串	—	—
二十七年	银47.25两，钱139串400文	银81.28两，钱35串604文	钱11串408文	钱153串664文	钱67串92文	钱24串	—	—
二十八年	银118.61两，钱236串128文5串488文	银125.09两，钱11串560文	钱3	钱143串182文	钱59串862文	钱24串	—	—

续 表

	洪油帮	土药帮	茶油帮	布匹帮	广唐帮	南货槽坊帮	丝烟帮	黄州布帮
二十九年	银269.66两，钱78串253文	银7.19两，钱5串990文	钱64串564文	银1.47两钱136串，186文	钱35串227文	钱24串	—	—
三十年	银394.18两，钱1串950文	银41.65两，钱21串856文	钱14串420文	银5.94两钱224串，953文	钱30串764文	钱24串	—	—

  洪江捐输后期以会馆帮会认捐为多，厘金征收依然遵照"大数用银、小数用钱"的原则，以银、钱为主，按照清政府规定一两以上必须收取白银，一两以下银两和制钱听由百姓自便。从光绪十六年至三十年各帮的育婴捐情况可看出，洪油帮从光绪二十四年开始，其市面贸易额不断攀升，洪油销量已达六七万担，厘金收入十分可观。此时，洪油厘金收入已逐渐超过土药厘金收入，在光绪三十年达到顶峰。

三、厘金对地方经济社会的影响

  厘金在全国推广后，与田赋、盐课、关税一起构成晚清的四大支柱性财政收入，为清王朝镇压农民起义提供了大量军费，增加了清王朝的财政收入，推动了早期洋务运动的开展，对地方经济社会产生了深远影响。

1.厘金强化了地方财政、军事权力

  厘金局的设立，改变了中央与地方的财政关系。咸丰以前，清代中前期清政府实行高度集权的中央财政管理体制，财政管理完全集中于中央。从管理机构来看，在中央设户部，主管全国财政事务；在各省设布政使司，主管一省钱粮。布政使虽受总督或巡抚的节制，但并非其属员，惟听命于户部。因此，各省布政使司并非地方性财政机构，只是中央财政机构的分支或代理机构。财政大权以及税收和开支均由户部统一管理。太

平天国运动爆发后，为缓解连年征兵带来的财政困境，清廷只得下放财权，据《清文宗实录》记载，于1854年提出"以本省之钱粮，作为本省之军需"①，允准地方各省征收贸易税——厘金，实际上是承认地方截留的合法性，使厘金成为地方政府主要财政来源之一。因此，从厘金局设置开始，朝廷就默许了地方督抚和统兵大员在机构设置、管理上的权力，将厘金的征收、管理、支配等财政权力下放到地方，并最终导致了相对独立的地方财政管理体系的形成。可以说，厘金局的设置改变了晚清财税体制，扩大了地方财权，推动了地方财政的形成。

同时，厘金局的设立也加速了军队地方化的进程，推动了地方武装的建立。咸丰元年的太平天国运动给清政府建立的传统社会秩序以沉重的打击，原来建立的经制军队，如八旗部队、绿营部队不堪一击，在太平军进攻下节节败退。为维护原有统治秩序，清廷不得不命令在太平军占领或活跃的省份大办团练，使出身于书香门第的儒生士子和山野农夫投身于行伍之中，以抵抗和镇压太平军。但是，军队招募后，给养就是一个更为重要的问题。"团练之难，不难于操演武艺，而难于捐集资费。"②饷银发放直接影响军队的存废、士气的高低乃至战争的胜负，尤其是以山野村民为主体构成的武装，丰厚的军饷是维持和激发其战斗力最重要的因素，而厘金正是当时提供地方武装饷源最主要的来源。

曾国藩在创建湘军时一直奉行厚饷养兵的原则，抽取厘金是其湘军饷源军需中比重最大、影响也最深远的筹饷方法。因此，连曾国藩自己也不得不承认厘金收入是湘军的"养命之源"。《育婴小识》载："湘乡曾文正公创练湘军，一时名臣宿将，率以乡兵立功，削平大憝，当时各府州县官吏，荐绅先生，盖尝督其乡之属，日从事于团练，而各村镇关市皆有公局之设。""十日初四日于陕西馆别开团防局，改由十馆绅商经理，期收实效。募练一军，助防备剿。旗械一切，而不禀于官，率皆就此筹备。酌议店户大小，忍抽月捐作为经费。于是相地修筑西南等关。始讲求自守之

①　清实录·文宗三·第一二二卷，北京：中华书局，1986：109.
②　曾国藩. 曾国藩全集·奏稿一 [M]. 长沙：岳麓书社，1987：40.

法。六年正日，苗再至托口，为团勇水师堵截。"这里记载了曾国藩在湖南大办团练、创练湘军的情形，也记载了洪江团练以土著士绅主持经理，招募丁壮尝数十人训练。设公所于七属馆，后又于陕西馆设立团防局，招募训练成军队，用于助防备剿，所需团防经费以本地店户货物月捐抽厘供给。湘军地方抽厘助饷情形可见一斑。

这种抽取厘金就地筹饷的方式对军队的影响重大而深远。它虽缓解了晚清政府筹措军饷的燃眉之急，一定程度上延续了清政府的统治，但由于中央政府一开始就将厘金的征收、管理、支配等财政权力下放到地方，不仅改变了中央与地方的财政关系，也改变了地方督抚与军队的关系。太平天国运动之前，所有军饷由国库供给，清中央政府是军队的主人。太平运动之后，军饷由地方筹集，地方督抚成为军队的主人，集军队管理权、指挥权、财权于一身，动摇了清王朝"兵为国有"的国策，形成"兵为将有"的局面。因此，厘金局的设立与推广、地方督抚的事权归一，成为后期军阀割据、拥兵自重的前奏，对军队的地方化进程起到了推波助澜的作用。

由于厘金的重要作用，厘金局设置之处不仅是商业经济繁盛之处，也是重军把守的军事要地。洪江上扼滇黔，下控岳鄂，南趣桂林，北塞溪洞，重峰叠嶂，三江合流，水运交通便利，成为商家骈集、货财辐辏的水运码头，地理位置十分重要。咸丰时期，随着朝廷在此设立厘金局，更使其成为湘军饷源重地。当时的洪江市面，桐油、木材、土药三足鼎立，市面十分繁荣，尤其是土药厘金，收入十分可观，为湘军平叛提供了大量军饷。由于源源不断的厘金收入，洪江引得各路武装觊觎。据《育婴小识》载："自降苗之复叛也。不东窜广坪连山，即西窜朗江而出托口，歧而扰芷江，掠晃州。豕突狼奔来去飘忽。究其所以耽耽之故，无非窥伺洪江之膏腴。狙伏乘虚，觊觎侥幸。官军东西蹀躞，喘息不遑。""黔匪首难，结峒苗窥沿边，跆蹯几无虚日。咸丰七八年间，尤垂涎洪市富饶。""公随事策应，落其机牙，逆计悉不得逞，又详陈形势，得请大府，以同知邹汉章水军驻防。是为洪江有师船之始，至今仍之。"为守护洪江这一饷源重地，曾国藩在洪江分驻一个水师营，并在沅水和巫水上设置炮船，重军把守。因此，厘金局的设置强化了洪江在地方经济、军事上的重要作用。《育婴小识》载："洪江为重镇。先事划除伏莽，不遗余力。内讧净绝，外患遂无自而生。故虽州城被围，县城再陷，沿边叠警，附近数十百里内村墟寨落之惨破蹂躏荼毒者，至不一其次。愿以蕞而弹丸，卒能屡抗大敌，历二十余年无匕鬯之失，而独称完善者，其故不大可见哉。"作为湘西重镇，洪江为各路军事力量觊觎，导致外患滋生，所属州府、县城及附近数百里战乱不断，但洪江仍以弹丸之地，二十余年不见兵革，无非是以其源源不断的厘税收入，得到朝廷的鼎力庇护。

与此同时，由于有了稳定的财政收入，地方也开始建立武装队伍，用以地方防卫。《育婴小识》载："同治五年以后，乱云极矣。于是人自为守，认真团防。墨间尝别练一军。事急募至六七百人，缓亦百数十人，兼以其时制器械，峙糇粮，设关险，葺道路，当务为急。前后用经费至十余万缗之多。月捐既停，议以一二五成抽捐房产佃租济用。不足，复由十馆派捐。大都客籍殷商，就地竭力筹备，同仇敌忾，众志一心，则巡检王英杰实主持之。"从中可知，同治五年以后，太平天国农民起义虽为朝廷镇压，但湘西仍纷乱不断。为护卫地方太平，洪江地方自筹经费，自练一军，多达六七百人，并配置武器装备，由巡检司带领，成为地方武装力量。

辛亥革命后，厘金制度为北洋军阀所沿袭。军阀连年混战，军费开支庞大，中央和地方军阀都把厘金作为维护统治的重要财源。由于厘金带来的可观收入，洪江受到各路军事力量的高度关注，一度沦为军阀割据的必争之地。各路军阀一来洪江，即找十馆首事，提出种种要求和条件。当时军阀有个形象的语言，把洪江称为"三地"，即战争费用的"财源地"，黔军称之为"发祥地"，湘军称之为"镇守地"。归总一句话，给养和需索都由十馆筹措解决。

2. 厘金推动了地方公共事业的发展

厘金对地方的作用大致可分两个阶段：第一阶段是从实行厘金制度的咸丰三年至同治三年（1853—1864年）平定太平天国运动前期。此段时间厘金主要用于军队筹措饷源，厘金收入和支出虽为地方督抚管辖和控制，但除建立一系列地方的财政管理机构和维持厘金局运转外，厘金对地方经济与建设的作用微乎其微。第二阶段是从同治三年直至清末年，平定太平天国运动后期。此时，战争告竣，厘金的使用范围逐渐扩大并转变成中央与地方共享的财政收入。厘金除继续为清政府提供军费开支外，对地方经济与管理的作用开始显现。如除了军费开支，地方政府还围绕公共秩序、传统的地方福利等公共开支，开征了各项团防、保甲、学堂、路桥基建与慈善义举等名目的厘金附加货捐。

在洪江，厘金除正税外，还有清剿附加、落地捐、监运费、公路基建捐、育婴捐、公会捐等，维护地方的公共秩序首要的开支是防军费用，此外还有用于地方治安、缉盗的费用。"咸丰三年，始行团练法……其时，湘乡曾文正公创练湘军，一时名臣宿将，率以乡兵立功，削平大憝，当时各府州县官吏，荐绅先生，盖尝督其乡之属，日从事于团练，而各村镇关市皆有公局之设。兴日久，改团练为保甲。"团练主折冲御暴，保甲则惟事稽查户口，维护治安。另外，由于地方对于厘金收支拥有较多自主权，也推动了文化教育、路桥基建、民政慈善等地方公共事业的发展。如最早修建横跨巫水的雄溪大桥，系由监护大队队长谢龙倡导，绝大部分经费是由各特商捐款而成，并修建了通向龙船塘的道路和中山公园。

王家烈驻洪期间，向特商们集资（每股100银圆）修建怡园大舞台，并向北平聘请了三庆大京班演员数十人来洪演出。与此同时，洪江办学堂兴教育，赈灾救济，积谷备荒，创办育婴堂、恻隐堂，增建保赤堂，设置义山、义园、义渡，所需经费也依赖厘金与其附加税的征收。如《育婴小识》载办育婴堂所需经费，"乃取近世一文六文费章程之善者，变而通之货殖，按月输捐，裒挹注于众擎。"后因经费拮据，"筹定帖捐之羡，以接济其不足"。后期，帖捐也为洪江育婴堂经费大宗，洪白桐油牙帖，光绪十二年（1886年）捐银二百两，十三年（1887年）捐银五百两，十四年（1888年）捐银五百两，三年共收捐银一千二百两。

厘金还促进了地方自治意识的兴起。秉着以地方之财为地方用的宗旨，洪江以地方人任地方事，以本地之绅民，集本地之款项，图本地之公益随处可见。清代，洪江无商会组织，市场亦无行业之分，只有地域之别，商业、手工业均隶属十馆之下的某一会所管辖。各会馆均收取会员经费，有的集资颇巨，拥有大笔不动产、房产，故会馆又成为经济组织。清朝统治阶级在洪江没有设立政权组织，虽设有"汛""巡检司"一类的职司，但都系军事、治安性质，一般民政、教育、建设、慈善甚至团防、保甲、民事纠纷等，都由十馆办理。当时，国民公呈禀帖，州、县谕示，统由十馆绅商出面办理。由此可见，十馆集政治、经济于一身，俨然又是一级统治、管理百姓的政权机构。会馆成为具有近代意义的地方自治组织。从当时十管公所的有关章程中，我们可以看出其中自治意味很浓。当时，十管公所的重要活动就是讨论地方兴革事件，在地方风俗、疫病、兵马、钱粮、慈善、义举等方面提出方案，经讨论后奏请政府批准实行，此实为地方自治的酝酿。

3. 厘金的弊端及厘金局的裁撤

厘金作为晚清时期新增的一种工商业税，既有通过税性质，又兼有出产税和交易税或营业税性质。其得以开征和不断推广、发展，一定程度上反映了中国近代商品经济和市场的发展，但它的产生具有偶然性，只是一时的变通之计，缺少完善的制度设计，从一开始就是一种极不规范的商业税。从清政府公共职能和中国早期现代化启动的角度来看，如果把厘金在清廷各级政府公共职能和中国早期现代化启动的资本原始积累上所起到的作用视为正面效应的话，那么厘金制度所产生的更多是负面效应。

首先，厘金制度本身存在许多弊端。一是局卡林立，层层抽捐。"五里一卡，十厘一局"成为普遍现象，如洪江弹丸之地下设黔阳、河下、渔梁、滩头、大湾塘5个分卡。由于官员重重盘剥，增加了流通环节，严重阻碍了商品流通。二是名目繁多，不问巨细。自咸丰以来，厘捐名目即有卡捐、饷捐、房捐、铺捐、船捐、炮船捐、盐捐、米捐、板厘捐、草捐、芦荡捐、落地捐，以及钱捐、牙厘捐、树木捐、茶捐、串捐等。光绪后期甚至还有肉捐、赌捐、彩票捐、牙户捐等，征收对象异常广泛，不仅包括流通领域的全部商品，甚至一个人由出生到死亡日用所需之物，无一不在被征之列。三是税率不一，各自为政。厘金制度从一开始，就没有统一的章程，地方各自为政，自定章程，致使各地税率很不一致，且有越来越高的趋势。由于清政府未能对厘金的征课形成强有力的控制，厘金征收往往成为地方的一种权益。于是假借厘金之名，各种浮征勒索，肆意盘剥手段层出不穷，成为晚清吏治腐败的温床。因此，厘金制度加剧了农民和手工业者的破产，使广大民众的生活更加困苦。"厘金之设，名虽病商，实则病民。"①

其次，厘金制度使本国商品在与洋货的竞争中处于劣势。因为厘金只征华商，不征洋商，只征土货，不征洋货，使中国商品在与洋货竞争中处于不利的地位，扼杀了民族工商业的发展，为外国侵略者倾销商品大开方便之门。另外，厘金成为地方拥兵自重、吏治腐败的经济基础。各地军阀割据一方，拥兵自重，对厘金具有充分的管辖权，从而使厘金收入成为地方财政的一项重要来源，用以供养、扩充自己的军队。因此，厘金成为各地军阀混战，抢夺地盘的资本，给近代中国政治、经济带来无穷灾难。1931年1月1日，国民政府宣布裁撤厘金以及类似厘金的各类通过税。

第二节　洪江汛把总署

洪江古商城汛把总署位于古商城育婴巷，坐南朝北，始建于清雍正六年（1728年）。汛，古同"讯"，是清代兵制的基层单位。把总，官名，低级武官。署，则指办公处所。清制，绿营以千把等弁分领汛地，并于沿边沿海沿江处所及关津要隘、大路通衢等按段设立墩塘，分驻弁兵防守，叫作防汛。由此形成的防汛制度，成为清朝绿营兵制的重要内容。绿营防汛通常人数不多，普遍仅有十数名甚至数名兵丁，却见缝插针，设驻在几

---

① 李文治．中国科学院经济研究所中国近代经济史参考资料丛刊（第三种）：中国近代农业史资料（第1辑）1840—1911[M]．北京：生活·读书·新知三联书店，1957：375.

乎所有军事、交通、经济要地，担负着缉捕匪类、维护治安、守卫地方的任务，形成遍布全国的绿营防汛体系。洪江古商城汛把总署是清朝绿营防汛制度下的历史遗存。

一、绿营防汛在洪江的建立

清朝的经制军队（正规军队）由八旗兵与绿营兵两大部分组成。清朝入关后，八旗兵力不足20万，难以控御天下。为弥补八旗兵数量之不足，遂收编明之降兵及招募丁壮，组建经制的汉兵武装。因八旗分用黄、白、红、蓝诸色，遂令汉兵皆用绿旗，是为绿旗营，以示与八旗有别，简称"绿营"。《嘉庆大清会典·卷三五·绿旗兵》云："定鼎后，汉兵令皆用绿旗，是为绿营。"[①]八旗兵以骑兵为主，为清朝嫡系，绿营兵则以步兵为主。

绿营兵作为一种军事制度，是清朝承袭和改进明代于边疆、沿海、苗疆、要害地区设立的镇戍制的结果。不过，明代地方镇戍主要集中在边境，实行重点驻防，而清朝则在统一全国的过程中，在各地陆续设置绿营，使之遍布城乡，形成对全国更为严密的统治。"凡直省形胜要地以次分遣八旗兵驻守，其绿旗官兵复随都邑之大小远近，列汛分营，立之将帅，授以节制。于濒海濒江又各设水师营以守之。凡弹压控制之道益详且密。"[②]每一区域内，"按道里的远近，计水陆的冲缓，因地设官，因官设兵，兵有定数，饷有定额"[③]，并逐渐形成"标、协、营、汛"逐级布防格局。总督、巡抚、提督、总兵所属称"标"，副将所属称"协"，参将、游击、都司、守备所属称"营"，千总、把总、外委所属称"汛"。

汛是绿营中最为基层的组织，由协或营中分拨出部分兵弁，其驻防之地称为汛地。汛多分布于各州县及交通孔道旁，是维护地方治安的主要力量。因为汛地与"讥诘往来行人"有关，又被称为"讯地"。重要的汛

---

① 龚延明．中国历代职官别名大辞典［M］．北京：中华书局，2019：681.
② 清实录（第12册）（卷二三二至卷三〇五）［M］．北京：中华书局，1985：12.
③ 罗尔纲．绿营兵志［M］．北京：商务印书馆，2017：202.

地，也有以都司、守备为专汛的情形。另外，也有千把之外，再加设外委千把为协防的，各因时因地而异。每汛兵员，数名至数十名或上百名不等。汛下更小的塘汛墩铺，普遍有兵无弁，从一二名至数名不等，多数二至六名左右。墩、塘一般设在交通沿线，大路通衢，每五里、十里设一墩塘，又有隔二十里、三十里不等的，全根据冲僻因地制宜。墩塘属于分段而设，使兵丁各专责成；铺、卡等一般比塘小，兵丁相对也更少。

绿营汛基本按照一县一汛的原则加以设置，主要驻守在县城或其下的市镇、乡村，以增添政府在当地的防控能力。《会同县志》载："雍正六年（1728年），将把总四员，一驻黄泥关，一驻会同县，一驻洪江，一驻通道县城。此会同县城及洪江设立之始也……洪江汛，凡千总把总外委所统帅的绿营兵通称汛。其所驻防地称汛地。分防兵额五十一名：内马兵五名，战兵一十二名，守兵三十三名，字识兵一名。营房十六间。"由于洪江商贾辐辏，商业繁华，作为重要市镇，洪江在雍正年间设立汛。此时，也是雍正在大西南实施改土归流政策的第二年，体现了清朝对大西南治安防御制度的加强。由此，也可看出，在城镇要地、重要交通线及沿河津要、关隘地区广设塘汛，成为清政府控扼苗疆番界的重要手段。作为水上交通要道，洪江在汛下还设有铺递，境内有川岩铺、横岩铺、竹瓦溪铺，三铺通黔沅，各有兵丁五名。

汛虽然是清朝绿营的一级编制，但驻防兵，存城、存营。营以下的建制并不称"汛"，而是"哨"，有左哨、右哨之分。"哨"之下是"司"，有头司、二司、三司、四司之别。《育婴小识》载："向驻洪江巡检司一员，额设弓兵二十四名，嗣表裁减，实存一十六名。分防洪江汛（右哨二司）把总一员，额设战守兵五十一名，裁存四十二名。协防马蹄坡额外一员，拨驻守兵五名（马蹄坡为上硝大道游匪劫抢往往而有，颇为行旅之害）。前此十数年间，皆洪首团防局，派壮丁巡缉。光绪六年，撤局。后始奉派额外一员于洪江汛抽发，兵丁五名驻守，其营房由团防经费捐建。"这里记载了洪江军事设置的大致情况。作为水上交通要道，商业重镇，除了设立汛，还有"哨""司"等绿营建制，并驻有巡检司。

二、洪江绿营防汛兵的兵源、兵种、兵饷、职责

兵源　绿营初建时，其士兵来源于降兵和招募，后来根据清廷的统一规定，便逐步过渡到土著制和世业制，即光绪二十七年刘坤一、张之洞裁汰绿营奏折中所说的："绿营……兵皆土著，……世业之兵。"①所谓"土著"，就是招募本地人或有原籍具保的外地人当兵，不收外来无籍之人。兵士有缺额时，主要于士兵的子弟中挑补。洪江汛防兵实行募兵制，一般招募世家兵籍的子弟，大多数为洪江、靖州、会同、黔阳人，入伍后即终身服役。

兵种　绿营兵分马、战、守三个兵种，马兵与战兵系步兵，守兵亦系步兵。这三种兵也是三个等级，守兵升战兵，战兵升马兵，马兵和"精习鸟枪"或弓箭的战兵，在外委有缺时，也可升补。武器使用以冷兵器为主，亦使用火枪等武器。

兵饷　绿营的营制各项规定，一般是以营为单位的，各防汛分散各地，但汛弁一般只有带兵的权力，凡是一应公费恤赏银两支出以及兵丁的拔补升迁和招募等，都由本营负责。绿营兵兵饷法定收入有粮和饷两部分组成。

《会同县志》载："马兵每岁支银二十二两八钱。马干银在外。战兵每岁支银十七两四钱。守兵每岁支银十一两六钱四分。外委养廉（加给俸禄，以养官吏廉洁之心）一马一战。把总养廉，一马一战，三守。以上饷银，靖州协于春秋二季差员于藩库请领，按员按名支给。又马战守兵，每名每月支粮三斗，岁支米三石六斗（原注：在县仓南秋米项下，按月支领。小建扣减，闰月增加）。又马战守兵，每遇红是赏银二两，白事赏银四两（原注：在恩济当息银项下开支，不敷赴盐道库领补）。把总每名，坐马两匹。外委，马一匹。马兵十五名，共马十五匹。以上各马，每匹价除报销倒毙外，净银十二两，每匹马干银十两二钱，冬春共七两二钱，夏秋共三两。"

这里详细地记载了马战守兵由于兵种不同，兵饷也不同，但都比较

---

①　门岿. 二十六史精粹今译（四）[M]. 北京：人民日报出版社，1995：2642.

低。马兵月支银不足2两，战兵月支银1.42两，守兵月支银不足1两；每月三斗米，以一斗米18斤计，则相当于今天的54斤（如以一斗米12.5斤计，则每月仅37.5斤）。清朝绿营的粮饷章程是在顺治元年至五年间形成的，尽管随着时间的推移，物价等已经大为改变，这一低饷却一直维持至清末，没有大的改变，以至于出现左宗棠在《筹拟减兵加饷就饷练兵疏》，见《左恪靖奏稿初编·卷三十四》中所指出的现象，"计每兵所得月饷，不足供一人十日之食，余二十日则悬釜待炊，衣履无出，其奉父母，养妻子者，更无论也。"①

职责 不同于现今军队以保卫国家、抵御外来侵略为主要职能，作为国家经制部队的绿营，主要以维护地方社会秩序等内部事务为重心，身兼国防军、警察和内卫部队的多重性质，体现了清朝"军政不分，军警不分"管理模式。因此，绿营兵职责非常广泛，主要为缉捕要案、防守驿道、护卫行人、稽查匪类四个方面，相当于民国公安局派出所及防护交通的路警。作为基层的绿营组织，汛在职责方面亦具有双重性。

其一，营汛系统是稳控地方的主要力量，承担着维护当地正常社会秩序的重任。如有民变及群体性事件发生，必须协同州县政府迅速、及时加以处理。其二，汛还须承担地方的各项差役事务，主要包括以下三个方面：1.治安巡查。职责内容涵盖地方失窃、抢劫、防火、私铸、私毁、私宰、邪教、械斗、赌博、拐骗、聚众、挟诈等各个方面。总之，州县文职衙门申禁的事宜基本上也是武职营汛巡查的内容。2.缉捕盗贼。缉捕盗贼也是武职营汛的重要职责。顺治年间，各地兵事方殷，军费开支十分浩大，同时各地又筹建绿营，即所谓"得一省必镇定一省"②，使得本已紧张的财政状况进一步恶化。为应对上述危机，清廷在大规模裁汰佐杂官员、压缩地方行政经费的基础上，又大量裁减负有捕盗捉贼、治安巡防、解犯

---

① 〔清〕左宗棠. 左宗棠全集·奏稿三 [M]. 刘泱泱，校点. 长沙：岳麓书社，2014：111.

② 钟文典. 广西现代文化名人学术著述精选：罗尔纲文选 [M]. 桂林：广西师范大学出版社，1999：295.

护饷职责的役、民壮。这就迫使大量本属州县衙门差役负责的工作改由绿营兵来承担。因此，镇守防控兼具各种差役是清代武职营汛的一大特色。

3.缉私违禁。由于私盐泛滥以致官盐滞销，影响国家财政收入，故此清政府对贩卖私盐的行为持严厉打击的态度，并把它作为营汛缉私的重点。

三、绿营的腐败与裁撤

乾隆中期以后，政治日渐腐败，军队亦如是。加以绿营平时训练注重形式，不尚实际，兵士散居防汛，杂处民间，承平日久，缺乏实战锻炼等原因，全国绿营便日趋腐化与败坏。据资料记载，全国绿营中，钻营、奉迎、取巧、油滑、偷惰、克扣、冒饷、窝娼、庇盗、开赌场、吸鸦片等现象，比比皆是。这种腐败现象，清人称之为"绿营暮气"或"绿营习气"。太平天国起义后，绿营遇敌辄靡，作为国家经制之师的颜面丧失殆尽，虽然实施了"裁兵加饷"用以提高绿营战斗力等一系列改革措施，但终究难挽颓势。

中日甲午一役，洋务官僚苦心经营的北洋海军全军覆没，从湘淮军脱胎而来的防军一溃千里，更不要说八旗、绿营的不堪一击了。残酷的现实使清廷不得不承认，同治朝以来的整顿绿营并没有从根本上带来军伍的振兴。自此，朝廷一改此前扶植绿营的施政思路，转而主张"汰旧创新"，谕令各省挑留三成精壮，其余老弱一概裁撤。不过，绿营的裁撤因为地方缉捕防汛任务无可卸肩而进展缓慢，直至其防汛和巡缉任务有新的制度和机构加以落实，各地巡防营和近代巡警开始确立。民国初年，绿营被改编为警察性质的地方治安卫戍部队，成为民国时期警察的滥觞。绿营防汛制度随着清朝的灭亡而寿终正寝。

自嘉庆年间起，在洪江讯担任把总一职的有段芝兰、肖本殷、阎中驹、佘江龙、郭风兆、杨胜登、刘清太、吴支升、王才嘉、徐顺清、谢联甲、杨绾锋、陈兆禧、庄使之、陈德昭等人。民国时，讯把总署废除，署衙被洪江商人徐永昌买下，简单装缮后，作商居使用。现今，讯把总署依然保存着一座单进三开间木质穿斗式二层建筑，为回廊式布局，单檐重屋，斗拱造型。建筑用料讲究，窗格雕花精美，木刻工艺精湛。天井居中，用以通风采光。四周栏杆壁面上，还刻有"对天勿欺，居仁由义，待人以恕，罔谈彼短"等训言警句，告诉世人为官之道和做人原则。讯把总署建筑风格别致，兼有徽派居民特点和沅湘本土特色，具有较高的历史文物价值，现为全国重点文物保护单位。

第三节　洪江商帮会馆

一、商帮形成的原因

清中叶以后，随着世界资本主义市场进入中国，国内资本主义工业也开始发展起来，商品交易空前发达。洪江商人由于擅长经营商品交易的智慧和才能，乘势崛起，成为一支重要的社会经济力量，雄踞于大西南。当时的洪江有二十几家钱庄，三十几家票号，九大银行，盛极一时，"货币流通，占全省第二"，是大西南金融划拨中心，其经济实力下与全国十大商帮相比，也难分雌雄。为了应对竞争，扩充市场，迎接各种各样的挑战，洪江商人结帮互助势在必行。

商帮在异地贩货经商的外乡商人遭受欺凌是常有的事情，路途上强盗响马多如牛毛。显然，在这种情况下，单枪匹马在商海中闯荡，总是险象环生，只有结成帮伙，才能借助众人的力量克服经商中遇到的困难。在结伙中，当然只有同一血缘和地缘的人是最佳伙伴。同一血缘的人结伙很好理解，毕竟打虎还靠亲兄弟，例如，注重宗室关系的洪江徽商往往使用同族人经营生意，然后才利用地缘关系形成帮伙集团。地缘关系会成为商帮形成的重要联系纽带则是由于长期的农耕习惯和封建统治使然，中国人普遍重土轻迁，一村一乡一县的人，相互间世代为邻，姻亲互联，不仅人格品行颇为熟知，而且具有其庞大的家族血亲在当地的质押性质，就形成了所谓的"跑了和尚跑不了庙"的信用关系。其次，同一地域的人生活习惯类似，使用同一方言，就形成了一种无形的文化圈子，把不同地域的人区分开来。不同地缘关系形成的一个个圈子由小到大，人际关系也由近及远。圈子文化一个重要的特点在于其一定的行为规范，谁违反圈子内的规则将会遭到圈内所有的人的谴责，甚至被强行清理出这个圈子，这种威胁对圈内人形成了强大的约束作用。

正因为明清时期洪江商人一开始就借助血缘和地缘关系结成团伙经商，推动了商业的稳定和扩大。借助这种帮会组织，洪江商业组织加强了交流，各地商帮会馆的建立为这种交流提供了便利。不同商号的商人之间，不仅在信息沟通、经验交流、统一行动计划方面相互合作，而且也在诸如资金拆借、货物调剂、器具借用、结伴采购、运送捎带货物方面相互支持。这样一来，商业信誉更强，也更有保障。

二、洪江的"十三行帮"和"五府十八帮"

洪江商界形成的"十三行帮"为钱庄行帮、油业行帮、木业行帮、绸布行帮、盐业行帮、茶业行帮、广货行帮、南货行帮、瓷业行帮、粮食行帮、首饰行帮、纸业行帮、烟酒行帮，几乎覆盖了洪江所有的贸易活动。

五府指长沙、衡州、宝庆、常德、辰州五府，均由来自湖南本省本土商人组成。十八帮包括江西帮、江苏帮（又称邵伯帮）、花帮（湖北大冶）、黄州帮、益阳帮、长沙帮、常德帮、黔阳帮、天柱帮、沅陵帮、汉口（武汉）帮、湘乡帮、衡州帮、京苏帮、麻阳帮、会同帮、溆浦帮、芷江帮等。另有不隶属于商会的木商"八帮"（外地来洪购买木材的商人）和鸦片烟业的特商公会，其中的油号、木业和特商公务占据了绝对的地位。

"十三行帮"和"五府十八帮"实则为洪江商帮内部行业公会。有研究者指出："每个行业公会各自订有规章制度——会约，凡本公会会员都得严格遵守，如米业商人制订的'永定规约'、木行公会的'六帮木业启事'等。老会员要按时缴纳会费，新会员要交纳入会费后才能营业，会费的多少由各公会自行议定。有些公会用收得的会费购置会产修建会馆并按期举行祭祀行业祖师爷的庙会。同时各行业的经营场所也有固定的街道或区域，彼此互不干扰：如木行设于犁头嘴河边，便于接待木客，照管木排；米行、米店集中在米船停靠的宋家码头至廖码头一线，旧称米厂街（今已废）；纸行设在姜鱼街至三甲巷河街（位于巫水河边，今已废）；瓷铁业主要开设在三甲巷至一甲巷码头（旧称正街），宋家码头和三甲巷码头亦成为主要装卸瓷铁的码头；绸布、百货、南杂等商店集中在犁头嘴至廖码头（今沅江路、巫水路）一带，商店林立，百货纷呈；堡子坳、老街则是手工业者的行业街道；一甲巷为原四大富贾后八大油号的富宅和商号所在地；而龙船冲、塘冲一带则聚集了钱庄、报社、机关；木栗冲和余家巷主要是烟馆、妓院巷，也称'堂班'和'窑班'，等等。"①行业公会是经营者为了防止竞争、保护自身利益而建立起来的工商业团体，它有利于同乡、同行工商业者内部的团结，在一定程度上促进了工商业的发展。但是，由于它们排斥外乡、外行的竞争，封闭性很强，门户之见很深，又不利于商品经济的进一步发展。

三、商 会

商会是随着中华民国《商会法》的颁布而出现的。民国四年（1915年）洪江商会成立；民国十六年（1927年），镇商会下设米业同业公会，会址仍设在炎黄宫；民国二十年（1931年）四月成立洪油业、钱庄业、绸布业、药材业、书纸业、金银首饰业、广业、油盐南杂业、烟业、酒业、衣庄业、瓷铁业、木业等同业公会。另有不隶属于商会的木商八帮和鸦片烟业的特商公会。商会会址原设洪盛码头，后迁长码头。商会主管人员初称会长，后改称主席。从创建至1949年9月，先后选举产生十一届商会主管及协理人员。商会设主席和常务委员五人，处理日常事务：（一）调解会员纠纷；（二）推行公益事业；（三）与当地军政机关洽商事项；（四）送往迎来，交际应酬；（五）经常为当地驻军、政府募捐。商会是以工商业资本家为主体组成的商人团体，商会的建立与发展适应了当时的社会经济发展的需要，说明中国新兴资产阶级已作为社会上的一支重要力

---

① 蒋学志. 从洪江古商城看中国近代商业管理模式的变迁 [J]. 湘潭师范学院学报（社会科学版），2006（5）：124.

量登上了历史的舞台。商会在保护工商业者利益、抵制外国资本主义经济侵略方面发挥了一定的积极作用。

第四节　洪江会馆

一、洪江十大会馆公所

清康熙年间，外籍商人为联络族谊之情，维护同乡利益各成一帮，相继来洪江设立同乡会馆、同业公所。十大会馆公所设在大佛寺内，祀关帝，由江西、徽州、福建、黄州、宝庆、辰沅、七属、贵州、衡州、湘乡会馆组建。十馆公所是这些会馆的联合组织，除协调十馆所属行业的商务外，还负责与官方交往，代办一些社会事务。各会馆的主管称职首或首事，十馆公所主管称总办或总理，办理日常事务的人员称值年。十大会馆公所不仅承担了经济组织的职能，而且还起到了政权组织的作用。洪江古商城内的市政建设和公益事业都是由十大会馆公所来管理承办的。

表5-4　洪江古商城十大会馆

会馆名称	馆名	建馆情况
江西会馆	万寿宫	明末始建于洪盛巷内，清康熙十五年（1676年）移建大河边桅杆坪。支馆有洞庭宫，乾隆三年（1738年）建于大河边
黄州会馆	福王宫	康熙四年（1665年）建馆于大河边
七属会馆	关圣宫	康熙十年（1671年）始建于大河边。支馆有飞山宫，嘉庆十七年（1812年）建于鳌龙坪
徽州会馆	新安馆	康熙二十年（1681年）[1]建于小河正街。支馆有苏州馆（1771年）、湖州馆（1775年）、青阳馆（1814年）、琴溪堂（1839年）

---

[1] 一说康熙四十五年（1706年）。

会馆名称	馆名	建馆情况
贵州会馆	忠烈宫	嘉庆二十二年（1817年）建于大河边桅杆坪，与江西会馆相邻
福建会馆	天后宫	嘉庆二十三年（1818年）始建于大河边，馆址设岩码头
辰沅会馆	波伏宫	建馆年代不详，设一甲巷，屡毁于火灾，乾隆四十二年（1777年）重建
宝庆会馆	太平宫	雍正年间（1723—1735年）建于大河边
湘乡会馆	龙城宫	雍正年间（1723—1735年）建于新街
衡州会馆	寿佛宫	道光二十八年（1848年）建于小河正街

二、洪江会馆的功能

会馆有五个主要功能。

其一，联络乡谊。会馆是身处异地的同籍为了互相照顾同乡利益，联络感情，"敦亲睦之谊，叙桑梓之乐"的同乡人的活动场所。

其二，会聚公议。同行业者为协调行业发展与内部问题、规范商业行为、保障共同利益的需要而设立的会馆。清代时古商城"十大会馆"不仅承担了经济组织的职能，而且还经营和管理古商城的市政建设和公益事业。古商城后来形成了"五府十八帮"行业公会，每个行业公会各自订有规章制度—会约，凡本公会会员都得严格遵守，如米业商人制订的"永定规约、木行公会的"六帮木业启事"等。十馆公所则为这些会馆的联合组织，除协调十馆所属行业的商务外，还负责与官方交往，代办官方委托的一些社会事务。

其三，是祭祀神祇的精神空间。在异地经商的同乡在精神上需要有所寄托，希望能平平安安，财路通天。古商域各会馆都会按期举行祭祀行业祖师爷的庙会。

其四，是庆典活动的场所。从外地移民而来的洪江商人都会在自己的会馆中建一个本乡本土的戏台，有时商业活动取得重大胜利时，也举办酬神和演戏的活动。古商城几乎每个会馆中都有戏台，原有约48个，现多已毁。各省会馆戏台林立的局面带来了多种地方戏的普及与交流，更重要的是这种在会馆进行的以观演、娱乐为媒介的民间活动大大促进了不同地域间文化的交流与融合。

其五，是帮助同乡的慈善机构。会馆还有从事慈善事业、维护社会秩序的作用。如宝庆会馆（太平宫）内办了"宝庆小学"，供宝庆籍商人的子女就学；十馆公所在光绪年间捐款接办了育婴堂，收养遗弃幼婴等。

三、洪江会馆的文化特点

1. 地域性

洪江会馆的文化是地域文化，受地缘关系影响极深。古商城会馆的同乡团体含有一定程度的同业组合的因素。旧时的洪江商业和手工业，大多为乡邻亲友相互推荐，各同乡会馆便自成行帮。如江西帮经营洪油、药材、书纸、衣庄等；陕西帮经营皮毛；福建帮经营丝烟；宝庆帮经营瓷、木、铁器作坊；湘乡帮经营槽坊、织染；麻阳帮经营帆船运输，等等。同乡会馆与同业帮会有着千丝万缕的联系。在同业帮会中又形成了若干地域帮口，如洪油业势力最大的为江西帮和邵伯帮，木业也按地域分黄州帮、江汉帮、金寿帮、长沙帮、益阳帮、常德帮、黔阳帮、天柱帮这八帮。

2. 世俗性

世俗性主要体现在以经济利益为重，以经济利益的追求作为主要驱动力和目标，把追求平安发财寄托在祭祀神灵保佑上，这是会馆习俗的重要组成部分，是一种普遍的社会习俗心理。他们对神祇顶礼膜拜，如拜"三官尊神帝主"，因为"地官"职掌"赦罪"，"水官"职掌"解厄"，"天官"职掌"赐福"，他们认为祭祀三位帝王可以消灾免难、改过自新和求得功名富贵、延年益寿、生意兴隆、财源广进。由于这种意识进入了会馆的日常工作议程，导致神灵崇拜深深地嵌入当时人们的脑海之中，与血脉融为一体，从而形成习俗。

3. 兼容性

十大会馆中的人员来自四面八方，会馆移民带来了其原生地的神祇文化，使洪江会馆神祇文化呈现出多元化的色彩，但要使差异性得到认可和融合，就要秉持对文化差异性的宽容态度，要相互借鉴、吸取。正因为这样，洪江传统祭祀文化得到了丰富和繁荣，同时，丰富多彩的祭祀仪式，使会馆成为传统神祇文化兼容的大熔炉。如排运业奉祀洞庭龙王；理发业奉祀罗祖；香铺业奉祀黄帝；戏曲业奉祀唐明皇；缝纫业奉祀轩辕帝；书纸业奉祀蔡伦；粮食业奉祀炎黄；木作业奉祀鲁班；药材业奉祀孙思邈；裱糊油桶业奉祀天王爷；屠宰业奉祀张飞；油盐业奉祀神农；铁作业奉祀太阳神君；鞭炮业奉祀火德星君；钱庄业奉祀赵公明元帅；棺葬业奉祀北极星君；棉花布匹业、排揽业奉祀九天玄女等。

据洪江《育婴小识·卷一·识十馆》记载，江西会馆又名"万寿宫"，职首代名"江宗盛"，祀许真君。徽州会馆又名新安馆，职首代名"昊鼎和"，含江浙五府（苏州、徽州、池州、湖州及宁国府），祀关帝。福建会馆又名"天后宫"，职首代名"福昌隆"，祀天后。黄州会馆又名"福王宫"，职首代名"黄齐安"，祀福王张瑞。宝庆会馆又名"太平宫""武宝馆"，职首代名"盛南都"，祀关帝。辰沅会馆又名伏波宫，职首代名"王有柱"，祀新息侯马援。七属会馆又名关圣宫，靖、会、绥、通、锦屏、天柱、开泰七县号称七属，职首代名"洪惟先"，共祀关帝。贵州会馆又名忠烈宫，职首代名"贵鼎新"，祀南霁云。衡州会馆又名寿佛宫，职首代名"衡锡龄"，祀寿佛。湘乡会馆又名龙城宫，职首代名"湘萃庭"，祀关帝。

由于这种兼容性，使得洪江商帮虽立足偏僻之地，但有"海纳百川"的胸襟，从不排斥外地商帮对本地地盘的渗透，且敢于吸收外地商人入己帮，从而推动了自身帮系的发展。洪江商人认为"天下的钱，应由天下人来赚"，对待顾客、商家，无论大小，都以诚相待。他们信奉"对天勿欺，待人以恕""居仁由义""吃亏是福"的警语。洪商"以义取利，利以义制"，用团帮精神和实力，征服客户和市场，开拓了洪江古商城的财富之路。

4. 契约性

会馆的组织与管理其重要目的就是建构商贸活动中双方或多方的契约性，通过不同形式的制度维持商业的运转，保证商业活动的正常进行。会馆主要推行三种制度：其一，朋合营利与合伙经营制。朋合营利就是一方出资，一方出力，有无相资劳逸共济。合伙经营是一个人出本，众伙而共商，也就是财东与伙计合作经营，一个财东可有许多伙计。洪江富商张积昌、高灿顺、朱致大、梁湘帆以及后来的庆元丰、刘同庆、刘安庆等都是采用这两种经营形式后发达的。其二，商帮群体会馆制。是在朋合营利和伙计制基础上，以地域乡人为纽带组成大群体。洪江商人来自全国十八个省，二十四个州府，八十多个县，在洪江设立的会馆，以江西帮为代表的"五府十八帮"和"十大会馆"为主。因利益需要，洪商组成了强有凝聚力的群体联系，这种不分地缘的商帮网络结构，是洪江商帮得以迅速扩张并在明末清初成为内陆山区的第一商帮的重要原因。在此意义上，洪江商帮涵盖了在洪江所有参与经商的外地人。其三，联号制和股份制。联号制是由一个大商号统管一些小商号，类似西方的子母公司，从而在商业经营活动中发挥了企业的群体作用。如洪江的"八大油号"就是采用这种产权与经营权相分离的经营形式。他们在洪江本土设立总号，在上海、重庆、武汉、贵州等地设立分号。这种联号制和股份制，使劳资双方均可获利，极大地调动了全体员工的积极性，在商业企业经营中起到群体作用。

5. 制度性

洪江帮会以义文化为核心，崇尚"孝悌忠信礼义廉耻"精神，注重忠义。帮会组织之间，没有上下级别，均以兄弟相称，但等级严格，一般分大爷、二爷、三爷、五爷、六爷、六牌、八大、九大和幺满，没有四爷、七爷。洪江五府十八帮，都有自己的商业码头，因经济利益时合时分，相互间要经常拜码头，称"行客拜坐客，英雄拜豪杰"。洪商会馆推行"义举"，即公益慈善。由各大会馆出面负责筹办，有"义山""义园""义渡"等，为流寓他乡的困苦之人给予庇护。同时，洪江商帮会馆会制定帮规，制定十条十款，作为道德规范。如帮会吸收成员，对会员有严格的考核，"王八戏子吹鼓手、烧烟剃头下九流"一律不收。加入帮会，必须找好三个承拜兄：一是引荐人，二是保证人，三是加入"堂口"的大哥，并宣读"开山令"，举行"开山"等仪式。

会馆规则也是细致明确，如清末江西会馆立有如下馆规：其一，南昌、吉安、瑞州、抚州、临江五府，每年选拔两人值年管事，轮到五年换届；其二，本馆财产房屋、装饰品、陈列品、古董、玩器等，任何人不得侵占，违者送官究办；其三，凡我同乡，必须团结互助，有从老家和外地来洪谋生者，必大力支持，帮助解决；万一谋事不成又缺盘缠者，则资助还乡，以免流落他乡；其四，同乡中要相互谅解，不准挑拨陷害，不准沦为盗匪，不准作奸犯科，不准乞讨，违者逐出万寿宫。再如，民国十三年（1924年）永州会馆组织永州八县商人共同制定《永定规约》三条：一是严禁变卖馆产；二是严禁未预缴年租者租住馆内房；三是会馆公举值首三年轮替，并刻石碑两块，分别镶嵌在大门内外的砖墙上。

各会馆在日常管理中一般设值年（当年）1—2人，由民主推荐产生，任期1—3年不等，负责主持日常工作。每个会员定期向会馆缴纳一定的会费。各会馆除每年举办几次大型的祭祀、喜庆活动联络同乡感情，增进同乡友谊以外，还制订相应的馆规民约，共同遵守。上述江西会馆和永州会馆的馆规具有一定的代表性。清咸丰年间，十大会馆在大佛寺设立了"十馆"公所，除协调馆与馆之间各种矛盾和商业经济纠纷，维护市场的正常秩序外，还出面为官府、驻军筹措军需粮饷，为地方筹集资金做好修桥铺路、赈灾、消防等社会公益事业，行使着同乡会、商业和行政的职能，对洪江古商城的经济文化繁荣做出巨大的贡献。

附：代表性洪商人物

宋学仕（1730—1796年），洪江早期商人。祖籍浙江省湖州府乌程县（今吴兴县）。清乾隆（1753年）年间来洪江经商创业，他善于捕捉商机，整合利用资源，占据市场，创建宋咸春槽坊，精心酿制名酒，品牌百年不衰。他不仅是洪江黄酒业的开拓者，亦是浙江湖州会馆的创建者之一，为促进洪江经济贸易流通贡献较大。

张书（1806—1893年），字益生，祖籍江西临川县。洪江首富。道光年间来洪谋生。从一斤大米一尺布起家。他懂玄机，善进退，勇于探索。同治三年，创办了"张积昌"油号，为"洪油业"创始人之一。同时他还兼营木材、布匹，自设集市贸易。在黔城、托口、会同、境县、贵州、天柱、镇远等地，设有100多个分号、分店，积资矩万，曾捐一品官职（未任）。他乐善好施，造福地方，惠及百姓。他的成就影响了几代洪江商人。

蒋炳堂（1826—1870年），祖籍江苏苏州。洪江富商。为人厚道，结友较广。1851年与福建商人林安臣、湖南会同商人黄兆雄，在洪江合伙经营小本生意。凭借四两银子起家，开办原春酱园作坊。他讲究诚信，注重质量，经营方式灵活多样，在销售上采取凭折记账提货、分比期付款的方式，赢得顾客信任，市场份额不管扩大，上至黔、桂、川，下至洞庭、长江，都有销售网络，逐步发展成为洪江制酱业首富。

高玉轩（1831—1911年），字逸少，江西省临江府新淦县（今新干县）人。洪江巨商。咸丰年间来洪创业。白手起家，先做小本生意，摆过摊贩，历经磨难，勇于打拼，逐步发达。于同治五年创办"高灿顺"油号。他在常德、汉口、镇江设有20家分庄，资产积蓄达百万银圆。他讲究商德，诚信经营、乐善好施、扶贫济困、仁义待人、提携后进、善待下人、重用人才，为洪江商界培养了刘岐山、陈昆山、余云山等一大批成功商人。

朱子萱（1868—1930年），祖籍安徽泾县人。洪江巨商。咸丰年间随母亲来洪江安家创业，历经苦难，先后开办丝线铺、布匹绸缎店、钱庄。因经营得当，管理有方，业绩辉煌。1880—1900年间，创立名牌"朱致大"油号，在汉口、镇江、南京均设有庄号，店职员达数百人之众，同时拥有七十余家店铺，除理发业、洗浴业以外，几乎垄断了洪江各个行业，可见财力之大，规模之广，为洪江的繁荣奠定了一定的基础。

梁湘帆（1860—1921年），字文鹤，祖籍河南开封。洪江巨商。出生湖南会同县，16岁来洪江做生意，靠卖凉粉糊口，后被朱致大老板收为学徒。因勤奋能干、头脑精明，很受东家重用，三年后升为管家理事。清光绪五年（1879年），独立门户，创办"梁德心堂"，经营木、油、盐、米、钱庄、苏广、丝绣、土产、南杂、洋行等，经营范围扩展到云南、贵州、汉口、苏州、杭州、南京、上海一带。资产巨丰。他为人慷慨豪气，时常义助贫民，为地方捐献善款甚多。

刘岐山（1847—1920年），江西新干县人。洪江巨商。在太平军当过兵（1860—1865年），离伍后回乡务农。因家道贫困，只身来洪江谋生创业。起先在"高灿顺"油号当学徒。因精明强干、胆识过人、业绩显著而升任为业务总管。1911年脱离高府，独立门户，从摆布摊做起，费尽心血，创建"庆元丰"油号。他善于捕捉商机，转变经营模式，周转资金投入再生产，节省成本，自办作坊，在上海、镇江、汉口等地设立分庄并兼营汇兑业务，拥有百万银两。他家大业大且心态平和，为洪江地方架桥、铺路、办学、出资出力最多。

徐东甫（1867—1937年），江西新干县人。洪江富商。16岁进同族富商"徐复隆"油号当徒工，勤劳苦干，多有建树。1915年自立门户，开设"徐昌祥"布店、"徐昌荣"油号。他广纳贤才，运筹帷幄，长操胜算，资本逾百万银圆，却居丰思俭、富不忘本、舍财济人，对社会慈善募捐有求必应。他秉承"业必自我，一创更创"的经营理念，臻富后，再次创业，拟将经营商业的巨额资本向机械化纺织工业转移，因战争缘故失利，但他壮志未泯，又以行善济世为目的，开设"济春堂"药店。中华人民共和国成立后家人将全部资产转交给当地政府。

刘松修（1880—1937年），江西新喻人。洪江富商。光绪初年，随父亲刘蔚斋来洪江创业经商，先后与同乡合伙开办"协和"钱庄，后改办"庆丰祥"商店、"刘同庆"油号、"刘安庆"油号。刘松修擅长管理，重视经济核算，建立了往来存欠比期挂牌，货物、生产、工具的盘存制度。他还善于用人，重视网络信息分析行情，注重产品质量，讲究诚信道德，让实利于顾客，关心员工福利，产业越做越大。在洪江工商界享有盛誉。曾当选洪江市副市长、政协副主席，受到过毛泽东、周恩来的接见。

陈昆山（1887—1917年），江西新干县人。洪江富商。拔贡出生，曾为"高灿顺"油号店员，因才干超群，升为汉口分庄管事。后独自经营，与其子陈秋壁开设"益丰仕"布店、"陈敦仁"药店，并兼加工、自制批发、零售业务，且在常德、汉口、上海、杭州等地设有布绸专庄。陈氏父子忠厚仁义、为人谦和、任人唯贤、见才不遗，为洪江商界培养了不少经营才俊。

杨竹秋（1870—1943年），洪江儒商。清末秀才，知书达理，胸存抱负。为循孝道，替慈母之劳，升官不就。1894年与人合资，独支门庭，掌管家业，开创名牌"杨恒源"油号。经营之余热衷于古玩收藏，中华人民共和国成立后，他将数百件珍贵文物全部捐献国家。

周质云（1876—1943年），洪江义商。13岁来洪江学徒，后独自经营纱布、生漆、桐油。苦心磨砺，俭而忘其苦，勤而忘其劳，广交游、重承诺、见诚信，富而不忘本，济困扶危，资助乡里，热心公益，人称义商。

杨金生（1860—1949年），洪江富商。出生寒门，经历坎坷，勤于打拼。做陶瓷生意起家，后经营黄豆、牛皮、水银、木材，创名牌"恰昌盛""慎昌森"。虽为富商，生活却极为俭朴，但待人厚道，慷慨大方，对洪江民族企业发展多有贡献。

聂干昭（1910—1990年），洪江富商。12岁来洪江当学徒，因勤奋能干，备受东家赏识。抗战期间，洪江人口剧增，吃粮问题十分严重，他投入股份创建"民生米厂"。中华人民共和国成立初期又更新设备，扩建厂房，改成"新生米厂"，公私合营时又加大投入改建"洪江大米厂"，从而彻底改变了洪江粮食全靠外运的历史。

四、洪江会馆简介

1. 江西会馆（万寿宫）

洪江的江西会馆始建于明朝末年，馆址在狭窄的洪盛巷。清康熙十五年（1676年）迁址到沅水江岸再建万寿宫，占地五六千平方米，是沅水中上游规模最大的万寿宫和最大的江西同乡会馆。据清嘉庆《会同县志》记载："万寿宫有正殿三进、左客堂、前财神殿、右观音阁。前为花厅，后为戏台。大门外有店房十六间，东西火巷，中间码头，其后由老鸦坡发脉，势若蟠龙，雄溪一壮观也。"民国初年，该馆又进行了扩建，占地一万多平方米。内设四座殿堂，有真君殿、肖公殿、财神殿、观音堂，还有禅堂、客厅、休息室、厨房等。另设戏台两座，分内外台，内台在真君殿，可容纳千余人。外台位于殿外的空坪上，可容纳二千余人。外戏台两侧各植一株大榕树，已参天合抱；枝叶繁茂。该馆扩建后气势恢宏，雄伟气派，显得更富丽堂皇。洪江万寿宫工程延续长达43年，清同治十三年（1874年）时，被誉为王府气派。洪江放排歌谣比喻为："万寿宫，金銮宝殿。"洪江的江西商人财力雄厚，可以左右洪江经济命脉，他们常常承担洪江的捐派一半以上。老洪江流行几句俗语，"贵州馆的顶子，江西馆的银子，宝庆馆的捶子"，可见江西商人的富有。

江西客商带来了许真君文化。许真君本名许逊，祖籍河南汝南，三国吴赤乌二年（239年）出生于江西南昌县益塘坡。他曾出任四川旌阳（今德阳）县令，致力于造福百姓，后归隐南昌逍遥山桐园修道，创建道教宗派净明派。在民间传说中，许逊带领徒弟降服了在赣江为患的孽龙，治理了水患。东晋孝武帝宁康二年（374年），许逊136岁时举家得道升天，被江西民众供奉。在江西，供奉许逊的有万寿宫、三皇殿、许真君庙、冲真庙、真君阁、真君庙、许旌阳庙等，其中西山万寿宫规模堪比皇宫王府。洪江万寿宫每年八月十五祭祀许逊升天，给许真君神像换袍，在神位前面高高地放置一个玻璃水缸，缸内放置一些水草，让一个活生生的青蛙伏于水草上。在举行祭祀仪式的时候，青蛙不翼而飞，不知去向，象征"真君显灵飞升"。许真君是江西本土产生的最有影响力的地方神，被敬奉为江西福主。许逊也是道教净明派的祖师，朝廷赐封为"神功妙济真君"。

图5-1　江西会馆（万寿宫）

2. 黄州会馆

黄州会馆始建于清康熙九年（1670年），又称福王宫。职首名黄齐安，祀福王张瑞。该馆规模较大，为洪江十大会馆之一，是湖北商人聚会、议事、联络乡情、交流信息的主要场所。明清至民国时期，湖北商人利用洪江沅水上游船排水运的便利条件，在长江流域及沿岸码头经销洪油、木材，返程时运回棉花、布匹、百货等物质，盈利发财者众多，素有"花帮"之称。馆舍毁于20世纪80年代。

3. 徽州会馆

徽州会馆是在洪江的苏州、徽州、池州、湖州、宁国五府商贾行帮集资修建。首富多为销售官盐和绸缎布匹的商贾。我国古代实行官盐专卖制，离不开地方上盐商经营。清雍正"改土归流"以后，洪江成为沅水上游的淮盐转运中心，贵州黎平一带，"令兵役雇苗船百余，赴湖南市盐布粮货，往返倡道，民夷、大忭。"[①]可见，洪江不但是淮盐转运经营中心，亦是苏、徽丝绸布匹转销重地。徽州会馆的商贾在盐、布获利后，大力返运洪江油、木材沿河而下销售。因而在洪江的洪油业史上，曾形成过江西、江苏（邵伯帮）两大帮系的竞争。江苏帮总机构设在镇江，江西帮总机构设在洪江，占天时地利，实力雄厚。徽州会馆五府商贾行帮在洪江是实力较强的行帮。

据《洪江育婴小识》载："徽州会馆曰新安馆，合五府曰吴鼎和，在司门口正街，康熙二十年（1681年）建。""徽州会馆是苏州府、徽州府、池州府、湖州府、宁国府五府人会馆，内建有戏台。"徽州会馆的宗旨亦是："客居流寓者，以岁时祭祖先，洽比乡里，防范异乡和行外人的欺凌，为同乡和同行人服务。"徽州会馆里的大殿，供祀关帝神像，即蜀汉关羽。关羽乃三国蜀汉大将，河东解县（今山西临猗）人，与刘备、张飞结拜为兄弟，以忠义著称。明万历四十二年（1614年）敕封三界伏魔大帝。

---

① 〔清〕魏源. 圣武记·雍正西南夷改流记［M］. 北京：中华书局，1984：289.

徽州会馆因世人以新安为歙州，是徽州所辖地的别称，故称徽州会馆为"新安馆"。又因徽州属三国吴地，会馆是五府会馆，似古鼎三足两耳的结合，和睦相聚为一体，而称徽州会馆（新安馆）为"吴鼎和"。

洪江徽州会馆于民国六年（1917年）以后，为国民党、政、军、警等机关驻占，例如，民国十六年（1927年）何键委派的第七清乡区司令陈汉章的司令部就设在该馆。后在此创办私立皖苏浙初级小学校。中华人民共和国成立后，成为百货、盐业批发仓库，今为税务局驻地。洪江徽州会馆地址古在司门口，近代称塘坨街太素巷口，现代称小河正街油篓巷口，今称巫水路油篓巷口。

4. 七属会馆

洪江七属会馆地址，古代称大河边，近代名犁头嘴，与黄州会馆并列。现代称大河正街，在当今的沅江路航运大厦段。该馆建于康熙十五年（1676年），有正殿、偏殿、正厅、客厅、客房和戏台等，用以共同祭祀和维系乡情，是在洪江经商的靖州、绥宁、会同、通道及开泰、锦屏、天柱七州、县的商贾行帮集资创建，首富多成为洪江人，是地方势力最大的会馆。

七属之地，都是盛产木材的地方，即俗称"一苗、二州、三广木"的产地。木材商贾经营的木材分四大类：开泰、锦屏、天柱的广大疆地，出产苗木，木材质量最佳；靖州及通道一带，出产州木，木材质量略逊于苗木；会同广坪及绥宁一带，出产广木，广木质量可与州木媲美；城步地区出产溪木，质量较差。七属会馆的商贾，占天时地利，四类木材会馆属地占前三类，故其商贾多为木牙（木行）商，专为山客（卖方）和水客（买方）搭桥牵线，是买卖双方的经纪商。

图5-2　七属会馆

据《会同县志》载："关圣宫，洪江靖属会馆正殿，系县东阁寺拆卸移建，故曰古东阁为邑独有之地。"《洪江育婴小识》载："七属会馆（关圣宫）曰洪惟先，在大河边，康熙四十四年（1705年）建。"称洪惟先，是因为洪江属会同县，会同县属靖州，州府的法令，都先于他馆在该馆推行，即一切公事唯我先行，该馆起着先行作用，故代号名曰"洪惟先"。会馆宗旨与他馆同。

七属会馆称关圣宫，《关圣宫纪略》载："洪市雄溪前三国古名也。犁头嘴系驿站，前明永乐创庙奉祀。驿站乃康熙八年（1669年）载革差务，不知犹然因公滋扰，土著士民于十五年五月十三闹龙舟，接河东关帝圣像镇住，故名关圣宫……四十二年，塘坨失火，延烧殆尽。四十三年禀请会邑古东阁移洪，是年五月初二到岸……十一月十一日辰时竖立。四十四年（1705年）修墙，议修神像……七属乐捐公项，或合修正殿前厅，或专修戏台龛子香炉器皿，规模宏伟，庙貌崇隆……"

七属会馆祀奉的关帝神像，比他馆加倍高大；戏台比他馆高，民众站立于任何地方，看戏看得明，听戏听得清；庙宇修红墙，盖绿瓦；会馆大门石门坊上，石雕关圣宫大字，两边雕有"光照日月""气壮山河"楹联，并在进宫前宽石阶上，竖立着二米高的长方青石碑，上刻"文武百官，至此下马"，加上阶级两边的高大红墙，颇具威武之感。洪江七属会馆于民国十九年（1930年）创办私立惟先小学校。中华人民共和国成立后，建立帆船社址，后又改为仓库，修沅江大道时拆除，建成航运大厦。

5. 宝庆会馆

宝庆会馆地址，古代称洪江大河边，近代称为岩码头，现代称作大河正街，今为沅江路财神巷口。宝庆会馆，始建于清雍正七年（1723年），又名太平宫，亦称武宝馆，会名盛南都，系宝庆府同乡会馆。馆内祀有关公神像，内有鲁班殿。会馆由宝庆府所属的邵阳、新宁、武岗、城步、新化等县商人共同修建。属于洪江"十大会馆"之一。今存门楼和部分墙垣。宝庆府旅居洪江人数约八千人左右，多为手工业工匠。在洪江素有"太平宫的锤子"之说，其中也有从事木材、南杂、绸布、百货、织染等小本经营者。

据《会同县志》载："雍正年间（1723—1755年），在洪江大河边买地修建宝庆会馆。会馆建殿两进：左库房、侧门抵巷；右观音堂客厅，厢房窨屋一所，右侧小巷抵街，前戏台、牌楼，门外长巷码头抵街，并店房八间。"《洪江育婴小识》载："宝庆会馆（太平宫）亦曰武宝馆曰盛南都……"河南南阳是光武帝的生长之地，在洛京以南曰南都；唐上元元年（760年）升荆州为江陵府，建号南都；明称南京为南都，都得以兴旺发达，旅居洪江的宝庆府商人取其吉祥寓意，故称宝庆会馆（太平宫）曰"盛南都"。

宝庆会馆的名称，蕴含着地方太平、五谷丰登、百姓喜庆之意。该馆主祀关帝，关帝威震四方保太平，突出天下太平的意义，故民众称宝庆会馆为太平宫。曰武馆亦是当地名称，也深含此意。宝庆会馆的宗旨与以上会馆同，主祀的关帝神像与他馆有所不同，其特点是神像上有一把精铁铸成的大刀，重108斤。每年春节舞龙灯、庆太平丰收时，宝庆会馆盛大的狮、龙及乐队前，由4—8人交替抬着神像上的大刀走在最前面，偶尔还会有武士挥舞这把大刀，以此炫耀其势，极为引人注目。

宝庆会馆还有一特点，是馆内修有厢房窨屋一所，是洪江较早的窨子屋，四面高墙，只有一门出入，能防火防盗，夏天阳光只能从天井射入，冬天风难以吹进，冬暖夏凉，是客居流寓者贮藏重要物件的要地。此后洪江的窨子屋越修越好，两进、四进、多进，成为洪江房屋建筑的一大景观。

宝庆会馆于民国十七年（1928年）创办私立宝庆小学校。中华人民共和国成立后，学校合并，成为粮食仓库，至"文革"时受损，修沅江大路时，馆前长巷码头及石栏雕画被拆除，会馆仍被保存。斗大的太平宫雕字和刘备跃坛溪、郭子仪上寿、佘太君挂帅、岳母刺字、八仙过海等缕镶浮雕，仍栩栩如生地闪烁在人们眼前。馆房已成宿舍。

6. 湘乡会馆

湘乡会馆地址，曾被称作新街，今称巫水路狮子楼巷口，由洪江的湘乡商贾行帮集资创建。商帮多经营糟坊、织染，昔日老街、新街段及煤炭坡等地，是他们的发祥地，产销两旺多年，后被淘汰而衰落。

据《洪江育婴小识》载："湘乡会馆（龙城宫）曰湘萃庭，在新街。"修建于何年何月不明，但列为十馆。传说该馆与宝庆会馆修建时期略同，亦在雍正年间（1723—1735年）。民国十六年（1927年）后，即陈汉章驻洪近三年后，洪江士药（鸦片）业再度恢复，这时的土药商仍以在洪的贵州帮实力最雄厚，湘宝帮（双峰、邵东商贸）经营亦非常活跃。他们以洪江为基地，在贵阳、宝庆、长沙、汉口以至上海设有分庄，并经营汇兑、信贷业务，著名的商号有杨天成、楚盛昌、遂怀昌、谦益丰、裕庆昌等。湘乡巨富张文斋、赵晴材就是在洪江至贵州经营土药而发迹的，故有当时的"湘宝帮的鸦片烟"称呼。湘乡会馆亦在此时期由这些大户捐资大加修缮，使湘乡会馆更加富丽堂皇，宫壁生辉。

十六国时前燕国君慕容貌于建武三年（337年）称燕王，迁都龙城（今辽宁朝阳）营造宗庙、宫阙，岁祭天地祖先而兴盛。湘乡会馆取此意而称龙城宫。古湘乡在湘南历来有萃庭的美誉，故湘乡会馆（龙城宫）曰"湘萃庭"，可谓意义不凡。

图5-3　湘乡会馆

洪江湘乡会馆宗旨与他馆同，祀奉关帝神像，有关兴和周仓持关公大刀站立两旁，更显威武。据《会同县志》记载，民国二十六年六月四日创刊的《敢报》社址设洪江湘乡会馆。中共洪江地方党组织还曾在此创办《晚报》，广泛宣传抗日救国真理，唤起民众奋起抗日救国。中华人民共和国成立后，在此创办过漂染坊、缫丝厂、丝绸厂等，修洪江巫水路时会馆被拆除，现为宿舍地。

7. 辰沅会馆

辰沅会馆始建于康熙八年（1669年），又名伏波宫，祀新息侯马援。辰沅会馆是辰州（含沅陵、辰溪、泸溪、溆浦）、沅州（含芷江、黔阳、麻阳、晃县）两州合办的同业会馆，为洪江十大会馆之一。曾两次毁于火灾，乾隆四十二年（1777年）重建。该馆馆置房产较多，且办有辰沅学堂。辰沅商人系湖南湘西南（今怀化）本土商人，多为坐贾，经营方式灵活，主要从事油业、木业、谷米业等生意。辰沅会馆馆舍于20世纪80年代被拆除，今仅留存"顺发油号"旧址。

图5-4　顺发油号

8.贵州会馆

洪江贵州会馆位于古洪江大河边桅杆坪，近代称为大河边余家冲地，现代称为大河正街地，今为沅江路三中地段。贵州会馆是在洪江的贵州官绅集资创建，有"贵州馆的顶子"之称。这些官绅，实为特商富家。洪江地处滇黔孔道，历为兵家所争要地，一是水运交通方便，进可攻，退可守；二是商业繁荣，富有财源，可充军饷。因而历代封建统治者不断镇压洪江苗民抗粮抗税的起义，强化对洪江的统治。直至民国初期，各派军阀都奋力夺取这块"肥肉"，黔军视为"发祥地"，湘军视为"镇守地"，实则视为扩军备战的"财源地"。所以，当时民国政府在洪江贵州会馆召开了湘、鄂、滇、黔四方军事会议，称"洪江会议"，为解决军阀争夺地盘问题而达成的协议终未能付诸实施。可见，黔军统治者控制洪江，会馆也成为其发号施令、谋取利益的机构，常驻此地的军政巨头，把洪江作为"大开烟禁、榷税饷军"的桥头堡。

据《会同县志》载："嘉庆二十二年（1817年）在大河边桅杆坪买何、黄、周三姓地基发脉，修建贵州会馆。"贵州会馆的建筑艺术，既有民族风格，又有地方特色。会馆前临沅水，有宽而长的码头，码头下水域，停靠一艘"常胜水师"战船；后倚老鸦坡，古树相映。内建正殿长17米，进深23米。殿左为财神殿，长17米，进深35米；殿右为观音阁，阁前为厅，阁为花园，园内有客房，伴古松、水池，池周设石雕栏板。正殿为单檐大屋脊硬山顶，两坡屋面呈反曲抛物线，盖绿色琉璃瓦，檐角上翘，屋脊正中置5米高的琉璃宝葫芦，用线固定。殿内采用柱、梁、额坊连接成木构架。四面砖砌围护墙，两端山墙（封火墙）高出屋脊。为其稳定，木构架和墙体使用铁件连接，牢固结实。建筑装饰上，会馆大门牌楼为坡。牌楼砖石结构，石柱石块，砖墙结合，上为浮雕，下为堆雕，中镶大青石雕"忠烈宫"大字。左右分别有"型雕""双龙戏珠"筛边，"光黔""耀楚"正楷，"三元及第""伯牙抚琴""飞天乐伎"等雕画典故图案及花卉禽兽系列，技艺精巧、栩栩如生。内墙粉饰石灰浆，地面为不规则块石拼铺。戏台建在正殿丹峰对面，金山屋顶，龙吻屋脊，藻井上绘有色彩艳丽的团鹤图案，形态活现。

贵州会馆是座古典雅致的宫殿庙宇。曾有英国传教士都亚当与华籍袁姓教士，于光绪七年（1881年）来洪，重视贵州会馆花园厅屋，重金租用，创办"本立责会"传教，为洪江有基督教之始，后被馆商众怒吼走，而离洪回武昌。[①]

贵州会馆主祀南将军，他是唐朝将领南齐云。南齐云系魏州顿丘（今河南清丰西南）人，因出身贫苦，为人操舟。安禄山叛变，钜野尉张治起兵抗敌，因齐云善骑射，乃为将，后受遣至睢阳，遂为张巡部将。为睢阳被困紧急时，派他赴临淮（今江苏盱眙北）向贺兰进明求救，进明不肯发兵，却以酒乐强留，他断指不食而去。睢阳沦陷，敌人胁迫投降，张巡向他大叫："南儿！男儿死耳，不可为不义屈！"他笑道："欲将以为有为

---

① 洪江市志编纂委员会. 洪江市志 [M]. 北京：生活·读书·新知三联书店，1994：602.

也，公有言，云敢不死！"遂遇害，可谓忠烈，因而称忠烈宫。贵州省是从古云南、四川、湖广三行中书省边区地域划设置而成，古以三方相并为鼎。《易杂卦传》中说："鼎，取新也。"故称贵州会馆（忠烈宫）曰"贵鼎新"。

洪江贵州会馆于民国二十一年（1932年）创办私立鼎兴小校，中华人民共和国成立后改为鼎兴街完全小学校，又改为沅江路小学校。"文革"时神像被毁，会馆受损。因地与江西会馆相连，同改建为洪江第三中学校。

9. 福建会馆

福建会馆建于康熙十五年（1678年），又名天后宫，祀天后林默娘（即妈祖）。职首名福昌隆。福建客商将烟草传入沅水流域，由各地乡民广泛种植，并逐步形成产业。福建客商在洪江收购烟叶，加工成丝烟，通过船装水运到长江沿岸出售，获利丰厚。福建会馆馆内设有戏台、看楼、议事厅、大殿，规模雄伟，为洪江"十大会馆"之一。主体结构毁于20世纪80年代。

福建会馆由洪江的福建商贾行帮集资创建，福建会馆商贾多经营烟、酒行业。因洪江是云、贵交通要道，购销云、贵烟叶方便，清初洪江烟行多加工成仿条丝烟出售。清末民初，卷烟业兴起，后美英烟草公司湖南分公司将洪江列为哈德门、老刀牌洋烟的五个销售点之一，烟业兴旺一时。如《中国实业志》所载："洪江丝烟业，随纸烟之盛行于当地衰落，清末尚有30余家，民国二十三年（1934年）只存7家，

图5-5　福建会馆

总资本额仅6670元，有职工11名，工人27名。"①洪江酒业，清末以本地糟坊自产销售为主，年产水酒、色酒、烧酒约300吨，特别是何裕成糟坊，于光绪年间（1892年）所产苏酒，可谓名酒，享誉盛名。

据《会同县志》载："嘉庆二十三年（1818年）在洪市大河边买地修建福建会馆，会馆建有正殿、戏台，右观音堂并客厅，中凿方池，宫外偏为古路，有店六间，码头直抵青石河栏。"《洪江育婴小识》载："福建会馆（天后宫）曰福昌隆，建在岩码头。"洪江福建会馆宗旨与他馆相同，主祀天后。该馆中鉴方州，仿此意蓄水似海，周边仿立海港，船航水中，别具一格，因而称福建会馆为天后宫。福建古为闽越王都所在地，宋元以来，海船通贸东南亚各地，加之天后神话流传，船民祈求保佑，通海港口都建庙祀奉，而能使其昌盛，故福建会馆（天后宫）曰"福昌隆"。

洪江福建会馆于民国二十七年（1938年）创办私立福建初级小学，中华人民共和国成立后并入他校。民众汉剧团进驻该馆演出，后剧团迁芷江，该馆改为湘郡竹器厂，馆宇早已面目全非，修沅江大道时拆除。洪江福建会馆地址：古称洪市在河边岩码头；近代同；现代为大河正街岩码头；今称沅江路岩码头段。

10. 衡州会馆

衡州会馆由洪江的衡州商贾行帮集资创建。衡州会馆商贾多经营纸业，富者兼营木业。洪江周边州、县盛产木材，农田秋收后稻草又多，而稻草是造纸的主要原料，因而洪江建有许多土纸作坊，生产老仄、时仄、火纸（吸丝烟引火纸）、四裁、二裁（迷信用纸）、泡料纸（用作鞭炮、包装用）数种。前五种土纸经营者集中在姜鱼街；泡料纸业在塘坨巷，著名纸号名"唐衡庆"。传说该纸号得会馆职首帮助，与喜炮行业签订销售合同而得以发展，驰名周边州县。

据《洪江育婴小识》载："衡州会馆（寿佛宫）曰衡锡龄，在塘坨街，道光二十八（1848年）建。"会馆建有大殿、戏台、厅房等。洪江衡

---

① 洪江市志编纂委员会. 洪江市志 [M]. 北京：生活·读书·新知三联书店，1994：158.

州会馆宗旨与他馆同，会馆正殿主祀寿佛（寿星）。寿星即老人星，象征着长寿，人敬之为神。因而衡州会馆称寿佛宫。寿佛给敬神灵者增福添寿，故衡州会馆（寿佛宫）曰"衡锡龄"。

洪江衡州会馆曾设私塾，1938年8月创办私立进德简易女子职业学校。抗战时期办女子工团社，制作衣裤支援前线，曾是中共洪江地下党组织活动要地。1941年创办衡郡初级小学校。中华人民共和国成立后合并他校，之后成为工厂，会馆早已年久失修。洪江衡州会馆地址：古称塘坨正街；现代称小河正街；今为巫水路塘坨口。

11. 山陕会馆

山陕会馆，始建于清嘉庆二十三年（1818年），又名关帝宫。洪江山陕会馆主体结构大部分被毁，现在仅存观音堂。山陕馆是由在洪江的山西、陕西商贾行帮集资创建，该馆商贾多系狐貉羔裘皮货商。古时洪江的狐貉羔裘皮货畅销，山陕商贾多来洪销售，有陕西人张南山、杨麻子等专营商号，颇为热闹，与大馆可比。后因山陕一带战火不断而受影响，商贾来洪日少，间或购进羔裘皮货，却也是旋来即去，使该馆时常关闭，日渐冷落，故未列入洪江大馆之内。

据《会同县志》载："关帝宫在洪市六甲巷龙船冲，山陕会馆。大殿前建戏台，右财神殿，左连三宫殿，门外青石码头直抵河。"《洪江育婴小识》载："山西陕西省祀关帝之馆曰樊天锡。"《洪江地方宫馆地产册》载："山陕馆康熙二十二年（1683年）建。"山陕馆祀奉关帝（山西人）称关帝宫，曰樊天锡，意即周宣王册封大臣仲山父于樊，即今陕西长安南。天锡是北魏道武帝年号，北魏建都平城，即今山西大同，两者相连，故山陕馆代号名曰"樊天锡"。

山陕馆的宗旨与他馆同，祀奉关帝意义亦相同。民国时期，何键在湖南执政时，曾在洪江设特税局，局址在山陕馆。中华人民共和国成立后，此处成为祁剧演出的新民剧院，祁剧团迁安江后成为工厂仓库，庙宇早已破旧，修沅江大路时拆除。洪江山陕馆地址：古为六甲巷龙船冲；近代称龙船冲；后为大河正街龙船冲；今为沅江路龙船冲。

12. 苏州馆

苏州馆始建于明崇祯十七年（1644年），由苏州商人集资修建，为商业会馆，主要用以经营布匹、丝绸等百货。为宣传营销，他们在大门右侧中部书有商业招牌"百货疋头"。苏州会馆位于一甲巷10号，占地面积约500平方米，坐北朝南，系单进三开间木质穿斗式两层楼房，单檐硬山顶，四周有青砖砌成的封火墙围护。会馆建筑通高8.5米，一楼为居住经商之用，地面以青石板铺就，二楼呈回廊式布局，用作货物仓储，其楼枕木方排列较密；楼房屋顶施小青瓦，最高处低于封火墙0.38米，其倒水由四周流向天井，有"四水归堂""肥水不流外田"之意。屋顶西北角还建有一座小晒楼，专门用于晒衣、乘凉，为洪江古商城建筑的一大特点。其建筑风格独特，平面布局合理，房屋结构紧凑，形成了封闭性极强、室内冬暖夏凉的特性，适宜南方气候，利于防火防盗，便于居住和经商，商业文化氛围较为浓厚，有着较高的科学、艺术、历史价值，为研究洪江古商城的形成、发展，研究徽州会馆与江浙五府的关系提供了重要的实物资料。到清嘉庆二十二年（1917年），苏州会馆移至龙船冲，建有两座客堂和戏台，此屋随之用作仓储。现为国家级文物保护单位。

苏州馆是由在洪江经商的苏州商贾集资修建，该馆商贾来洪销售丝绸，继而转运木材而回，利市三倍。商贸兴隆，来洪商贾日多，逐渐在洪江木材业形成具有实力的"邵伯帮"，修建苏州馆，宗旨和祀神与徽州会馆全同，属其支馆。

据《会同县志》载："苏州馆，洪市龙船冲，乾隆三十六年，买杨、彭、粟、程、傅、梁、邓等姓地基创建，门向一甲巷，嘉庆二十二（1817年）改向龙船冲，建西大厅楼、客堂、戏台，无神像，绘图以时祀之。"

13. 湖州馆

湖州馆是由在洪江的湖州商贾行帮集资创建。湖州商贾在洪商贸与苏州商贾在洪商贸略同，但经济实力不如苏州商贾。在苏州馆建立后，他们亦集资修建了湖州馆。据《洪江育婴小识》载："湖州府馆在荷叶街，乾隆四十年（1775年）买叶姓地基建。"宗旨和祀神与徽州会馆全同，属其支馆，该馆修有戏台，早属拆除危房。湖州会馆地址：古代至近代名称均为荷叶街。

14. 渠阳馆

渠阳馆是由在洪江经商的靖州商贾行帮集资修建，该馆商贾多为在洪的木材业、牙行和山客（卖方）。州木是水客（买方）争购的木材，贸易昌盛、商家日多，为利于商贸而集资另修该馆，属七属会馆支馆。

据《会同县志》载："飞山宫在洪市鳌龙坪，靖州公所，嘉庆十七年（1812年）建，正殿三间，有文昌阁、财神殿、观音堂，内凿方池（即莲花幢），其源来自后山。"《洪江育婴小识》载："飞山宫靖州公所，在鳌龙坪，嘉庆十七年建。"

宋元祐二年（1087年）置渠阳县，为靖州前名称，渠阳馆即靖州馆，亦曰靖州公所。清道光《靖州直隶州志》载："武岗云山，旧有七十二峰，忽一峰飞至靖州城西门外，即飞山也。"[①]五代末，杨再思由淮南丞迁辰州长史，后驻靖地，为诚州（靖州古称诚州）刺史，飞山为杨再思辖地。杨再思死后，百姓于飞山顶建庙祀之，曰"飞山太公"。渠阳馆祀奉"飞山太公"（神像是红脸，后人错认为关公），故渠阳馆即飞山宫。

洪江飞山宫，坐落鳌龙坪，一线高长的码头直达沅水河堤，似水上鳌龙游来。有人作《访石图诗》（光绪十三年刻石），曰："萧萧青枫林，寂寂飞山寺；巍然大古峰，方池涌苍翠。"在此诗序言中记有："访邱氏故石莲花幢者得于飞山之宫。"飞山宫内的莲花幢是当时仕宦游居之地。相传黔阳县城南烟溪是邱氏家族世居的地方，到清光绪时已有百余年了。他家传有"莲花幢"珍石，创月沛园，园有夏玉轩，修竹环绕，有池名浪雪，种莲茂盛；又有仙月亭，醒岩诸胜，即所谓"岩连修竹夏碧玉，月映浪雪开红莲"，石与园雅致相称。

清嘉庆十七年（1812年），居洪江的靖州仕贾集资修飞山宫。时黔阳知县王金策（字香杜，山东诸城人）撰颂并搜集李北海书《莲花幢颂》。道光四年（1824年）刻石，颂前门上有"莲花幢"三个大字。洪江飞山宫

于民国三十年（1941年）八月为湖南省立第十中学校舍，中华人民共和国成立后，成为粮食仓库，"文革"时期受损坏的莲花幢破毁，留有残品，后又改为航运修理公司。1989年起火烧毁，修沅江路时拆除。飞山宫地址：古为鳌龙坪，现代为大河正街首，今为沅江路打船冲口。

15. 湘阴馆

湘阴馆是由在洪江的湘阴商贾行帮集资修建，该馆商贾多经营糟坊、织染，商贾不多，为了有利于同乡商贸发展而集资建馆，所建湘阴馆也比较小，属湘乡会馆支馆，宗旨等亦相同。据《洪江育婴小识》载："湘阴公屋（湘阴馆）在土桥坑，咸丰十年（1860年）建。民国时期已成为作坊；中华人民共和国成立后改修成住房。洪江湘阴馆地址：古代至今名土桥坑。"

16. 长沙会馆

长沙会馆，始建于清乾隆十六年（1751年），亦称长沙郡会馆，系长沙、宁乡、湘乡等地商人共建的同乡会馆，长沙馆商贾为洪江木业八帮之一的长沙帮。在洪江银行业务未开展前，长沙张姓巨商独资经营的鸿记钱庄，开展调拨收支业务。虽在洪商贾不多，为利于商贸发展，亦集资修建长沙馆，名长郡公所，属湘乡会馆支馆。

长沙会馆构架雄伟，馆柱殿梁用料为洪江会馆之最，正殿供有李时珍像，偏殿为观音堂。中华人民共和国成立后曾做战备盐仓，现改建为居民宿舍。"长沙郡会馆"匾额今仍存。长沙商人在洪江，主要从事木材、绸布、百货等生意，有的还进行钱庄汇兑。经济实力雄厚。据《洪江育婴小识》载："不列十馆者曰长沙馆……""长郡公所在牛头冲，同治七年（1868年）建。"民国十二年（1923年）前被火毁，驻扎洪江的蔡巨猷部团长谭润（洞）生出面集资于桅杆坪重修大长沙馆，设戏台，馆宇柱梁粗大，分正殿、偏殿。正殿祀奉广济真人神像，偏殿奉观音菩萨，亦称观音堂，大门正开，面向沅江。

洪江长沙馆于民国二十九年（1940年）接受长沙务本女子职业学校迁此办学，1943年创办长郡初级小学校。中华人民共和国成立后，曾做战备仓库，后改住户宿舍，修建沅江路时拆除。洪江长沙馆地址：古在牛头冲，近代为桅杆坪，现代为大河正街打船冲口，现今为沿江路打船冲口。

17. 常德会馆

常德会馆是由在洪江的常德商贾行帮集资创建，该馆商贾是洪江木业八帮之一常德帮木商。他们收购当地棉、布运洪销售，收购木材返销而利市三倍，为利于商贸，故集资修馆。常德会馆建于清雍正六年（1728年），和四川会馆同一年建造，至今有288年历史。

据《会同县志》载："正一（乙）殿在洪市龙船冲，系常德会馆。"《地方寺观产权册》载："常德馆建于同治年间（1862—1874年）。"洪江常德馆建有戏台，正殿。正殿祀正一教主（道教），故常德馆称正一殿。

图5-6　常德会馆

常德会馆为两进两层回廊式建筑。常德商帮先后又扩建两进两层院落一座、加工作坊一座，坐西朝东，面阔三间，占地面积约600平方米。整个建筑组合紧凑，院内地面均青石板漫铺。其基本元素有墙体、入口、天井、楼梯、厢房、晒楼等。四周封火墙为房屋墙体，但不起承重作用。墙内屋宇为木质穿斗式结构，门窗装饰简洁大方，是洪江古商城内具有典型代表意义的商业会馆建筑之一。常德会馆是常德商帮谈定生意买卖，举办祭祀庙会、公益慈善、公议馆务的地方。

常德会馆中堂极为宽敞，廊阶用平平整整的石板铺就，它显示出主人的大气端方，有广纳四海之财、笑迎八方之客之意。整个建筑商业特征明显，整个结构围墙成一个"回"字形，意指"肥水不流外人田"。其"四水归堂"的旱天井有三个，每个天井，就像一个聚宝盆，如此一来，常德会馆就有三个聚宝盆，"三"象征多，即财富之多。别致的"铜钱漏"象征意义是流金淌银，即财富流进聚宝盆而闪闪发光。这其中的商道文化不言而喻。民国十六年（1927年），《新洪江日报》在该馆创刊发行。后年久失修，会馆改建成宿舍。

18. 四川馆

洪江四川馆地址：古至现代称桐油湾，今为幸福西路。四川会馆，始建于清雍正六年（1728年），由四川、重庆等地商人集资修建。该馆商贾多经营筵席业，即多为经营酒家和饭菜馆、茶楼的商贾。行帮同仁不多，巨富较少，因而集资修建的馆宇，系小型的木建筑馆。洪江四川馆位于桐油湾上首，有蓉城公置石碑，碑上载该馆建于光绪庚辰六年（1880年）。四川省成都称蓉城，故称蓉城公置。因系木建筑，早已朽损，现已修建成住房。

四川、重庆商人还参与洪江的市政建设和若干事务。清代初期，清政府为恢复四川经济，实施了"湖广填四川"的移民运动，最后移民范围扩大到陕、湘、闽、浙诸省。这些大量西移的客民，在长江中、上游诸省建立了很多会馆，而一般为正式开埠的州、县会馆，洪江的四川会馆也不例外，但其功能已扩展到联络乡谊、商情之外，在商人自治的政务活动中还扮演了重要角色。现存四川馆在北辰宫。

19. 新安会馆

新安会馆，又名新安郡会馆、徽州馆。始建于康熙二十六年（1681年），为安徽商人联合出资修建。此处为新安会馆馆舍之一。徽州商帮在洪江有一定实力，主要经营盐业、典当业、茶业、木业、谷米业、棉布业、丝绸业、纸业、墨业、瓷器业等。道光、咸丰年间至清末民初，徽商在洪江的实力逐渐弱化。主要会馆建筑已毁于"文革"中。

20. 麻阳馆

麻阳馆是由在洪江的麻阳船帮集资修建，麻阳船帮有船主、橹手、纤手。据1938年的《湘水道查勘报告》，经常聚集在洪江的木帆船（大的载10吨以上）便有511艘之多，可见其市面之繁荣。这些船帮中，麻阳船帮是洪江最大的一支船帮，船主、橹手等都是麻阳人。传说有一次在辰沅会馆祀庆会典中，同仁们一起同台看戏，忽听有人说："不要穿草鞋的（麻阳河下人穿草鞋）看戏。"麻阳船帮人很生气，于是集资修建麻阳馆。

据光绪十五年《洪江街市全境图》载：麻阳馆位于小对河马羊山河岸，这一带多系麻阳船帮宿地。麻阳馆内设戏台，有正殿，祀河神，仍属辰沅会馆支馆。洪江麻阳馆于民国三十四年（1945年），因人祭祀祖先发生火灾，该馆被烧毁后改建成民宅，为船帮人员居住。中华人民共和国成立后，航运公司改成宿舍给职工住。洪江麻阳馆地址：古至近代称马羊山，现代为河滨路，今为中医院宿舍地。

21. 江南馆

江南馆是由在洪江的江南一带商贾集资修建。据《地方寺观产权册》载，江南馆早年建成，规模较小，系木建筑，在土桥坑上首，约在今康复医院地。洪江江南馆另一记载，馆址建在司门口，因馆宇规模小，戏台屋顶搭在隔壁墙上（火神庙一面墙上），演员演出只能到台下化装（古戏台台下是空的），有半边依靠他人庙墙撑着，其意台窄，故称半个戏台，属洪江四十八个半戏台中的半个戏台。

22. 五府会馆

五府会馆，始建于清康熙四年（1665年），职首代名吴鼎和，祀关帝。为江浙五府（苏州、徽州、池州、湖州、宁国府）商人共同集资修建。明末清初以来，洪江已是湘、黔、赣、鄂、桂、川、滇等省的货物集散地，洪油、木材、石蜡、土药（鸦片）等产业迅猛发展。外籍客商和异地商帮来洪人数倍增。"五府十八帮"的势力范围亦愈来愈大。五府会馆的商人在洪江主要经营布匹、粮食、木材、水果、药材、丝绸等日用品。清乾隆十六年（1751年）年间，该会馆地址转让给洞庭商帮的商人，改造重建后变为江浙洞庭社。

23. 永州会馆

永州会馆亦名濂溪宫，由永州东邑等八县商人集资修建，该馆商贾多系烟商。据《地方寺观产权册》载：永州馆，濂溪宫，清光绪年间十三年（1887年）年建于狮子楼地，有"万丰老栈"之称，规模小，似窨屋，崇信太极。濂溪为北宋理学始祖周敦颐居地，周敦颐乃宋道州人（湖南永州道县），字茂叔，知南康军，胸怀磊落，著太极图说及通书，卒谥元公，世称"濂溪先生"，是以所居濂溪（道州濂溪）命名。因此，该馆亦奉供太极。

永州馆房屋左墙上镶墙垣界止石碑"永州濂溪宫"，初做客栈，后为会馆，为侨商岁时欢聚之地。会馆位于洪江区巫水路狮子楼1号，坐西朝东，占地面积350平方米，系两进三开间木质穿斗结构的两层楼房，屋内有天井，四周有砖墙。进二楼额枋刻有"永州东邑""万丰老栈"等字迹。整个建筑结构紧凑，布局合理，采光和通风效果极佳。光绪丙午三十二年（1906年），永州八县对房屋进行重修，新建大门右边房屋一间，并在二进额枋上刻"光绪丙午重修"字样。民国十三年（1924年），会馆职首为加强房产管理，组织八县商人商议，特制订《永定规约》三条，严禁睦意租、卖房层并刻碑"永定规约""永垂不朽"两块，分别镶在大门内外的砖墙上。石碑上记载了会馆的规约制度，对研究清代商业会馆的行规馆约具有较高的实物考证价值。1958年，此屋政府收为公房，由房管部门管理，市民租住。

第六章

洪江商道文化的
文学表达

　　洪江商道文化不仅体现在行业特征、管理体制、建筑格局等形式中，也体现在长期流传下来的文学作品中，包括文人创作的诗词楹联和民间文学。洪江民间文学作品数量众多，类型多样，涉及民间故事、民间歌谣和民间谚语等，其中很大部分展现了独特的洪江商道文化。楹联作为文人创作的代表体裁，在洪江古商城发扬光大，古城留下了数量较多的楹联，多为官馆寺庙的门联和戏台联。这些楹联的内容除了应景应时应地之外，还有一个突出的特点就是有着浓厚的伦理道德意味，劝诫性和思想性鲜明，是体现洪江商道文化的又一重要途径。本章主要介绍体现洪江商道文化的具体文学作品，并深入挖掘其中的商道文化内涵。

第一节　洪江商道文化主要文学形态

一、洪江古商城诗词

登嵩云山

〔清〕梁嘉瑞

倚杖陟嵩云，飘然出世群。

松间仙犬吠，云际梵钟闻。

江水双流会，山花万卉芬。

由来修炼地，郝祖有成勋。

雄　溪

〔清〕梁嘉瑜

尽日沧波翠霭笼，兰舟络绎往来通。

桃源水接花明岸，白社山连鸟弄风。

远客争营千货集，上游独踞五溪雄。

共欣圣泽遐荒僻，瘴雨蛮烟一洗空。

登嵩云山

〔清〕唐舜

奇峰突兀并中嵩，峭壁凌虚曲径通。

古寺奇松重翠盖，深岩野鸟宿珠宫。

登临自觉尘襟洗，眺望还欣眼界空。

高踞雄溪标胜概，乾坤无处不玲珑。

沅江夜月

〔清〕龙延玺

沅江月正照中流，石灿沙明景最幽。
影落冰壶清见底，光浮玉槛冷侵眸。
数声长笛青山暮，一棹扁舟碧树秋。
九肋香肥包煞鳖，何妨达旦任霄游。

游第一山

〔清〕唐守喜

石径盘修竹，闲门列远峰。
枯禅机欲息，上客兴方浓。
清晓羡飞鹤，深寒念蛰龙。
城边几亩宅，山下一林松。
任送临风柝，还听静夜钟。
无能堪卧雪，那复记秋冬。

雄　溪

〔清〕唐仕陞

奇峰南岸逼苍穹，进出双流衍派雄。
隘塞西南清舞接，帆樯上下澧沅通。
鹭停浅渚依葭白，花发春江映水红。
回首马候平荡后，五溪长沐太平风。

经洪江步入诚州

〔清〕黄一吾

雄溪留古镇，烟火集千家。
树里渔人市，风前估客槎。

彤云催暮雨，白水漾寒沙。
已入诚州地，茫茫路更赊。

歌诗坡晚眺
〔民国〕刘揆一

秋气爽雄溪，凭虚快品题。
树撑亭势峻，山压市声低。
倦鸟归何暮，闲云伴与西。
孤怀正幽绝，听到远征鼙。

注：刘揆一（1878—1980年），辛亥革命元老，中国近代民主革命家。

洪 江
〔民国〕田翠竹

乱峰平处得雄溪，柳岸东风一剪齐。
人向阶梯时上下，屋随山势自高低。
旧年春水寒鸥梦，落后梨花胜马蹄。
细雨轻烟泥路滑，乡愁携过是盼厓。

自汉口乘帆船至镇远绝句三十首之二十二
〔民国〕张华澜

洪江市列两江隈，木筏如洲蔽水来。
谁谓苗疆不行地，此中多少栋梁材。

注：张华澜（1879—1956年），民国诗人，曾任国民党政府监察委员。

庚午过洪江（二首）

〔民国〕赵景银

（一）

洪江深处五陵源，十万人家别有天。

桔满千山招远客，田连阡陌少饥年。

境为云贵咽喉地，市结东南货殖缘。

一自渔郎归去后，桃夭灼灼更芳妍。

（二）

沅水奔腾破谷来，雄溪汇合一阳开。

河成丁字通舟楫，市列川文聚货财。

诸葛井连襟带水，受降城隔读书台。

老鸦坡上排云望，势控东南慕楚才。

二、洪江古商城地名歌谣

（一）

一朵莲花地上开（莲花地）；

二座高山入云端（老鸦坡、密岩尖）；

三个拱桥不见天（岩码头、打船冲、鼓楼脚的涵洞桥）；

四处花园花儿鲜（中山公园、塘坨花园、歌诗坡花园、留园）；

五条冲巷团团坐（龙船冲、财神巷、北辰宫、育婴巷、塘冲聚一坪地）；

六地酒楼闹哄哄（六观楼、醉仙楼、万盛楼、金玉楼、小嘉乐、湘资一）；

七大冲塘排排站；

八路巷巷手拉手；

九街通道串成线；

十大会馆显神通。

（二）

一匹白马坪中跑（白马坪）；

二条大河相拥抱（沅江、巫水）；

三连拱桥望着天（江西会馆、贵州会馆连接墙洞拱桥）；

四乡民众庆丰年；

五处能见玄女宫（打船冲、筲箕湾、长岭界、小对河、枫木岭）；

六千商贾兴洪江；

七色布庄春满园（泰春、元盛、义发、兴大、三吉、万亿怡茂）；

八大油号遭祸殃；

九九"虎记"沿河走（木排扎印的字号）；

十大景观在山间。

三、洪江古商城商歌

（一）

沅水长，木排长，

洪油桶桶装排上；

过洞庭，越长江，

一本万利销售忙。

长江长，船队长，

棉纱绸缎满船舱；

返洞庭，溯沅江，

二本万利成巨商。

（二）

鲤鱼头，麻雀尾；

挂子木，楼棚排；

满载洪油飘江海，

召来四方商旅客。

老鸦飞，莲花开；

灯笼亮，招牌红；

名优产品最诚信，

迈出国门誉世界。

码头长，拱门多；

火墙高，窨屋挤；

商贾齐聚古城荣，

长留久居似故人。

杨柳堤，桂花街，

窨子屋，古商城；

故客已成新主人，

美味佳肴庆团聚。

四、洪江古商城楹联

1. 洞庭宫戏台联

（1）水国渔乡歌乐府；

　　　石城烟火兆升平。

（2）出将入相；

　　　纬武经文。

（3）新声谱出扬州慢；

　　　明月听来水调歌。

（4）扬清激浊；

　　　鉴古观今。

2. 九天玄女宫联

（1）八方开域皆为寿；

百姓登台总是春。

3. 盘古庵戏台联

（1）古今来多少角色；

天地间大小舞台。

（2）声为律吕身为度；

云想衣裳花想容。

4. 长沙馆戏台联

（1）欲知世上观台上；

不识今人看古人。

（2）离合悲欢演往事；

愚贤忠佞认当场。

5. 鲁班殿联

（1）机巧夺天工，削木称奇，共仰大名齐墨子；

聪明符神道，荐羞致敬，无烦后世传梓人。

（2）化工无工，入斯门休称弄斧；

成器不器，似此老方许研轮。

（3）发于声，高也明也，悠也久也，有民听焉斯为美；

奏其乐，手之舞之，足之蹈之，若是班乎可以观。（戏台联）

6. 忠烈宫联

（1）正气贯人寰，河岳日星垂万世；

明禋崇庙观，丹心碧血照千秋。

（2）古者有言见义不为无勇也；

大圜有命鞠躬勤事则忠之。

（3）生为人杰，死做鬼雄，魂分归来，一曲大招天暗淡；

恩戒幸邀，名羞滥得，灵其不昧，千秋公论日光明。

（4）莫坏良心，极恶巨奸，转眼终归失败；

请看好样，忠臣孝子，到头毕竟团圆。（戏台联）

（5）二分明月正当头，幸寰宇澄清，好将金管玉箫，吹西江月；

千里暮云同想像，对楼台歌舞，彷见珠帘画栋，飞南海云。

（戏台联）

7. 万寿宫联

（1）燮理阴阳不过替天行道；

功迖化育无非代地施恩。

（2）知音者才许来，莫到这地方睡觉；

看戏的都好笑，何须替古人担忧。（戏台联）

（3）眼前灯火笙歌直到收场犹绚烂；

背后星光山色偶然退步亦清凉。（戏台联）

（4）千古江山联北固；

一庐风雪忆南阳。

（5）沥胆披肝，六经以来二表；

托孤寄命，三代而下一人。

（6）文章西汉两司马；

经济南阳一卧龙。

（7）自古宇宙垂名，布衣有几；

能使山川生色，茅芦何妨。

（8）烧博望，平南蛮，出祁山，功垂宇宙；

吓司马，骂王朗，气周瑜，名振古今。

8. 大佛寺联

（1）自在观，观自在，无人在，无我在，问此时自家安在，知所

在，自然自在；

如来佛，佛如来，有将来，有未来，究这生如何得来，已过

来，如见如来。

（2）天地同流眼底群生皆赤子；

古今一梦人间几度续黄粱。

（3）世界本无私，庸人自扰，毋须慈航来普渡；

神州却有灾，众志成城，坚信苦难可兴邦。

9. 山陕馆联

（1）官场如戏我如痴，入座且听三叠曲；

明月在天灯在市，开樽共醉万家春。

（2）左笔为阳，右笔为阴，实自古人开草昧；

良相救时，良医救世，均由汉代播芳馨。

10. 天后宫联

（1）粉墨登场，真真假假，均为移风易俗；

宾朋入座，看看听听，确能心旷神怡。（戏台联）

（2）曲调谱新声，铁板铜琶高唱大江东去；

园林开旧府，琼楼玉宇好教王气南来。（戏台联）

（3）大海茫茫，到无岸无边，观于天天高在上；

罡风猎猎，正可危可畏，俟我后后来居先。

11. 财神殿联

（1）富而可求，求人不如求己；

物惟其有，有德自然有财。

（2）掌万民福泽；

通天下财源。

（3）富亦可求，当念生财有大道；

惠而不费，益知造物无尽藏。

（4）通四海之财富，普沾吉庆；

赠万民以福泽，永得盈丰。

12. 太平宫联

（1）乾坤大戏场，请君更看戏中戏；

俯仰皆身鉴，对影休疑身外身。（皮影戏台联）

（2）忠奸在人心，傀儡场中岂尽假；

应冠非木偶，须眉动处宛如真。（木偶戏台联）

13. 辰沅馆联

（1）世事总归空，何必以空为实迹；

人情却是戏，不妨将戏作真看。（戏台联）

（2）要看早些来，大文章全凭起首；

须观完了去，好结果总在后头。（戏台联）

14. 黄州馆联

既已上台，不怕大家站旁边指丑；

自能了局，何劳诸位替旷古担忧。（戏台联）

15. 关圣殿联

拜斯人便思学斯人，莫混账，磕了头去；

入此殿须要出此殿，当仔细，扪着心来。

16. 雷祖殿联

一曲阳春唤醒古今梦；

两班面目演出忠奸情。（戏台联）

17. 湘乡馆联

（1）凡事莫当前，看戏何如听戏好；

为人须顾后，上台终有下台时。（戏台联）

（2）何事干卿，风吹皱一池春水；

多情笑我，浪淘画千古英雄。（戏台联）

18. 药王宫药店联

（1）笑权贵收场，庸人休得意；

看贤良悲剧，志士莫灰心。

（2）铁杆钢筋耸碧霄，千秋不朽；

铅烧汞炼点丹药，一匙回春。

（3）开医药先河，别性味，述功能，配合次五行，愿一世胥登寿域；

为方书初祖，辨阴阳，定虚实，节宣保六气，俾群生共迓天和。

（4）维使有钱难买命；

须知无药可医贫。

（5）但愿世间人无病；

何愁架上药生尘。（药店楹联）

19. 灶王宫联

（1）弗说富贵贫穷，愿平和相处；

凡是悲欢离合，作如是观瞻。（戏台联）

（2）作善降祥王得清于帝矣；

饮和食德必以是为主焉。

20. 高坡宫总土地祠联

（1）莫笑我老朽无能，许个愿试试；

哪怕你多财善贾，不烧香瞧瞧。

（2）为恶必灭，为恶不灭，祖有道德，德尽必灭；

为善必昌，为善不昌，祖有遗殃，殃尽必昌。

（3）阳世奸雄，违天害理皆由己；

阴司报应，古往今来放过谁。

（4）只要光明正大，初一十五，不用烧香点烛；

倘若犯奸作案，三更半夜，谨防铁链钢叉。

（5）谋人田产，淫人妻女，欺人鳏寡孤独，此等恶徒，任你烧香也

无益；

孝于父母，友于兄弟，和于邻里乡党，这般善士，见神不拜又

何妨。

21. 火神庙联

山水协清音，龙会八风，凤调九奏；

宫商谐法曲，象德流韵，燕乐养和。（戏台联）

22. 玉蚨宫联

偷半日余闲，选百里歌声，贯南朝乐府；

传千秋佳话，褒忠良面目，贬奸佞心肠。

23. 轩辕宫联

邪正奸忠，尽是现身说法；

悲欢离合，无非夙世姻缘。（戏台联）

24. 炎皇宫联

文中有戏，戏中有文，识文者看文，不识文者看戏；

音里藏调，调里藏音，懂调者听调，不懂调者听音。（戏台联）

25. 老龙庙联

（1）或为君子小人，或为才子佳人，出场便见；

有时欢天喜地，有时惊天动地，转眼皆空。（戏台联）

（2）称员外，称老爷，想利就名成，究非真富贵；

呼夫人，呼娘子，看郎才女貌，到底假夫妻。（戏台联）

26. 茅庵联

（1）善报恶报，循环果报，早报晚报，如何不报；

名场利场，无非戏场，上场下场，都在当场。（戏台联）

（2）假戏真情，其中有孝子忠臣，当局莫轻看过；

新腔旧调，即此是晨钟暮鼓，大家只管听来。（戏台联）

27. 莲峰寺联

（1）神是人，鬼是人，人也是人，一二人千变万化；

车步行，马步行，步亦步行，三五步四海五湖。（戏台联）

（2）五千年史鉴，翻新人物衣冠，大半是经文纬武；

九万里梯航，并集楼台歌舞，此中有舜日尧天。（戏台联）

28. 三义宫联

（1）兄则友，弟则恭，异姓胜过同姓；

君极敬，臣极忠，三人犹如一人。

（2）历代壮奇观，睹胜败兴衰，千古英雄收眼底；

高台欢共赏，听管弦丝竹，数声雅调拓胸襟。（戏台联）

（3）满场都是闲人，袖手旁观，听戏不知做戏苦；

凡事终须结局，从头演起，上台容易下台难。（戏台联）

29. 三光殿联

（1）都望想拜相封侯，却不也难，这里有现成榜样；

最好是忠臣孝子，看来容易，问他做几许功夫。（戏台联）

（2）莫笑我们涂面挂须，煞费了多少心机，才博得人人叫好；

请看此辈装模作样，也算有几分气概，殊不知件件非真。

（戏台联）

（3）生为人杰，殁乃鬼雄，浩气拱神京三光争曜；

不死丹心，成灰白骨，义声与淮水万古长流。

30. 龙王庙联

（1）做许多子孝臣忠，或泣或歌，宛是当年故事；
说什么郎才女貌，如花如玉，空传往日风流。（戏台联）

（2）铁板铜琶，火树银花，画阁珠帘，俱非古有；
阳春白雪，冰肌玉骨，清歌妙舞，都属今朝。（戏台联）

（3）神德庇三农，统天田以乾象；
恩膏流四水，兴云雨于雩坛。

（4）以祈甘雨，以介稷黍，以谷我士女；
其川三江，其浸五湖，其泽薮县区。

（5）宗臣遗像肃清高，在地成形，在天成象；
山川出云作霖雨，有仙则名，有龙则灵。

（6）画阁日新东海紫；
崇台月上暮烟青。

31. 宝鼎宫联

（1）任他夺名争利，须知由命不由人，倒不如白日闲游听白雪；
枉自谈今说古，毕竟是真还是幻，只落得黄昏过去话黄粱。
（戏台联）

（2）一部廿四史，演成古今传奇，英雄事业，儿女情怀都付于红牙檀板；
百年三万场，乐此春秋佳日，酒座簪缨，歌筵丝竹问何如绿野平川。（戏台联）

32. 北辰宫联

（1）人情到底好排场耀武扬威，任你放开眉眼做；
世事原来多假局装模作样，惟吾秉着心肠行。（戏台联）

（2）神何取乎哑聋想读书不在口耳；
衣物重于朱颜能出色便是文章。

33. 徽州馆联（戏台联）

（1）此间花鸟本亲人，难得他社鼓多情，招游客添来热闹；

半日笙歌连子夜，况又有茶棚歌脚，从开场看到团圆。

（2）万事皆雪浪淘沙，问谁铁板铜琶，为我唱大江东去；

一年如春灯过眼，只胜羊弦羯鼓，留人到红日西斜。

34. 文昌宫联

（1）学为父子，学为君臣，学为长幼，汇千古忠孝节义，细细想来，无非逢场作戏；

行乎富贵，行乎贫贱，行乎患难，成一时离合悲欢，般般演出，管教拍案惊奇。（戏台联）

（2）乐则安，安则久，久则天，天则神，神情可想；

喜斯陶，陶斯永，永斯谣，谣斯舞，舞蹈皆工。

35. 蔡伦宫联（戏台联）

（1）演离合悲欢，当代岂无前代事；

观抑扬褒贬，座中常有剧中人。

（2）檀板怀蔡公，弦诵一堂新乐府；

层楼俯巫水，笙歌三弄小南京。

36. 吉庆宫联（戏台联）

（1）莫起歹心，看古来大匿巨奸，有谁结果；

无妨善意，让这些油头花面，暂且登场。

（2）名场利场，无非戏场，做得出泼天富贵；

冷药热药，总是妙药，医不尽遍地炎凉。

37. 杨家祠堂联（戏台联）

（1）戏剧本属虚，虚非为虚，虚虚实实，方寸地，生杀予夺，荣辱贵贱，做来千秋事业，莫道当局是假；

弹唱原为乐，乐民之乐，乐乐优优，顷刻间，悲欢离合，喜欢哀乐，现出万代人情，须从戏里传真。

（2）文字有褒有贬，非赞沙场战斗，即评时事弊端，铁面本无私，同仁都秉董狐笔；

神州入诗入画，且庆邦害灭亡，更喜国家安定，春宵好会宴，把酒当酬李白诗。

38. 司署衙门联（戏台联）

（1）装男亦好，扮女亦好，举起刀枪剑戟，参演抗倭戏；

　　祁剧也罢，高腔也罢，无论生旦净丑，争唱爱国歌。

（2）白门楼，具铁甲三千，一战终被擒，谁教尔英雄气短；

　　石头记，有金钗十二，豪华本是梦，顿使我儿女情长。

39. 一甲巷大舞台联

　　仙凡牛女配；

　　笏戈将相和。（戏台联）

40. 临时戏台联

（1）搭戏台，演戏曲，台台演出抗倭戏；

　　奏军乐，唱军歌，个个齐唱爱国歌。（戏台联）

（2）愿听者听愿看者看听看自由两便；

　　说好就好说丑就丑好丑只演三天。（戏台联）

（3）有口非口口代口；

　　似人非人人舞人。（木偶戏台联）

41. 大兴禅寺联

（1）退后一步想；

　　能有几回来。

（2）世外人，法无定法，然后知法法也；

　　天下事，了犹未了，何妨不了了之。

（3）步入禅林，逐级登高，且慢前行，反思过去；

　　心归佛祖，尘缘放下，莫留后悔，修养将来。

（4）放大光明，敢向无生说妙谛；

　　得真解脱，须从华藏认如来。

（5）菩提会菩提，具广神通，忽现千手千眼；

　　自在观自在，是真佛力，总有大慈大悲。

（6）愿为杨柳净瓶一滴水，恩洒大千世界；

　　当有芙蓉粉本百花笺，教化亿万生灵。

（7）你眉头着什么焦，但能守分安贫，便修得和气一团，常向众生开口笑；

我肚量有这般大，总不愁穿虑吃，只讲个包罗万物，自然百事
放心宽。

42. 小佛寺联

（1）自在观，观自在，无人在，无我在，问此时自家安在，知所
在，自然自在；

如来佛，佛如来，有将来，有未来，究斯世如来后来，已遇
来，如是如来。

（2）天地同流，眼底群生皆赤子；

古今一梦，人间几度续黄粱。

43. 密云观联

（1）一生二，二生三，三生万物；

地法天，天法道，道法自然。

（2）密雾弥纶，四时三界；

云禅修正，五眼六通。

（3）道冠两仪，四象功司地藏；

德尊三界，八卦福与天齐。

（4）天下名山僧占多，该留一二处奇峰，棲吾道友；

世上好话儒说尽，幸剩五千言妙语，扬我仙师。

44. 观音岩联

求自在，不自在，知自在，自然自在；

念如来，非如来，悟如来，如是如来。

45. 妙音寺联

（1）古刹复修，妙在山中，佛光普照照寰宇；

老寺新貌，音布人间，慈航广度度众生。

（2）到何处寻名扬利至，惹出多少烦恼；

在这里听暮鼓晨钟，获得一身轻松。

46. 准提庵联

心到虔时佛有眼；

运到亨处哑能言。

47. 四神庙联

律协静条鸣，试看豹驾螭骖，作雨成霖，都承清景；

化行知草偃，听罢胡笳羌笛，阜财解愠，更谱虞琴。

48. 寿佛宫联

（1）回首望衡阳，最难忘石鼓书声，雁峰鸿影；

羁身在沅水，一样是春风人面，逆旅乡情。（大门联）

注：该联由彭玉麟（1816—1890年）撰写，祖籍衡阳人，兵部右侍部，中国近代海军奠基人。

（2）越王薪胆传遗韵；

优孟衣冠有古风。

（3）六礼未成，顷刻洞房花烛；

五经不读，霎时金榜题名。（戏台联）

（4）摩顶得圆珠，不论有相非相，非非相，礼慈云天，清兜率众信供奉；

渡人为宝筏，即至三千大千，大大千，无边法海，登彼岸地是茅坡。（楹柱联）

49. 厘金局楹联

天子何思伤民财，因小丑猖狂扰兹守土；

地丁不足济军饷，愿大家慷慨输此厘金。

50. 盛丰钱庄联

（1）算分毫算公平何须再算；

存诚意存信用放心来存。

（2）盛景有期银白金黄铺天地；

丰年在望禄光福气耀长天。（横批：义重于金）

（3）无币不收无账不取；

积沙成塔积水成川。

（4）每临大事有静气；

不信今时无古贤。

（5）双星临玉宇；

华烛照兰堂。

（6）溪堂对月饮花卧酒；

松阁临泉读书听香。

（7）宝树三花银毫五色；

金山步垒玉海行钓。

51. **讯把总署楹联：**

片言九鼎威信源于清政；

一公万服声望始于廉明。

52. **源春酱园楹联：**

（1）喜怒哀乐正对面；

香甜咸辣在此庄。

53. **仁园楹联：**

（1）创业维艰需节俭；

守成不易戒奢华。

（2）设市好，营商好，效好更好；

创业难，守业难，知难不难。

54. **百货商店用联**

（1）三尺柜台传暖意；

一张笑脸带春风。

（2）百货百态，百拿不厌；

千客千意，千问勿烦。

55. **商店用联**

（1）灵活经营，财源茂盛；

薄利多销，生意兴隆。

（2）百问不烦，百拿不厌；

笑容常在，笑口常开。

（3）货真价实，信誉好，产销畅通；

斗满秤平，商德高，买卖兴隆。

（4）诚信迎来四海客；

真情送走三江宾。

56. 青楼联

（1）遥知四海商情，赢得财源茂盛；

通晓三江信息，引来生意兴隆。

（2）顾客是财神，神来四海；

生意重信誉，誉满九州。

（3）货有高低三等价；

客无大小一样亲。

57. 大观楼酒楼联

好货连橱春永驻；

笑容满面客忘归。

58. 理发店门联

不教白发催人老；

更喜春风满面生。

59. 缝纫店门联

愿将天上云霞服；

裁成人间锦绣衣。

60. 福全堂大药行门联

（1）石泉万斛自飞流；

山色千寻常耸翠。

（2）架上丹丸长生妙药；

壶中日月不老仙龄。

61. 忠义镖局门联

（1）信达三江；

镖传四海。

（2）千里路途三五步；

十万雄兵七八人。

62. 福兴昌烟馆门联

　　福临福地福缘广结；

　　财入财门财运亨通。（横批：祥云彭寿）

63. 荷风院门联

（1）迎送远近通达道；

　　进退迟速逝逍遥。

（2）花径不曾缘客扫；

　　蓬门今始为君开。

（3）春入鸟能言；

　　风来华自舞。

（4）阳羡春茶瑶草碧；

　　兰陵美酒郁金香。

（5）荷气竹风宜永日；

　　花光楼影倒晴天。（横批：惟春有情）

64. 绍兴班门联

（1）问生意如何打得开收得拢；

　　看世情怎样醒得少醉得多。

（2）子曰食色性也；

　　诗云君子好逑。

　　上述楹联从不同角度、不同行业，反映为人处世、经商义理，文化底蕴深厚，内容丰富健康，文辞精炼，上下联工整对仗，为洪江楹联之精髓。

五、洪江古商城的俗语与暗语

1. 俗　语

（1）让人一寸，得理一尺。

（2）有理说实话，没理说蛮话。

（3）有理的想着说，没理的抢着说。

（4）有理不怕势来压，人正不怕影子歪。

（5）有理不在言高，有话说在面前。

（6）有理不可丢，无理不可争。

（7）有理赢，无理输。

（8）有理摆到事上，好钢使到刃上。

（9）有理走遍天下，无理寸步难行。

（10）有斧砍得树倒，有理说得不倒。

（11）有志不在年高，有理不在会说。

（12）吃饭吃米，说话说理。

（13）吃人的嘴软，论人的理短。

（14）吃要吃有味的，说要说有理的。

（15）会走走不过影，会说说不过理。

（16）舌头是肉长的，事实是铁打的。

（17）灯不亮，要人拨；事不明，要人说。

（18）灯不拨不亮，理不辩不明。

（19）好人争理，坏人争嘴。

（20）好茶不怕细品，好事不怕细论。

（21）好酒不怕酿，好人不怕讲。

（22）走不完的路，知不完的理。

（23）走路怕暴雨，说话怕输理。

（24）坛口封得住，人口封不住。

（25）理不短，嘴不软。

（26）菜没盐无味，话没理无力。

（27）脚跑不过雨，嘴强不过理。

（28）做事循天理，出言顺人心。

（29）船稳不怕风大，有理通行天下。

（30）煮饭要放米，讲话要讲理。

（31）隔行如隔山，隔行不隔理。

（32）鼓不敲不响，理不辩不明。

（33）路是弯的，理是直的。

（34）路不平，众人踩；事不平，大家管。

（35）路有千条，理只一条。

（36）碾谷要碾出米来，说话要说出理来。

（37）稻多打出米，人多讲出理。

（38）劈柴看纹理，说话凭道理。

（39）人有志，竹有节。

（40）人有恒心万事成，人无恒心万事崩。

（41）人不在大小，马不在高低。人往高处走，水往低处流。

（42）人往大处看，鸟往高处飞。

（43）人争气，火争焰，佛争一炷香。

（44）人老心不老，身穷志不穷。

（45）人要心强，树要皮硬。

（46）人凭志气，虎凭威势。

（47）人怕没志，树怕没皮。

（48）人起心发，树起根发。

（49）三百六十行，行行出状元。

（50）山高有攀头，路远有奔头。

（51）山高流水长，志大精神旺。

（52）小人记仇，君子长志。

（53）不怕路长，只怕志短。

（54）不怕百事不利，就怕灰心丧气。

（55）不怕山高，就怕脚软。

（56）水小声大，人小志大。

（57）问路总比迷路好。

（58）未经苦难，得不到荣冠。

（59）宁吃锅头饭，不说过头话。

（60）良言一句三冬暖，恶语伤人六月寒。

（61）任你金钱有千万，难买寿缘多一天。

（62）好汉不怕出身贱。

（63）浇花要浇根，帮人要帮心。

（64）逆水行舟，不进则退。

（65）一道篱笆三个桩，一个好汉三个帮。

（66）一富一贫见真情。

（67）人不出门身不贵，火不烧山地不肥。

（68）人直有人敬，路直有人行。

（69）人送匹马，买卖不差分毫。

（70）千生不如一熟。

（71）万事留一线，日后好相见。

（72）天时不如地利，地利不如人和。

（73）仁义好，水也甜，呷口凉水当过年。

（74）长短是根棍，轻重是个礼。

（75）鸟跟鸾凤飞得远，人伴贤良品自高。

（76）众人拾柴火焰高。

（77）一个钉子一个眼，扯了萝卜地头宽。

（78）人在世上走，为了身和口。

（79）不怕不识货，只怕货比货。

（80）不登高山不知平地，不吃稗子不晓得粗细。

（81）三句好话心头暖。

（82）三天有不得，三天无不得。

（83）刀斧伤人容易好，言语伤人记在心。

（84）无功不受禄，受禄必有功。

（85）马不催不跑，人不激不发。

（86）家财万贯，不如薄技在身。

（87）不求金玉重重贵，但愿儿孙个个贤。

（88）一碗米莫忘天干。

（89）小洞不补，大了一尺五。

（90）及时缝一针，将来省九针。

（91）天天待客不穷，夜夜做贼不富。

（92）冒有饭呷多呷菜，冒有衣穿多捆带。

（93）早起三朝当天工。

（94）旧的不去，新的不来。

（95）年轻不攒钱，老来划渡船。

（96）命中有的自然有，命中无的莫强求。

（97）命中只有八角米，走遍天下冒满升。

（98）常将有时当无时，莫将无时当有时。

（99）越有越奔，越无越困。

（100）家产是积起来的，痨病是咳出来的。

（101）富人思来年，穷人思眼前。

（102）要想畜生钱，要和畜生眠。

（103）勤是摇钱树，俭是聚宝盆。

（104）勤俭之人样样有，懒惰之人件件无。

以上俗语从不同角度重点阐释讲道理的意义，具有使人明辨是非、讲道理的指导作用。

2. 暗 语

洪江商业行帮中流行一种暗语，非个中人不知其含义。暗语大致分为三种：一是把熟语中的最后一个字隐去，以"的"字来替代，组成一个"的"字结构，而被代替的字，实指某一实物（有时是谐音）。例如太子登的，实谐鸡——太子登基（鸡）；富贵有的，实指鱼——富贵有余（鱼）；嫩皮细的，实指肉——嫩皮细肉；烧鸡板的，实指鸭——烧鸡板鸭；安安送的，实指米——安安送米，是《二十四孝》中的故事；酆鲍史的，实指糖——酆鲍史唐（糖），因《百家姓》有"酆鲍史唐"句。还有以事物的特点取名的暗语，如漫水子——油（因为油比水轻，漫浮于水面），海沙子——盐，摆尾子——鱼，波浪子——水，开山子——斧等。还有以拆字为暗语，如三酉——酒，金戈——钱，火西土——烟。

二是以别的字代替物价的数字，"豆贝太长风土现靠弯"以及"中人上大王主井羊非"依次替代"一二三四五六七八九"。商贩们在协商价格时，说"风老佰""靠老佰"即为"五""八"；说"太弯""风贝"即为"三十九"和"五十二"。

三是捏手指议价。买卖双方议价时，各出右手，在衣襟或手巾的掩盖下，以捏手指议价，目的是不让第三者插手。首先捏的手指代表议价中的整数或大数——称"娘"，第二次捏的手指替代零数或小数——称"崽"，如先捏食指、中指和无名指——为"娘"，代"三"；后捏大拇指和满指——为"崽"，代"六"，合起来为"三十六"。

六、洪江古商城沅水号子

沅水号子，为洪江船工、排工、建筑工人、搬运工人在劳动中所唱的歌曲，多为一人领唱，多人同声相和，起句高亢、激昂，和声则配合默契，低沉、有力。这是洪江珍贵的民间船商文化，是当年洪江水运辉煌时期真实的文化现象。这种劳动号子，主要是用来统一指挥、协调动作、鼓舞士气。沅水号子有拖排号子、收排号子、拉木号子、摇橹号子、拉纤号子、编排号子、倒篷号子、收缆号子、船潭号子、划船号子、推车号子、打夯号子等20多种。它们属沅水流域的民间劳动号子，经过长久的传唱，到民国末年，已有了简单的旋律和节奏，蕴含了丰富的民间文化和地方特色，具有一定的民俗学、民族学意义，以及沅水流域的民间艺术研讨价值。

米仁早是当年排工中唱沅水号子的佼佼者，其子米爱国从小耳濡目染，他1981年从部队复员回家进入洪江贮木场后，开始跟着父亲学唱号子，成为沅江号子的传人。鄢祥飞，沅陵人，也是洪江沅水编排号子传承人之一，祖父和父亲都是"排古佬"。1974年他进入洪江贮木场，没有直接从事放排工作，而是从事管理工作。他退休之后，还时常需要参加洪江古城的重要演出。他是和唱，领唱的是他贮木场的同事米爱国。直到洪江贮木场2006年停产，沅水之上持续千年的古老的沅水号子才在此画上句号，响彻长河的号子声在沅水河面上再也听不到了。现在只有在洪江古商城表演者中可听到古老铿锵的沅水号子。

附：

1. 拖排号子

[领]：喂哝嗬哎呃——　　　[齐]：唷嗬

2. 划船号子

[领]：呀嗬——　　　　　　[齐]：噢噢嗬——

喂罗吔罗嗬——　　　　　　嗨—嗨呀吔—

呀嗬——　　　　　　　　　嗨哎嗨呀嗨——

哎喂嗨——　　　　　　　　嗨呀喂喂嗨——

3. 收缆号子

[领]：噢喂嗬——　　　　　[齐]：嗨哟！

哝喂嗬——　　　　　　　　嗨呀！

呀罗喂——　　　　　　　　嗨而吔

呀喂哟——　　　　　　　　喂哟！

噢哟——　　　　　　　　　嗨呀！

4. 倒簧号子

[领]：噢噢哎嗨嗨嗬　　　　[齐]：嗬哟嗨

拉紧哟　　　　　　　　　　吔—

吔喂呀　　　　　　　　　　哟

噢——喔　　　　　　　　　嗨喂呀

嗨——　　　　　　　　　　哎呀喂——

手拿榔头　　　　　　　　　吔嗬——

把簧倒　　　　　　　　　　哎吔嗬

安全可靠　　　　　　　　　吔嗬——

最重要　　　　　　　　　　哎吔嗬

呀嗬　　　　　　　　　　　噢噢

喂罗吔喂罗　　　　　　　　嗨嗨呀嗨

呀嗬吔	哎嗨呀嗨
哎嗨嗨	嗨呀喂喂喂嗨——
呀嗬	噢噢
喂罗吔罗嗬	嗨嗨呀嗨
哎嗬	哎嗨呀
哎嗨嗨	嗨呀喂喂嗨
山茶花	嗨呀吔嗨
山茶花的开来哟	吔罗吔
满山红呀	吔嗨呀吔
噢——	嗨嗨
呀哝呀	嗨嗨

5. 拉木号子

［领］：喂哎哎哎——哎——哎——哎——

［齐］：嗨！

［领］：呀那扳噢——纳呷

［齐］：吔！

［领］：扳噢啊呀呀划——

［齐］：哝！

［领］：喂啊——纳呷——

［齐］：吔！

［领］：扳啊哝啊呀呀啊个个啊

［齐］：喂！

6. 推车号子

［领］：喂罗罗罗罗罗罗唷吔罗嗬

［齐］：嗨嗨嗨呀罗哩嗬罗嗬

［领］：喂罗罗罗罗嗬嗬

［齐］：嗨嗨嗨哎嗨呀

［领］：吔嗨喂喂嗨呀

［齐］：嗨呀喂喂嗨呀嗨

[领]：吧罗罗嗬

[齐]：嗨呀嗨吧罗罗嗬嗬

[领]：喂罗罗罗罗罗罗吧罗吧罗吧罗罗嗬

[齐]：嗨吧罗嗬嗬！

7. 船潭号子

[领]：呃——扯倒的过　　[齐]：哎嗨嗨

嗨拉倒的来呀　　　　　哎嗨哟

嗨加把的劲罗　　　　　哎嗨嘞

嗨自由地干啦　　　　　嗨呀嗨子哟啊呀

那呀那嗨呀那嗨

哎嗨哟——

呃——扯倒的过　　　　哎嗨哟

嗨呀加油地拉呀　　　　哎嗨哟

嗨拉倒的来哟　　　　　哎嗨哟

嗨加把的油啊　　　　　嗨呀嗨子哟啊呀

那呀那嗨呀那嗨

哎嗨哟

8. 打夯号子

[领]：哦得哟急来哟　　[齐]：哎嗨嗨哟

扔得哟高来哟　　　　　哎嗨哟

三国的英雄哟　　　　　喂呀喂子哟

是马超　　　　　　　　嗨嗨

切喂哟哎哟　　　　　　嗨哟

切喂哟嗨哟　　　　　　嗨哟

[领]：哎呀左来　　　[齐]：咳！

嗨呀左来　　　　　　　咳！

嗨呀左来　　　　　　　咳！

嗨呀左来　　　　　　　咳！

嗨呀左来　　　　　　　咳！

哦嗨左来	咳！
哎嗨左来	咳！
嗨呀左来	咳！
嗨呀么嗨左来	咳！
哦嗨左来	咳！

9. 撸号子

过滩如过鬼门关

王村码头高又高，老板称肉爱称泡；
响水洞，吃中饭，吃了一半留一半。
吃了中饭套草鞋，求儿求女老师岩；
老师岩上打一望，兵马难过铁城墙。
咪水洞，咪水滩，前面有个三门滩。
雀儿孔，雀儿岩，船只要拉望乡台；
柳竹湾，高头岔，十个老板九个怕。
教场坪，教场滩，保靖有个狮子庵；
到了保靖把船揽，老板就把到岸安。
王村滩，长又长，酒船揽在河中央；
有钱哥哥把酒醉，无钱哥哥把手搓。

10. 船号子

号予声声船工泪

（一）

天牌摆下天门阵，天门阵上有能人；
能人就是杨宗保，破门还靠穆桂英。

（二）

地牌摆下两颗钉，朝里清官包大人；
断过许多无情案，日断阳来夜断阴。

（三）

仁排摆下八点红，大逆不孝是仁宗；
只有仁宗不认母，惊动天上老雷公。

（四）

和排摆下一字弯，孙猴压在五行山；

多亏唐僧来打救，师徒取经去西天。

（五）

藏五摆下是梅花，刘氏嫁到凤凰家；

三番五次不依允，后花园里把簪发。

（六）

藏三摆下两根绳，藏儿挑担送苏琼；

苏琼得了高官做，藏儿被抛九霄云。

（七）

藏儿摆下似板凳，崔氏逼嫁朱买成；

买成得了高官做，马前泼水不复盆。

（八）

斧头出来黑又黑，唐朝有个付景德；

你也黑来他也黑，父子好像一块墨。

（九）

四六出来半截红，仁贵跨马去征东；

征东征西薛仁贵，摇旗造反苏保同。

（十）

高脚摆下高脚排，杭州读书祝英台；

杭州读书三年满，山伯才访女裙钗。

（十一）

一五摆下四一一，三国英雄司马超；

马超只算英雄汉，神机妙算孔明高。

（十二）

三六四五一岁九，水擒杨幺洞庭湖；

水擒杨公洞庭上，牛哥活捉金兀术。

（十三）

三五二六一岁八，封神有个姜子牙；

只有子牙道法高，手持宝剑把妖杀。

（十四）

三四二五一岁七，宋江怒杀阎婆惜；

为了找回招文带，大义大勇杀亲妻。

（十五）

丁通二四不成双，大闹花灯是薛刚；

薛刚创下滔天祸，满门捆绑进杀场。

（十六）

一字写下一杆枪，霸王别姬在乌江；

霸王别姬乌江死，韩信功劳不久长。

（十七）

二字写下两条龙，仁贵跨马去征东；

征东征西薛仁贵，摇旗造反苏保同。

（十八）

三字写下三横长，三国有个关云长；

关云长，斩六将，擂鼓三通斩蔡阳。

（十九）

四字写下四四方，磨房受苦李三娘；

只有三娘多受苦，磨房生下咬脐郎。

（二十）

五字写下半脚坐，山东有个陈二哥；

三鞭两剑逢敌手，咽血而亡见阎罗。

（二十一）

六字写下绿茵茵，宋朝不过杨家兵；

金沙滩上大血战，一片忠心保圣君。

（二十二）

七字写下一笔拖，杨家有个杨令婆；

今朝看到五星斗，明日造反乌江河。

（二十三）

八字写下两边排，杭州读书祝英台；

杭州读书三年满，山伯才访女裙钗。

（二十四）

九字写下三转弯，昭君娘娘去和番；

千金抬出关门外，反手就把燕门关。

（二十五）

十字写下是忠心，八洞神仙吕洞宾；

王母娘娘蟠桃会，悟空偷桃驾祥云。

11. 夯歌调

嘿呀么着力，嘿呀么嘿着，嘿嘿着力。

第二节　洪江文学中的商道文化内涵

在上面列举的洪江诸文学形态里，都隐藏着儒释道的思想，是洪商经商义理的另一种表达，是洪江商道文化不可缺少的构成部分。本节就以数量较多的洪江古商城楹联为主，结合其他相关文学作品，分析其中的商道文化内涵。

一、洪江文学中的进取创新之道

洪江商帮在激烈的商战打拼中，能形成完整的市场体系和产销网络，这完全得益于洪江便利的水陆交通优势和洪江商人身上那种开疆辟土、奋发图强的进取与创新意识。洪商从不做"引车卖浆，织席贩履"之类的小买卖，他们懂得"十人不如一牛，十牛不如一车，十车不发一船"的道理，他们敢于打造纵横沅水、长江流域的"巨无霸"（洪江船）来运输洪油、食盐、布匹、南杂、土药，他们靠胆识、诚信和质量来积累财富。洪商这种虽偏安于一隅却敢于冒险、开拓天下的气度与胸怀在洪江古商城的楹联中也有迹可循，列举如下：

（1）铁板铜琶，火树银花，画阁珠帘，俱非古有；
　　　阳春白雪，冰肌玉骨，清歌妙舞，都属今朝。

（2）水国渔乡歌乐府；
　　　石城烟火兆升平。

　　　出将入相；
　　　纬武经文。

　　　新声谱出扬州慢；
　　　明月听来水调歌。

　　　扬清激浊；
　　　鉴古观今。

（3）左笔为阳，右笔为阴，实自古人开草昧；
　　　良相救时，良医救世，均由汉代播芳馨。

（4）曲调谱新声，铁板铜琶高唱大江东去；
　　　园林开旧府，琼楼玉宇好教王气南来。

（5）要看早些来，大文章全凭起首；
　　　须观完了去，好结果总在后头。

（6）既已上台，不怕大家站旁边指丑；
　　　自能了局，何劳诸位替旷古担忧。

（7）神是人，鬼是人，人也是人，一二人千变万化；
　　　车步行，马步行，步亦步行，三五步四海五湖。

（8）人情到底好排场耀武扬威，任你放开眉眼做；
　　　世事原来多假局装模作样，惟吾秉着心肠行。

在（1）中，前面列举的如"火树银花、画阁珠帘、清歌妙舞"等均描写古人的气派和繁华，后面转笔"俱非古有""都属今朝"，一"俱"一"都"语气峻急豪迈自信，显示出洪江商人当下建立功业的豪情，与毛泽东《沁园春·雪》中"俱往矣，数风流人物，还看今朝"所表达的情怀是同脉的。（2）中的"出将入相、纬武经文""扬清激浊、鉴古观今"是古代儒家知识分子的入世理想，也是洪商对事业孜孜以求的写照，如（6）中描写的"既已上台，不怕大家站旁边指丑；自能了局，何劳诸位替旷古担忧"，正是这种气度与追求赋予洪江商人开拓创新的勇气。他们敢于天下先，从无到有，"一把包袱一把伞，跑到洪江当老板"。从（3）到（7）表达的都是洪商的这种特质。

在（3）的"左笔为阳，右笔为阴，实自古人开草昧"中，"阴""阳"实指有着人类活动痕迹的自然界，与后面的"开草昧"相对。"草昧"指的是天地初开时的混沌蒙昧状态，《易·屯》中云"天造草昧"，王弼注"造物之始，始于冥昧，故曰草昧也"，《梁书·武帝纪上》云："自草昧以来，图牒所记，昏君暴后，未有若斯之甚者也。"这里的"开"字既有去除之意，又有开创之涵，从全句来看，意思更在后者。后面诸联的内涵也是紧随其后，如（4）中的"曲调谱新声""园林开旧府"，联5中的"要看早些来，大文章全凭起首"中的"早些"与"起首"，（8）中的"任你放开眉眼做"都有着开拓创新的自觉。这种自觉是与自信连接在一起的，在（7）中，神鬼人的同一性验证着人在宇宙中的影响与地位，因此才会有"一二人"就可以导致"千变万化"，"三五步"就能够走遍"四海五湖"。在洪江流传的山歌调敬酒歌中有唱道："脚踩铁栏踩过断，大树砍了连根扳；打龙要吃龙的肉，打虎要吃虎的肝；龙肝虎胆一路呷，到了黄河心也甘。"这些表达虽然有点夸张，但从人类的实践活动来看，开拓进取创新的确是人类不断进步的推动力。

在洪江流传的俗语中，也多强调这种心大志大的重要性，如"人往大处看，鸟往高处飞""人有志，竹有节""人有恒心万事成，人无恒心万事崩""人不在大小，马不在高低""人往高处走，水往低处流""人争气，火争焰，佛争一炷香""人老心不老，身穷志不穷""人要心强，树要皮硬""人凭志气，虎凭威势""人怕没志，树怕没皮""人起心发，树起根发""山高有攀头，路远有奔头""山高流水长，志大精神旺""小人记仇，君子长志"。这里的"志"与前面楹联中体现的开放进取的精神异曲同工，皆折射出儒家对个体积极有为精神的提倡。儒家非常强调"志"的重要性，孔子曰："吾十有五而志于学"（《论语·为政》），王夫之说，"气者，天化之撰；志者，人心之主；胜者，相为有功之谓"[①]，朱熹认为"志者，言心之念只在此上，步步恁地做，为之不厌"[②]，张载云"气与志，天与人，有交胜之理"[③]。这些对"志"的论述既强调"志"的不可或缺，同时也强调了实现"志"所需要的实干精神，以及人定胜天的气势与情怀。由此可见，洪商文学中所体现的开拓进取、奋发有为的精神打上了儒家文化的深深印记。还有"早起三朝当天工""年轻不攒钱，老来划渡船""常将有时当无时，莫将无时当有时""未经苦难，得不到荣冠""不怕山高，就怕脚软""不怕百事不利，就怕灰心丧气""不登高山不知平地，不吃稃子不晓得粗细"等俗语呈现的也是儒家这种积极进取、自强不息的精神。

洪江文学所隐含的进取创新之道同样体现在洪商的经商实践中。洪油的诞生就是这种进取创新的典型体现。通过工艺创新提高产品质量，打造品牌是洪商的共识。就洪油生产而言，如何保证油品的质量是各大油号工作中的重中之重。这里以王万和盛油号抄本《洪油要诀暨往来书信》为例加以说明。"要诀"首先介绍了洪油的制作过程，特别是对如何辨别好油、次油做了详尽的描述。"洪油者，洪江所出之油也。其做法以桐籽烧灼，然后上研，研成细粉，将粉用锅炒愚，以水焖粉成沱，及后工匠上柞（榨）打油。近来人心不古，弊端百处，其柞（榨）户经纪百计，鄙维假冒甚多，以致鱼目混珠。图此业者，不得不详审精察，以分泾渭耳。其看法总以香味为主，清亮为上，身厚为佳，脚轻为妙，以藩签扯簌，油玩乃知清亮者，满簌全红，气象光昌，身厚者则签亦厚。气色□浓者、脚轻者，签上明朗，毫无夹杂，加之香味扑鼻，即为顶上之油。"[④]签子客即

---

① 〔清〕王夫之．船山遗书（第6卷）[M]．北京：北京出版社，1999：3651.
② 〔宋〕黎靖德．朱子语类（第2册）[M]．武汉：崇文书局，2018：419.
③ 王政军，刘泉．《正蒙》意译（下）[M]．西安：陕西人民出版社，2021：14.
④ 王振忠．徽州民间珍惜文献集成（第5册）[M]．上海：复旦大学出版社：158.

为对专业质检人员的称呼，他们用竹签将油挥挑起来像瀑布似抖动的动作被称为"扯簌"，以此可检测出油的品质优劣。除此之外，签子客还需要负责在梓油、洗油等油品的制作过程中把控监督，对从上游收购的油进行评级定价等，可见签子客是保证洪油质量的重要人物。"要诀"还对洪油生产过程中各种作假的现象进行了揭露，并告知辨别的方法。王万和盛号是长期在洪江经营的徽商，和其他洪商一样，非常注重产品质量。洪江的大油号几乎都建立了自身的品牌，前面已有论述。此外洪江商人建立带有现代化的经营体制也是这种进取创新精神的反映，在介绍洪油的整个生产环节时，非常详细地描述了这种现代经营体制的具体表现形式，这些放在当下现代企业的经营环境中都不过时，仍然具有借鉴意义。

二、洪江文学中的诚信守义之道

洪江商人缔造了几百年的商业繁荣，善于开疆辟土只是其中的一个重要因素，另一个原因是洪商在经商活动中的诚信守义讲理。在洪江古商城的楹联中，提倡忠、孝、诚、义精神的数量最多，其他文学作品也有涉及，现列举如下：

（1）欲知世上观台上；

　　　不识今人看古人。

　　　离合悲欢演往事；

　　　愚贤忠佞认当场。

（2）古者有言见义不为无勇也；

　　　大圜有命鞠躬勤事则忠之。

（3）莫坏良心，极恶巨奸，转眼终归失败；

　　　请看好样，忠臣孝子，到头毕竟团圆。

（4）忠奸在人心，傀儡场中岂尽假；

　　　应冠非木偶，须眉动处宛如真。

（5）拜斯人便思学斯人，莫混账，磕了头去；

　　　入此殿须要出此殿，当仔细，扪着心来。

（6）一曲阳春唤醒古今梦；

两班面目演出忠奸情。

（7）笑权贵收场，庸人休得意；

看贤良悲剧，志士莫灰心。

（8）作善降祥王得清于帝矣；

饮和食德必以是为主焉。

为恶必灭，为恶不灭，祖有道德，德尽必灭；

为善必昌，为善不昌，祖有遗殃，殃尽必昌。

只要光明正大，初一十五，不用烧香点烛；

倘若犯奸作案，三更半夜，谨防铁链钢叉。

谋人田产、淫人妻女、欺人鳏寡孤独，此等恶徒，任你烧香也无益；

孝于父母、友于兄弟、和于邻里乡党，这般善士，见神不拜又何妨。

（9）偷半日余闲，选百里歌声，贯南朝乐府；

传千秋佳话，褒忠良面目，贬奸佞心肠。

（10）称员外，称老爷，想利就名成，究非真富贵；

呼夫人，呼娘子，看郎才女貌，到底假夫妻。

（11）兄则友，弟则恭，异姓胜过同姓；

君极敬，臣极忠，三人犹如一人。

（12）都望想拜相封侯，却不也难，这里有现成榜样；

最好是忠臣孝子，看来容易，问他做几许功夫。

生为人杰，殁乃鬼雄，浩气拱神京，三光争曜；

死丹心，成灰白骨，义声如浩淼，万古长流。

（13）莫起歹心，看古来大匿巨奸，有谁结果；

无妨善意，让这些油头花面，暂且登场。

（14）算分毫算公平何须再算；

存诚意存信用放心来存。

（15）片言九鼎威信源于清政；

　　　　一公万服声望始于廉明。

（16）三尺柜台传暖意；

　　　　一张笑脸带春风。

　　　　百货百态，百拿不厌；

　　　　千客千意，千问勿烦。

　　　　货真价实，信誉好，产销畅通；

　　　　斗满秤平，商德高，买卖兴隆。

　　　　诚信迎来四海客；

　　　　真情送走三江宾。

（17）顾客是财神，神来四海；

　　　　生意重信誉，誉满九州。

　　　　货有高低三等价；

　　　　客无大小一样亲。

（18）信达三江；

　　　　镖传四海。

（19）富而可求，求人不如求己；

　　　　物惟其有，有德自然有财。

　　洪江古商城楹联对"忠、孝、诚、义"的强调，实则代表了对洪江商人德行的要求：经商就是立德，立德才能进财。洪江商人虽然逐利，但力求在义利之间取得平衡，甚至有时还以义为先，以义取利，德兴财昌。认为"积善之家，必有余庆，积不善之家，必有余殃""行义以达其道"（《论语·季氏》）。这种经商注重以德立世的"商德观"是受儒释道文化影响的结果。儒家文化对个人品德的强调自不待言，道家文化与道教在这方面的提倡也是有目共睹的。考察洪江古商城的宗教，会发现道教在民间的影响甚大，洪江宫馆寺庙供奉的神仙多系道教神仙。道教的哲学基础是道家文化，在它的价值体系构建中，个人的道德是一个重要的维度。魏晋时期的葛洪在他的《抱朴子内篇·对俗》中说："欲求仙者，要当以忠孝和顺仁信为本。若德行不修，而但务方术，皆不得长生也。"虽然道教所追求的积德行善有着长生的功利欲望色彩，但无形中对民间善恶观念的形成有着积极的指导性作用。

在洪江供奉的道教神祇中，有很多是具有儒家文化精神特质的人最终因为自己的事功而成仙成道，如张瑞为民除瘟，救民于苦难，唤神灵庇佑百姓；许逊造福百姓，治理水患；关羽为人侠义，以忠义著称；马援英雄虎胆为报效朝廷战死沙场；南齐云忠孝英烈，为事主死；罗祖心存善念，不忍心杀死有奸情的妻子和他的朋友，而选择自我修行；张飞英勇刚猛、讲义气……这些人物最终都成为道教信奉的神祇。而中华民族的祖先，如神农氏、黄帝、炎帝，以及做出过特殊贡献的历史人物如孙思邈、蔡伦也被道教供奉，可见洪江供奉的神灵都具有忠、孝、诚、义的特点，他们是德行的典范。从洪江古商城楹联中也可看到佛教的影响，如联8中的"为恶必灭，为恶不灭，祖有道德，德尽必灭；为善必昌，为善不昌，祖有遗殃，殃尽必昌"，明确地道出了善恶与德的辩证关系，以及个人积德可庇后代的可能性。

对"忠孝诚义"的提倡同样体现在其他民间文学作品中。洪江流传一首山歌名为《二十四孝照后人》，唱的就是历史上留名的行孝事迹，如舜王黎山耕田养二老、汉王母亲吃药他先尝、曾参采薪卖钱孝娘亲、董永卖身为奴葬父老、仲由百里负米养二老、陆生袖中怀菊奉老母、闵子骞不嫌母让穿芦花、丁三元通夜为母扇蚊他不眠、老菜班衣采戏母开怀、孟宗为母腊月哭笋竹林中、丁元木雕母容堂上供、赵五娘画堂会母痛断肠、刘玄德奉母打过草鞋卖、五子郎寻到叫化买做娘、蔡伯喈荣耀归家祭坟台、王世朋卧冰求鱼在水中、张进米磨糊糊喂母亲、姜郎媳孝婆来子孝娘等，歌中主要唱的是对父母之孝，虽然弘扬的是家庭伦理，但"孝"作为构建中国传统人伦关系的基本法则，也以忠、义等形式延伸于其他人际交往中。

洪江流传一则感人至深的故事：清朝咸丰年间，洪江大户张家公子张勤才貌双全，对婚配女子要求极高，于是父母打发他下桃源寻亲。行至桃源，忽被吊脚楼一女子泼水上身，张勤一看此女子为绝色之姿，心中甚为欢喜，于是上岸来到女子所在的豆腐店，但不见该女子，他每天以买豆腐的名义来店跟店主夫妇交谈，在非常相熟了之后，张勤提出跟店主夫妇一起开油盐店，并请求夫妇收为义子。店主夫妇第一次将义子迎进内室吃饭，张勤终于见到了自己的心上人，且了解到女子彩珠的身世。原来她为店主夫妇的养女，是本地镖客严刃在走镖时捡到，送给无子无女的夫妇俩的。夫妇俩为了表达对严刃的感激，将不足一岁的义女许配给了年过三十还未娶亲的严刃，并在彩珠成年后，由义父做主完了婚。

严刃觉得自己配不上她，总觉得自己做了亏心事一般，心里不好受，便选择常年走镖在外。彩珠一直深居内室，没想到与张公子有了一面之缘，面对张公子的爱恋，她也逐渐爱上了风流倜傥、一表人才的张公子。两人情投意合，并有了孩子，听说严刃快回来了，彩珠赠张勤一把雨伞要他逃命。张勤坐船上行回家，途中恰遇严刃下行。严刃看到这把伞顿起疑心，因为这把伞是他送给彩珠的，他要张勤退伞，但后者死死护住，宁死不肯。严刃放过张勤，回家盘问彩珠，彩珠将详情据实相告，要求丈夫杀掉她，死意已决。严刃虽然非常痛苦，但想到自己年过半百，离土不远，何苦害掉一条性命？况且自己当年救她，就没想过要她以身相报，于是休了彩珠远走他乡。后来张勤娶了彩珠，两人在洪江过着美满的生活，但彩珠内心始终有着对严刃的愧疚与牵挂。严刃在外游历，也无法忘记彩珠。有一次他病重，想着临死之前一定要见上彩珠一面，于是拼命往湖南赶。一日，他来到洪江南岳殿，正好碰到彩珠在此烧香，两人得以相见，抱头痛哭。张家尽全力请医救活了严刃，并愿意为他养老送终，但严刃病愈后执意要走，张勤妹妹彩凤被他的侠气感动，愿意终身追随照顾他，从此再也没有回过洪江。

之所以赘述故事情节，是想展示故事中各色人物的共同道德期许，在挣破与维护伦理道德之间，大家都在用自己的方式维持着心灵秩序的平衡。尤其是严刃，并没有依据男权制度赋予他的权利处置彩珠和张勤，反而在某种罪感意识的支配下，还彩珠以自由与幸福，是古典任侠精神的充分写照，而故事中其他人的善举也可看作是对严刃这种侠义精神的认同、赞许与呼应。该故事显示社会伦理道德的遵守有时并非出于外在的强制性力量，更多的是依靠高尚道德品质的浸染与渗透而形成的人的行为自觉，这种行为自觉自然也会体现在商道伦理中，成为洪江商人经商的重要法则。

同时，在洪江流传的俗语中，相当部分都跟"理"相关。前面搜集的一百多条俗语中，有超三分之一强调的是人要讲理，所谓"吃饭吃米，说话说理""有理赢，无理输""有理走遍天下，无理寸步难行""让人一寸，得理一尺""有理不可丢，无理不可争""会走走不过影，会说说不过理"等。这里的"理"一般理解为"道理"和"事理"，那何谓道理与事理呢？可以理解为存在于自然与社会的普遍的事物当然之理，称为天理，它是中国古典哲学的重要范畴，也是儒家伦理的主要内容。《论语·公冶长》记述孔子的弟子子贡说："夫子之文章，可得而闻也；夫子之言性与天道，不可得而闻也"，朱熹注释为："性者，人所受之天理；天道者，天理自然之本体，其实一理也。"[①]在朱熹的解释中，性与天道皆为天理，前者为天理的具体表现形式，后者为天理的抽象本质，一体两面。

理学家张栻曾在评张载的《西铭》"理一分殊"之说时指出"某意以为分立者，天地位而万物散殊，其亲疏皆有一定之势，然不知理一，则私意将胜，而其流弊将至于不相管摄而害夫仁。故《西铭》因其分之立，而明其理之本一，所谓以止私胜之流，仁之方也。虽推其理之一，而其分森然者，自不可乱，义盖所以存也。大抵儒者之道，为仁之至，义之尽者，仁立则义存，义精而后仁之体为无蔽也，似不必于事亲、事天上分理与义，亦未知是否？"[②]张栻的这段话强调了两点：一是万物散殊和亲疏之势只是表象，实则理以统之，具有共同的本质，都是理的体现，也都受制于理；二是因为万物包括人都受制于理，所以就可节制过度的私欲而实现仁，保持伦理秩序的有序而实现义，由此儒者之道为理之道，为仁义之道的逻辑便明了无二了。简言之，理即是儒家圣人提倡的仁与义，二者之间仁为体、义为用，但只有对义有精深的认识，仁才可能无蔽障。以上分析是想厘清洪江流传有关"理"的俗语中所隐含的仁与义的道德内容，其

---

①　〔宋〕朱熹. 四书章句集注 [M]. 北京：中华书局，1983：79.

②　〔宋〕张栻. 张栻集（下）[M]. 邓洪波，校点. 长沙：岳麓书社，2017：695-696.

与洪江其他文学作品中的忠孝诚义共同构成洪江社会以"诚"为核心的伦理规范。

浸淫在这种伦理规范中的洪江商人自觉践行着"忠、孝、诚、义"的道德要求，将之贯彻在商贸活动的各个环节中，形成诚实守义的洪江商道文化品格。前面介绍洪江商人的经商义理时，其中几条如"诚信为本，和气生财""里仁为美，格物致知""对天勿欺，罔谈彼短""不拘不卑，居仁由义""利缘义取，趋义避财"都是洪江商人追求仁义之德的体现。在具体的经商活动中，洪江商人对顾客、商家，无论大小，都以诚相待，热情相迎，绝不缺斤少两，货真价实，童叟无欺。如发现货质低劣，宁肯赔钱，也绝不销售。他们懂得只有讲信用、重承诺、不欺不诈，才会顾客盈门。洪江商人无论在经商还是在为人之道上，均表现出诚实、忠厚的一面。

例如，洪江有六十年历史的陈敦厚中药店，信誉卓著，始终如一，生意经久不衰，究其因正是药店的诚信经营。该店的经营宗旨是：信誉第一，质量至上，货真价实，童叟无欺。药店选购的原材料均为道地上品，务必做到货真价优。某些细小的品种，不以烦琐利微而不为，务必齐备。制药工艺也是追求精益求精，如熬制虎胶，只取四蹄虎骨，其他不用；制造当归精，遵照祖传秘方，按照标准浓度收胶；蒸熟地，必拌以砂仁、陈皮等辅料，九蒸九晒。由于选料上乘，制作精湛不掺假，所生产的虎胶、当归精等都质量优异，疗效显著，远销上海、南京、武汉等大城市。在为群众服务上也竭力求诚，如每药都附上详细的说明书，花重金请名医坐诊，在特定日子为满足贫困市民的需求，以半价优惠售卖店里有特殊疗效的药物，深受百姓欢迎。注重商品质量，保证商业信誉不仅是陈敦厚中药店的追求，也是洪江其他行业商人所恪守的原则。洪商的诚信经商观念对于当下的商业环境是非常有益的正面历史经验，应该得到继承发扬。

三、洪江文学中的进退收放之道

洪江商帮在商海中能独树一帜，除了他们具有勤俭持家、艰苦奋斗的精神外，还得益于他们所具有的平和、开放的心态。他们文化水平普遍较高，见多识广，而且头脑清醒，自有主张，既有着创造财富的热情，又不被财富束缚于身心。赚钱固然是好事，但生意亏了、赔了也不在乎，信奉"吃亏是福、平安是福""满者损之机，亏者盈之渐。损于己则利于彼，外得人情之平，内得我心之安，既平且安，福即是矣""天下的钱，由天下人来赚""鱼龙变化""富不过三代，本地无财主"，明白"市者，天地之财具也，万人之所和而利也"的道理。这些都体现了洪商健康的财富观念和他们进退自如、收放有度的人生之道，这在洪江古商城的楹联中集中得到反映。

(1) 一生二、二生三、三生万物；
地法天、天法道、道法自然。

(2) 燮理阴阳不过替天行道；
功夺化育无非代地施恩。

(3) 眼前灯火笙歌直到收场犹绚烂；
背后星光山色偶然退步亦清凉。

(4) 自在观，观自在，无人在，无我在，问此时自家安在，知所在，自然自在；
如来佛，佛如来，有将来，有未来，究这生如何得来，已过来，如见如来。

(5) 天地同流眼底群生皆赤子；
古今一梦人间几度续黄粱。

(6) 世事总归空，何必以空为实迹；
人情却是戏，不妨将戏作真看。

(7) 凡事莫当前，看戏何如听戏好；
为人须顾后，上台终有下台时。

(8) 有或为君子小人，或为才子佳人，修场便见；
有时欢天喜地，有时惊天动地，转眼皆空。

(9) 假戏真情，其中有孝子忠臣，当局莫轻看过；
新腔旧调，即此是晨钟暮鼓，大家只管听来。

（10）任他夺名争利，须知由命不由人，倒不如白日闲游听白雪；

　　　枉自谈今说古，毕竟是真还是幻，只落得黄昏过去话黄粱。

（11）一部廿四史，演成古今传奇，英雄事业、儿女情怀都付于红牙檀板；

　　　百年三万场，乐此春秋佳日，酒座簪缨、歌筵丝竹问何如绿野平川。

（12）退后一步想；

　　　能有几回来。

（13）世外人，法无定法，然后知法法也；

　　　天下事，了犹未了，何妨不了了之。

　　上述楹联以道家的"自然"引领，落脚到佛教的"空"，强调人生的善变，"有时欢天喜地，有时惊天动地，转眼皆空""天地同流眼底群生皆赤子；古今一梦人间几度续黄粱"，既然如此，不妨"偶然退步亦清凉"和"不了了之"。这种"退步"和"不了"为的是"顾后"，因为人在台上的时候要考虑终有下台的一天。它是一种朝后看，是对事物变化的清醒认知与适应，是师法自然之道，是道教中所说的"咸蠲去邪累，澡雪心神"①，这与刻在洪江古商城杨三凤商行侧门上的"无听发禅"异曲同工。"无听发禅"从字意上来理解，一个人若无尘劳之心，不汲汲于功名利禄、荣华富贵，以清净之心来聆听感受生活与世界，就能萌发禅的境界。从深层次来理解，它巧妙地告诉世人，无论是做官还是经商，明白所谓"命中有的自然有，命中无的莫强求""命中只有八角米，走遍天下冒满升"，就能保持超然洒脱的心胸，无听而无不听，顺势而为，无论做什么都会得到收获与满足，获得心灵本身的清净和安宁，以及不被任何事物束缚的自由与祥和。

　　洪江商人这种收放自如、进退有据的人生态度，使得他们不会沉醉

---

① 吕思勉. 两晋南北朝史·文明卷 [M]. 北京：北京理工大学出版社，2016：481.

于对金钱的无限索取，而是懂得分寸，拒绝贪婪。在洪江流传的民间故事中，有很多都涉及对人性贪婪的批判，如《二百五的来历》《懒龙》《老庚》。这些故事都有着大致相近的受助—发达—贪心—受惩的情节模式，其中以《二百五的来历》为典型。故事说的是一个叫虎二的长工，长年被雇主剥削，身无分文。有一年在回家过年的路上碰到虎大，虎大给他变了一堆钱让他带回家。虎二有了钱不再像以前那么勤奋，钱很快就花得差不多了，只剩下五百钱，他拿出一半给妻子，拿着另外的二百五去虎牢城找虎大。经过一番周折他终于找到虎大。虎大带他见了"断魂桥"，引起了虎二深深的思乡之情。虎大临别时叮嘱："人生一世，转眼百年，生不带来，死不带去。凡事不可贪心，知足者常乐也，不知足者，祸也。"并送给虎二一件烂皮衣。虎二很不高兴，但他不知道虎大所在地是阴司地府，他见到的黄金白银只要见着太阳就是一堆纸灰。虎二回到家才发现那件烂皮衣是件隐身衣。他大喜过望，穿着隐身衣开始偷窃，越盗越大，最后盗到国库去了。有一次他偷盗金银铺时，碰到了机关，对方用女人的小便让他现形，将他抓住投入死牢准备问斩。虎大知道后，决定救他一命，于是试巧计假扮巡抚大人监斩，收回隐身衣，放了虎二。从此虎二隐姓埋名，取出原先那些藏下的金银，全部施舍给穷苦百姓，以行善为本，终得善终。

《老庚》则比《二百五的来历》更富悲剧色彩。孝子救下老虎，与虎成为兄弟，于是老虎不断叼来各种食物养起了孝子一家，在老虎的帮助下，孝子修了大房子并娶了老婆，但两口子逐渐对老虎产生不满，并想谋害老虎，老虎逃走了，最后孝子也家破人亡。孝子与老虎的关系可以看作是人与自然的隐喻，自然哺育着人类，给人类源源不断地提供养分，而人类不知道感恩，向自然不断地索取、破坏，终招致自然的报复。《酒井》的故事情节与此相似，只是把老虎换成了白胡子老公公，故事的结尾写道："天高不算高，人心比天高；井水当酒卖，还嫌酒无糟"，对人类的贪欲进行了无情的嘲讽。

《懒龙》的故事更为曲折，也更有意味。懒龙救了龙王女儿，为表谢意，龙王三太子要他从龙宫拿样宝贝，懒龙就拿了一个漂亮的小瓶子，后来才知道这小瓶子可以变东西出来。于是懒龙变出酒拿去卖，酒香十里，生意火爆。柳员外家的小姐知道了这个秘密，与丫鬟合计骗走了懒龙的小瓶子。懒龙生气地跑到山顶上，看到两个女人在洗澡，大喊起来，女人在慌忙逃跑中掉落一件衣服。懒龙捡起来往身上套，虽然只能套进一只袖子，但马上就飞起来了。他飞到柳员外家，将小姐和丫鬟抓到山上，要她们还回小瓶子。小姐假意应承，于是懒龙将仙衣给她，让她们回家取小瓶子。没想到再次被骗，小姐一去不回，懒龙无奈下山。他边走边找吃的，见到一株桃树，结的桃子又大又白，他吃了几个，结果发现自己变成了牛。继续往前走，又发现了一株桃树，他摘下几个吃下去，结果发现自己又变回了人。这时懒龙明白了：吃白桃变成牛，吃红桃变成人。他装了一点白桃和红桃来到柳员外家附近，大喊"卖仙桃"。小姐和丫鬟买了白桃吃，然后变成了牛，在房里横冲直撞。柳员外没有办法，以一庄田的价格让懒龙把牛牵走。懒龙对小姐、丫鬟说："你们整得我好苦。现在跟我走还可以想办法，不然就做一辈子的牛。"两头牛流泪跪下来，懒龙接着问："我把你们变成人，你们和我成亲好不好？"两头牛都点头。懒龙于是拿出红桃给它们吃了，两个又变回了人，于是三人成了亲。懒龙还想回柳员外家取回宝物，可惜小姐所在的绣楼被火烧光了，从此夫妻三人种田为生。

这则故事与前面故事有两个不同：一是宝物的最初获得者懒龙并没有因发达而变得贪心，是身边觊觎宝物的人生出歹意，懒龙获得神力惩罚了贪婪者，没有前面几则故事反高潮式的逆转；二是故事结局是人变成了畜生。这里的人形变异意指人性变异，警示人要是不节制自己的贪欲，那就会被高度物化、卑贱化，丧失人存在的意义与价值，因此这个故事警告与批判的色彩更浓。还有一些故事如《李百花》《两个老庚》《一缸银》《做梦》《三老庚》等，不仅塑造贪婪者形象，也塑造不贪财、诚实厚道之人，借助两类人物人生命运的鲜明对比，表达对不重钱财重情义的道德品质的礼赞。

《做梦》的故事非常具有象征性，情节很简单，即做梦与解梦：李员外做了噩梦，梦见大崽被拦腰斩成两截，二崽被剁成四块，三女被绑着游街示众，家产全部败光。梦醒后，三女来解梦，劝告她爹说："你过去都是大斗进，小秤出。我看是不是把大秤拦腰斩断，大斗剁成四块，家财多散些。"李员外全部照办，三年后家产越发越大。这则故事中，梦中的场景折射的是李员外平时的贪婪，儿女的遭难是他贪婪的报应，而解梦的方式与梦中场景形成奇妙的语义的照应与对位，其作用就是解构与颠覆李员外的作孽，从而导致现实的逆转，传达越散越有、越贪越无的朴素道德观念。贪婪的另一面是吝啬，在洪江流传的民间故事中，有部分关于小气鬼的故事，如《两老庚》《小气鬼与贪财和尚》《小气鬼请客》《两亲家》《卖香屁》《宁死》《贤德女子小气郎》等，这些故事都无一例外地勾勒了吝啬鬼的丑脸和最终受到的惩罚。

透过这些长期流传在洪江的文学作品，可以看到洪江商人对财富的辩证观念并不是凭空产生的，文学、宗教、艺术等各种形式与伦理规范共同实施道德教化，影响着洪江商人。前面说过，道教在洪江民间社会影响最大，而道教非常注重财产的合理分配，反对过度占有。

《太平经》指出"或有遇得善富地，并得天地中和之财，积之乃亿亿万种，珍物金银亿万，反对藏逃匿于幽室，令皆腐涂。见人穷困往求，骂詈不予；既予不即许，必求取增倍也。而或但一增，或四五乃止。赐予富人，绝去贫子。令使人饥寒而死，不以道理，反就笑之。与天为怨，与地为咎，与人为大仇，百神憎之。所以然者，此财物乃天地中和所有，以共养人也。此家但遇得其聚处，比若仓中之鼠，常独足食，此大仓之粟，本非独鼠有也；少（小）内之钱财，本非独以给一人也；其有不足者，悉当从其取也。愚人无知，以为终古独当有之，不知乃万尸（户）之委输，皆当得衣食于是也。""或积财亿万，不肯救穷周急，使人饥寒而死，罪不除也。""人积德无极，不肯力教人守德养性为谨，其罪不除也。"[①]这些言论充分解释洪商为何能对财富有清醒的认知并形成人生进退自如之道，洪江商人从来就认为"贪吝常歉，好与益多"，居富而不自矜，并愿

---

① 王明.太平经合校·卷六十七·六罪十治诀 [M].北京：中华书局，1960：246-247.

意广散钱财；居穷则安贫乐道、处之泰然。这样的胸怀境界也造就了洪江商人乐于散财行善的优良传统。

在古商城，任何人都容易求得扶持与帮助，慈善机构、团体、公会组织很多，如"万国红十字机会""恻隐堂""育婴堂""同乡会馆""同业会所"等，这些众多个人的团体，都承担了慈善公益的责任和义务。洪商除了兴办义学、义渡、义仓、义冢，集资募捐修路、架桥、造亭、建庙外，他们还对从事苦力生计的底层民众伸出援手，对外来洪江或路过洪江遇到困难的流离者给予帮助。对被贫困家庭遗弃的弃婴进行收养，对流浪无居所的饥民施舍钱粮，对生病残疾者提供药品，对客死他乡无善落者提供棺材坟地，对初次创业白手起家者提供资助和扶持，对求取功名外出考学者提供旅费。民国十四年（1925年），湖南、贵州等省受百年未遇的大旱灾，灾民纷纷涌进洪江，洪江商人积极筹款购粮，赈济灾民，十万之众，且维持数月，耗资逾百万银圆。

《洪江育婴小识》用较大的篇幅记载了洪江商人的慈善义举和言行，如洪江首富张书的慈善胸怀："曰财者天下之公物，非一己所得私，天之厚我，假我之手以利人，非私我也，积而不能用，为守财奴，用而不能当，为化财炉。"正因为张书对钱财有如此清醒的认识，他能够"持身俭而及物丰，拯溺女救饥饿，平险滩修纤路"，"丙子（光绪二年）巴遭水患，运谷万担，筑堤代赈"，又"赈豫晋之浸，助麦四千石，再赈黄河缺口，难民十余万至汉口，粥厂款绌，独助一月经费为之倡"。各界均称其大善人，并联合报请朝廷为他立功德牌坊，是年，张书受封一品官员（虚职），其子张祖培亦领三品衔，这是朝廷对社会有重大贡献者的荣誉奖赏。获得如此殊荣的还有另一位巨商刘岐山，因他常行善积德，几次受到民国大总统黎元洪的褒奖。刘岐山因从事慈善之业，深得社会广泛尊重，家业愈来愈发达，一跃成为湖南省排名第二的大富商。

洪商也多次进行政治捐赠。如，1902年孙中山大总统指定华兴会和同盟会负责人黄兴、刘揆一等人来洪江筹集资金，洪江商人纷纷解囊相助，捐款达20万银圆。民国十五年（1926年），中共党员、国民党中央执委吴玉章代表国民政府为国民革命军第十军军长王天培率师北伐授旗，洪江商人踊跃捐助军饷十万元，以资壮行。1945年，为庆祝雪峰之战告捷，抗日取得全面胜利，洪江商人个个出资，人人捐款，还打虎庆功，犒劳军队，修建了"奏凯亭""中山纪念堂""中山公园""七七纪念塔"。1951年，为保家卫国，支援抗美援朝，洪江商人怀着满腔的爱国热情，更加慷慨无私，捐出一亿三千万，购买战斗机一架（取名"洪江工商号"），另加三门大炮。洪江商人无论在哪个历史阶段，都表现出中国商人"齐家、治国、平天下"的高尚情怀，担当了民族大义，肩负了强国富民的历史责任，奉献了宽厚无私的仁爱之心，其"治绩之善，可炳千秋"。

第七章

洪江商道文化的当代
传承与保护性发展

第一节　洪江商道文化的精神内涵

洪江商道文化内容非常丰富，传承并弘扬了儒商文化的许多优良传统，融合了"十大商帮"中的部分文化因子，尤其是江西商帮、山西商帮、徽州商帮、福建商帮的一些经商之道，并具有鲜明独特的湘西地域特色。

一、艰苦奋斗的创客精神

"一个包袱一把伞，跑到洪江当老板"是洪江古商城众所周知的口头禅，洪江是"商贾云集"之地，商业竞争十分激烈，早期商人如朱致大、梁湘帆、杨三和、刘庆丰等大多数是白手起家，从学徒跑堂干到先生老板，始终信奉"富从勤得，贫系懒招""吃得苦中苦，方为人上人"的祖训，艰苦打拼，才换来富甲一方的殷实与名望。首富张积昌老板是江西抚州临川人，开始在洪江是靠摆布摊为生的，始终保持起早贪黑、精打细算的本色和纯朴、厚道、坚韧、刚强的精神，成为最先富臻百万两白银的油业巨户。朱志大是安徽泾县人，他家祖上最初来洪江落户的是一位祖太婆，她带着三个儿子，为躲"长毛"之乱，从皖南泾县逃出。靠制作贩卖北方的一种油炸小吃馓子维持生活。后来实在过不下去，就将三个儿子送去当学徒。依靠"勤俭黄金本，生意勤当先"理念惨淡经营，逐步发展起来的，之后朱志大在洪江开店铺七十余家，几乎垄断了洪江各行各业，金字招牌就叫"朱志大"，远近闻名。

二、吃亏是福的经营理念

在洪江古商城塘冲1号陈荣信商行有一处壁联，相传由清代扬州著名书法家郑板桥所作。上书"吃亏是福"四个大字，小字为"满者损之机，亏者盈之渐。损于己则利于彼，外得人情之平，内得我心之安，即平且安，福即在是矣"。按照现在的经商理念来理解就是一个人经商不可能永远成功和发财，满足于一时的发财则可能丢失更好的机会，会有意想不到的破财和损失①。人也不要为一时的损失而沮丧，往往破财或亏损之时也会有意想不到的盈利和柳暗花明的时候；如果生意一时亏损，没关系，亏了自己，则利了对方，世上的钱不是一个人能赚得完的，人家赚了钱给你一个人情，自己也可以心安。所以，有时吃亏也是一种福分。"吃亏是福"还可以另一种理解：把顾客奉为上帝，宁愿少赚点钱，也决不让顾客吃亏。在我这儿买东西，百挑不厌，包退包修，上门服务，负责到底。这些都受到广大顾客的欢迎，上门购物的人自然就络绎不绝了。

三、开放包容的营商环境

明末清初至抗日战争时期的300多年间，是洪江古商城发展的鼎盛时期。自从湖北黄州旅洪商人在城区一甲巷建成黄州会馆后，各客商、行帮纷纷大兴土木建会馆、宫观，中国资本主义初级阶段各类商业形态在这里初具规模，时人形容洪江为"商贾骈集，财货辐辏，万屋鳞次，帆樯云聚"，"烟火万家，称为巨镇"。鼎盛时期全国18个省，24个州、府，80多个县的商贾、游客和流寓之人纷至沓来，行商流动，来往返复，坐商久居，子孙繁衍，成为坐拥10大会馆、18家报社、23家钱庄、34所学堂、48个半戏台、上百家店铺、近千家作坊的西南大商埠，打造了良好的"开放包容、共享发展"洪江古商城的营商环境。

洪江古商城具有的广泛而深入的包容性：北方的儒文化和南方的巫傩文化相包容，外来移民和本地少数民族相包容，下江人（长江下游江浙、徽州人等）和湖南人相包容，做生意的商人和从事手工业的匠人相包容，做洪油生意的和做木材生意的相包容，甚至于正册人口和另册人口也相互包容。这种强大的包容性形成了和谐社会的广大脉络。此外，古商城的人们对于"成全他人就是成全自己"这一理念具有深深的认同感，这也是洪江古商城和谐社会得以世代延续的内在根源。

---

① 蒋卫平.洪江古商城旅游资源开发探析［J］.家具与室内装饰，2009（2）：42-43.

四、鱼龙变化的归零心态

"鱼龙变化"四个字雕刻在原塘冲1号（木业老板）旧宅大门外的石缸上，石雕上一条飞龙正蜕变为一条无力的小鱼，而一条鱼则在与海浪的激烈搏击中正进化为一条能呼风唤雨的神龙，旁边刻着"鱼龙变化"四个字，显示鱼可能做得好变成龙，龙做得不好就变成鱼。这象征商贫富之间的变化就如鱼龙之变：努力了，贫穷之人会变得富有；不努力拼搏，原来的财富也会坐吃山空，变得一贫如洗。其寓意深刻，告诫人们商海沉浮，贫富无常，做生意也需要时刻有归零的心态。"无听发禅"牌匾也体现了这种商业智慧：一个人若无尘劳之心，无功名利禄之恋，以清净之心去聆听感受生活与世界，就能感受到"禅"的境界。从深层次来理解，它巧妙地告诉世人应顺应历史的潮流融入商海，而不要刻意地追寻财富"鱼龙变化"，形象地体现了洪江商人的智慧与经商理念。

五、匹夫有责的家国情怀

洪江商人另一个显著特点是乐于慈善、扶贫济困、敢于担当。据史料记载：清道光十八年（1838年），贵州等地旱灾严重，沅江上游经常漂来浮尸。绅商杨锡铭、杨在宾等捐资创建"恻隐堂"，专司掩埋尸骨，并于大湾塘置拯尸船（救生船）一艘，专捞浮尸兼义渡，又购买义山作为水上浮尸安葬坟地。清光绪五年（1879年）绅商张书、欧阳钟倡议设"育婴堂"以收养弃婴，各会馆除负责筹募基金外，还由油、木、烟等业按月交纳育婴捐，以充育婴堂常年经费。此外，如赈济救灾、建渡修桥、防火建设、器材购置、兴办教育、创办报纸等，都是商会牵头，各业各户无不乐以参与。"在抗美援朝时期，洪油业在捐献飞机大炮代金中，共献出十七亿五千二百六十万元（旧币），占全市工商界献款总额的42%。"①

---

① 源源. 洪江古城的盛宴 [J]. 科学大观园，2008（20）：15.

第二节　洪江商道文化的当代价值

一、为怀化国际陆港建设提供了启迪

洪江古商城地扼中原和东南通往西南的咽喉要冲之地，是人员、物资交流的枢纽中心。在明清资本主义萌芽时期，洪江古商城由经济繁荣走向社会和谐的发展之路，是经济社会协调发展的古典案例[①]，也是高质量发展的历史佐证。不仅给今天怀化的发展提供了历史性借鉴，也为我们正在进行的国际陆港建设展示了实在的经验。鼎盛时期的古商城货物"沿沅江而下，进洞庭湖入长江直达镇江、上海以至通江达海，此外自洪江溯清水江而上，达贵州镇江、黄平，再改走马帮连结云贵以至缅甸、印度"[②]。今天的怀化是西部陆海新通道"重庆—怀化—柳州—北部湾"主通道上，湖南省唯一的节点城市，怀化已打通3条面向东盟的国际物流大通道：怀化—广西北部湾/广东湛江港出海（铁海联运出海通道），怀化—云南磨憨—老挝万象（中老铁路），怀化—广西凭祥—越南河内（中越铁路）。东盟的大宗商品在怀化形成集结中心的通道能力已经具备，"物畅其流、商通天下"的辉煌将重现。

二、为广大创业者谋事创新提供了优良传统

洪江的商人或是小本经营以贩卖本地土特产品为起点逐渐做大做强，或是从学徒跑堂干到先生老板，历经千辛万苦才发家致富，其商业成长过程都非常艰辛。洪江是商贾云集之地，生存竞争十分激烈，但他们都始终

---

① 王康乐，王平. 洪江古商城在经济繁荣中构建和谐社会之路 [J]. 文史博览（理论），2009（2）：15.

② 王康乐，王平. 湖南"洪江古商城"的成因和价值 [J]. 文史博览（理论），2008（6）：5.

信奉"富从勤得，贫系懒招""吃得苦中苦，方为人上人"的祖训。除此之外，吃亏是福的经营理念、开放包容的营商环境、鱼龙变化的归零心态和匹夫有责的家国情怀等商业智慧，共同为广大创业者谋事创新提供了优良传统。

三、为企业家承担社会责任提供了实践榜样

习近平总书记曾指出："广大民营企业要积极投身光彩事业和公益慈善事业，致富思源，义利兼顾，自觉履行社会责任。"[①]在洪江商人眼里，"君子富，好行其德，小人富，自适其力。渊深而鱼生之，山深而兽往之，人富而仁义附焉。""无礼无义，井是将墟，有断然者。"[②]"贪吝常歉，好与益多"，吝啬财富而不好施舍的人，其本性多属贪婪，反而财源收入不广，而慷慨大度、广泛施舍、扶贫济困的人，其内心大多仁慈正义，所处社会层面宽，商路也广，财源滚滚而来。习近平总书记的殷切期望是有历史根据的，洪商的优良传统也正由新时代企业家们发扬光大。[③]

第三节　洪江商道文化的开发利用

一、洪江古商城景区旅游开发

洪江古商城在中国众多古城、古镇中特点鲜明，独树一帜，是中国

---

① 习近平．毫不动摇坚持我国基本经济制度，推动各种所有制经济健康发展 [N]．人民日报，2016-03-09.
② 王康乐，王平．洪江古商城在经济繁荣中构建和谐社会之路 [J]．文史博览（理论），2009（2）：19.
③ 李晓．弘扬中华优秀传统商业文化 [J]．红旗文稿，2022（9）：45.

社会600年商业发展的一个活标本，保存完整而内容丰富，有巨大的历史文化价值。旅游开发虽处于起步阶段，但依托其优异的资源禀赋和当地政府、居民的重视，开发潜力巨大。

1. 主要特色

洪江古商城号称"中国第一古商城"，较好地展示了明、清、民国时期的商贸文化，是儒家思想浓厚的洪商文化。其格局融合山地城镇和商业城镇两大特征，体现了早期资本主义商业城镇的特点。

（1）山水城镇

洪江古商城的山水环境特色在中国古城镇中独具一格，是中国唯一的拥有如此大体量的山水古城镇。古城地处沅、巫两水交汇处，三面临水，西面以老鸦坡、松云山为屏障，呈扇形辐射，背山面水。地势整体上呈西高东低的态势，以青山界为最高点，形成多处缓坡、台地、凹地。建筑和街巷以山势为骨架，背山临水、高低错落。房屋多依山就势，筑于高坡或筑于坎下，有"人向阶梯时上下，屋随山势自高低"的节奏与美感。

（2）商贸城镇

洪江古商城以区域贸易为主要特色，扼守连接多省的物资集散通道，是湘西重要的驿站和繁华的商埠。独特的地缘条件和交通特点使得古商城拥有独一无二的商业模式和业态特点。历史上以洪油、木材、鸦片贸易为三大支柱产业，以输出外销为主；其他产业还包括钱庄业、绸布业、日杂业、米粮业、瓷铁业、金银首饰业、手工业、外商经销业、牙行（买办、媒介）等。

由于洪江地处多省交界之处，自古苗汉混居，边贸特点突出。大量商贸移民的汇聚，在洪江经商的客商群体中形成了各自的乡土文化，并演化出各具特色的会馆、精神图腾、商业手法、经商理念等。多种商业文化的交流和融合形成了新型的洪江文化，而以同乡会馆和同业行会形成了古城商业骨架。会馆与行会所交织成的组织网络，经济实力雄厚，组织管理严密，建筑规模宏大，囊括了各个行业和地域的商业类型，在洪江经济、政治、文化中起主导作用。

古商城拥有明晰的商业脉络，源于"水路交通－货运码头－会馆－围绕会馆形成的业态布局"这样一条清晰的主线。商城的东北、东南方向沿洪江一线，形成这种形态的大量复制的格局。整个古商城呈现江边三角洲的形态也是源于这种商业模式。由于古商城形成了完整的贸易体系，包括生产、仓储、物流、商务营销、店铺、批发、零售、休闲娱乐、消费等各个环节。这些环节带来大量的商机和就业机会，使得各地区、各层次的人群汇聚于此。

在城市格局上，古城以"七冲、八巷、九条街"形成古城交通组织体系，充分考虑到了不同功能组团的分区和空间的联系，形成不同功能和特色的商业业态和空间关系。通过街市码头集中区、会馆商铺集中区、官署钱庄集中区、服务游乐集中区，将物流、仓储、集市、商务活动、同业同乡组织、官方机构、金融机构、休闲服务、住宿等多类型产业进行功能区分和有机联系。而曲径通幽的青石板街道，高低错落的小街小巷，展示各地文化风格的会馆，苗王寨的吊脚楼，独特的窨子屋和明清至民国时期不同风格的建筑样式等形成古城独特的城市风貌。

（3）民风民俗

洪江古为五溪蛮地，尚苗、瑶风俗，民风古朴淳厚。客籍人则多沿袭旧俗，重宗教，论资辈，质朴豪放，好祭祖、拜佛、敬神。

古商城的曲艺以辰河戏为主，还包括常德汉戏、祁剧、上河阳戏、木偶戏、皮影戏；曲艺主要是围鼓、渔鼓、三棒鼓、霸王鞭和快板等；洪江民间流行音乐有劳动号子、山歌、酒歌、喜歌、孝歌、儿歌、打击乐、吹奏乐等；民间传统舞蹈有龙舞、狮舞、蚌舞、踩高跷、彩莲船等，其表演节目有双龙抢宝、罗汉耍狮、渔翁戏蚌等。

洪江的水上饮食文化非常丰富，河鱼和鸭子最具特色，焖老鸭、炒子鸭享誉湘西，此外，还有鸭血粑、灯盏粑、猪油粑、拖面、葛粉、洪江汤圆等传统小吃。

2. 现存问题

（1）旅游开发现状与存在问题

洪江古商城旅游开发起步较晚，一方面使得历史文化获得更好的保护，避免了低级开发，另一方面则存在接待服务设施缺乏、文化体验深度不够、游客满意度不高、旅游经济落后、商业价值低估等问题；同时，由于古城目前游览空间有限，且商业业态不完善，无法适应大规模游览的需求。

古商城旅游开发潜力巨大，仅仅经过几年的发展，年游客量已经达到二十万以上，并在国内形成了一定的知名度。在以上问题得到解决后，洪江旅游将获得快速的发展。

（2）商业业态现状与存在问题

没有商业的"古商城"不是真正意义的商城。现在的古城仅仅恢复了历史交易场所的参观功能，适应游客的商业业态处于待开发阶段。一方面古城经营者无法获得效益，原住民很难得到实惠；另一方面游客也无法获得周到的服务和消费欲望的满足[①]。在文化梳理和体验的基础上，特色购物、休闲娱乐、主题住宿、特色餐饮等重要产业亟待开发，目的是带给游客更周到的服务、更深入的文化体验，增加游客停留时间。

（3）街区机理丧失了原有的空间格局

古城文化内涵在一定程度上丧失，街区机理丧失了原有的空间格局。目前洪江古商城的入口区功能混乱，主题被遮蔽，风貌也很不协调。

3. 产品定位

中国第一古商城文化休闲体验游。

4. 发展思路

按照清代古城的建设格局，复兴古城原貌，将码头、会馆、商业街及冲连为一体进行打造。沿巫水和沅江恢复系列码头，包括洪盛码头、辰沅码头、五宝馆码头、福建码头、江西码头和贵州码头，恢复相关的会馆，如福建会馆、贵州会馆、江西会馆等，会馆与码头之间恢复"冲"的格局。

（1）构建合理的功能分区

对当前的游览体系和分区进行重新构建，延伸古商城的游览和商业空

---

① 胡海霞，杨振之. 古城镇商业业态研究 [J]. 软科学，2010（9）：138-141.

间。古商城可分为主入口服务区、观光体验区、休闲娱乐区和居民休闲区四大功能区，其中主入口服务区位于洪江大桥和新民路交接地带的商城入口区，包括景区大门和游人中心。当前的古商城构成了观光体验区。打造开放式的古城旅游模式，引导游客深入到小街小巷中去，展示古城最具味道的曲径通幽与高低错落；在会馆、店铺与老宅中体验古商城的传统业态和经商理念，以会馆和会馆周边构成未来古商城游览的核心旅游节点。

拓展古商城现有范围，打造滨河休闲娱乐区。在滨河地带构建绿化景观带，以两河交汇处构建景观节点，修建水文化表演广场和双江祠，在景区结尾处以老郎庙演艺会馆构建娱乐空间。

（2）构建合理的商业业态空间

在古商城内部构建旅游购物和客栈住宿空间，沿河地带及码头构建餐饮、休闲及酒吧等商业空间，最终形成以码头、滨河休闲和古城店铺及客栈为主体的多层次商业消费格局，使游客能够更深入地品味古商城文化。

（3）构建合理的游览组织体系

对游客的游览空间和当地居民的休闲空间要进行适当的分离：游客经洪江大桥进入古城区，在古商城入口设置形象展示引导游客快速通过，经游人中心进入两江交汇处进行空间转换。拓展现有的滨水区域，构成商业空间，提供给游客购物体验区，然后经由古商城游览体验区到达老郎庙演艺会馆，形成以老郎庙演艺会馆及其周边区域为中心的娱乐体验区。

而市民与游客共用洪江大桥至两江交汇的空间，在两江交汇处与游客进行空间转换和部分分离。滨河地区构建绿化景观带，形成市民休闲空间，供市民开展晨练、喝茶和散步等日常休闲活动，最终与游客在滨水空间形成交汇，共用餐饮和休闲娱乐空间。

（4）完善旅游配套服务设施建设

加快景区内游道及其沿线的环卫和游人服务设施建设，完善道路指示系统。在解说牌示的设计上，景区旅游解说系统的解说标识牌在选材、样式、颜色、内容等方面与景区环境相一致。

图7-1　洪江古商城景区旅游开发规划图

二、洪江古商城旅游业态完善

1. 商业历史梳理

洪江商埠的创建，据清代光绪《会同县志》及《洪江育婴小识》书中记载，在清康熙四年至十五年（1665—1678年），就有黄州籍、江西籍人来此经营生计，并集资修建了黄州会馆、江西会馆，距今已有三百余年历史。市内犁头咀（今沅江路）可称作洪江商贸市场发祥之地，古时为渡口、驿站，继设墟场，开有茶馆、客栈、豆腐作坊、摊贩小店。来自湘西、黔、桂边境的木材、桐油、农副土特产品，大都聚集洪江，然后运销下游一带，直至武汉、江浙各埠，复将下游一带的棉花、纱布、食盐、南杂、百货等品，逆流而上运集洪江，转销湘西黔、桂地区。洪江成了吞吐物资的枢纽，使地处崇山峻岭之间的简陋墟场，逐渐演变成为"万货骈阗、百工毕集"的湘西商埠。洪江古商城的零售餐饮住宿等服务业发展史大致可以划分为三个阶段。

（1）兴起与发展阶段

洪江餐饮服务行商店，初称"宿店""茶楼""酒馆"，以后逐步改称为"客栈""伙铺""旅社""饭店""客栈""茶社""澡堂""浴池"，对于从业人员都贬称为"茶房""跑堂""小二"等，每天从清早到深夜要工作十五六个小时，且受人歧视。由于洪油、竹木、特商的兴旺，百业繁荣，旅客云集，餐饮服务行业也随之蓬勃发展。原来洪江只有几十户，后发展至百多户。由于经营饮食服务业的日益增多，逐渐细分为筵席、饮食、旅栈、茶楼四个行业，会员按经营类别入会。先有杨裕兴、百芝元、田玉美、益顺楼、金玉楼，以后又陆续开了大观楼、大世界、大中华、大旅社、太平洋、大美园、长洪、雄溪、万圣楼、资湘一、普海春、醉仙楼、双江楼等，均属于筵席业，主要以办酒席为主，兼营粉面、点心，有的附设旅社；一品香、小嘉乐、求友楼、试试看、湘洪酒家以及在街头巷尾摆摊、挑担的，属于饮食业，以粉面为主，兼营小吃、卤菜以及油条、烧饼、甜酒、汤圆、馄饨、小笼汤包等，品种繁多；游茂顺、天益祥、马义顺、悦来、群安、可群等，属于旅栈业（包括客栈和伙铺），大都开设在犁头咀、吉隆街、杨家巷、姜鱼街、带子街、萝卜湾、汽车站、大湾塘、滩头，川岩等偏僻地方，设备简陋，主要供轿夫、挑夫、排工、船工、农民和修理小贩，以及失业闲散工人住宿，宿食便宜；清溪阁、蔡大兴、卡尔登、万益兴、览胜楼、望江楼、春风等包括戏院贩卖部，属于茶楼业，以清茶为主，兼营瓜子、香烟、花生、油货、点心等，顾客整天满座。昔日坐茶馆者，多系撑船筏排工人以及闲散无职业的老年居民，泡一杯茶，闲谈聊天，花钱不多，自有乐趣。

（2）鼎盛与繁荣阶段

1932年以来，随着政局稳定，湘西治安状况逐步好转，水陆交通畅行无阻。洪油、竹木两业兴旺发达，市场繁荣、商贾云集，因而餐饮服务业常是顾客满座，门庭若市。这时候的洪江可以说是一个消费城市，吃喝玩乐，风靡一时。油篓巷和木粟冲三角地区，茶楼、酒馆、旅社林立，百米之间就有大世界、大旅社、大美园、湘黔、普海春、宜园、卡尔登、长洪、小嘉乐、资湘一等十家茶楼酒馆或旅社。每值夕阳西下，华灯初上，行人走到木粟冲巷口，即听到琴声、歌声、笑声、使人魂销心醉。当时人称"夜上海"。是时，来自各地的油木客商，进到茶楼、酒馆，吃喝玩乐，忘乎所以，有的人将一船油、一联排都被花光。

据老一辈洪江人回忆口述，餐饮服务行业是一个起早摸黑的行业，全靠手工操作，等待顾客临门，与洪油、木材行业相比较，资金不足，名声不大，较少被摊派军饷，但政府的苛捐杂税，恶霸的敲诈勒索，流氓地痞的无事生非，时有发生。在旧社会，有钱的商贾不敢开设茶楼酒馆，但是有两种人敢于从业：一是地方上的知名人士和无职业游手好闲的少老板，如大观楼的彭庆轩、熊汉卿两人都是洪江的知名人士，大中华老板吴克成是洪江商会会长，太平洋老板杨体泉是杨和记四少老板，大世界老板程介卿是警察局侦缉队长，湘黔旅社老板谢龙是监护大队队长。二是有高超操作技艺的能手行家。他们资金不多，餐具可以租借，原材料亦可赊账。如大旅社老板毛克明、长洪饭店老板徐桂生、普海春老板周敬恩、资湘一老板杨松涛、万胜楼老板秦光明等都是名厨师。他们冒着风险，苦心经营，在乱世中求发展，在困难中求生存，兢兢业业，勤勤恳恳，精神可嘉。

（3）衰落与转型阶段

1937年抗日战争爆发以后，平、津、沪、汉等大城市相继沦陷，难民伤兵来洪的日益增多，国民党的党政机关、学校、伤兵医院，纷纷内迁来洪，加上过境的群众和商贩，估计达到11万多人。各会馆、庙堂以及油榨场，处处挤满。由于战争的关系，人口骤增，带来了市场不景气和社会秩序的混乱。这时，餐饮服务行业虽表面繁荣，其实兴中有衰。如大观楼是当时洪江酒菜馆中的佼佼者，历史悠久，远近闻名，却因为战争的影响，生意不好而宣告破产。继大观楼而起的长洪饭店，开设在木粟冲巷口，店面不大，职工又少，是一个夫妻商店。老板徐桂生是常德人，饮食内行，擅长烹饪技艺，经营灵活，采取薄利多销的原则招徕顾客，尤其是老板娘精明能干，接待顾客热情，服务周到。徐桂生的特点是处处为顾客着想，因人而异，能适应顾客的不同口味和爱好。他素知江西人爱吃焦盐鹅鸭、肚片、红白肚尖、溜鱼片、盐水肘子、卤味下锅等菜肴，因时而作，因人而作，深深博得西帮人的赞赏，所以业务盛极一时。但是好景不长，因抗战需要，修建洪靖公路，店面被拆毁而迁往芷江营业。抗战期间，洪江的餐饮业，由原来的百多户增加到两百多户，从数量上看，比以前翻了一番，但实际上大多数是家庭摊店，主要经营粉面和小吃。

1944年，抗日战争更趋激烈，战火接近湘西，交通运输阻塞，洪江的油木积压，因而停止生产经营，陷于不景气状态。同时日机到处轰炸，市场混乱，人心惶惶不安，有些巨商豪绅，准备逃难他方，将物资疏散，有的随资逃往贵阳、昆明、重庆，绝大多数疏散在附近农村，市场萧条冷落。饮食服务行业首当其冲，随之萧条下来。一部分旅社、酒馆被迫停业，由原来的两百多户，缩减到只有几十户。如大世界、大中华、太平洋、大旅社等稍大的饭店、旅社都先后停业，有的转营他业，有的迁芷江、晃县等地经营。家庭小店有的合伙经营，有的另谋生路。

1945年8月13日，日本帝国主义宣布无条件投降，全国同庆、举世欢腾，避难于各地的油木两业巨商，纷纷返洪，重振旧业，积极发展生产。可惜好景不长，国民党当局不顾国家和人民的利益，又挑起内战，大肆掠夺民财。国民党政府所发行的法币，一再贬值。开设八十多年、拥有悠久历史的杨恒源洪油号，因货币贬值而被迫歇业。彼时商民，朝不保夕，关门停业，比比皆是，但是餐饮服务行业大多系家庭商店和个体摊贩，不做生意无法维持生活，含辛茹苦，等待黎明，盼望解放，以求生存。

1949年10月4日，洪江解放了。全市人民欢欣鼓舞，在中国共产党领导下，从此摆脱了灾难深重的旧社会，过上了安定幸福的新生活。中华人民共和国成立后，党和政府对民族工商业采取公私兼顾、劳资两利的政策，凡有利于国计民生的行业，不但允许存在，而且使之继续发展。餐饮服务行业是有利于国计民生、为广大群众服务的行业，资金不够，国家银行还给予贷款，因此，餐饮服务行业日趋发展。1950年工商普查登记显示：筵席业55户，从业人员163人，资金（包括固定资产）旧币四亿两千多万元；旅栈业77户，从业人员134人，资金旧币三亿一千多万元；照相、钟表镶牙业24户，从业人员24人，资金旧币1519万元；理发业46户，从业人员109人，资金旧币3837万元；茶楼业50户，从业人员66人，资金旧币3233万元。通过"三反""五反"运动，破除原来陈规陋习，在人民政府扶植下，不断发展，设备不齐全的饭店、旅社，大多数集资合伙。1954年，政府见此情况，号召油木两商，将闲散资金和固定资产集资合营，在新民路修建一座洪江饭店。范围比较大，设备齐全，分为饮食、旅社、冷饮三个部门，冬天还设有澡堂。饭店陈设美观，布置雅洁；专有技艺人才组织红白两案技术班子；还聘请名厨师贵致祥、张文奇、张炳恒等专营高级筵席。经过大家的努力，苦心钻研，饭店独具一格，赢得了广大群众的好评，取得了较好的经济效益。

2. 商业业态分类

没有商业的古商城不是真正意义的商城。需要在文化梳理和体验的基础上，开发特色购物、休闲娱乐、主题住宿、特色餐饮等重要产业，带给游客更周到的服务、更深入的文化体验，增加游客停留时间。

（1）分类依据

商业业态一般是指商业企业为满足不同的消费需求而形成不同的经营形态。旅游商业业态是指为旅游业服务的零售、餐饮、娱乐、休闲等商业设施的分布特征、构成比例和组合方式[1]。国内学者对旅游商业业态进行了较多研究[2][3][4][5]，已有研究以实地调查业态数据开展分类划分居多，所建立的分类指标不具有普适意义[6]。同时，一些业态类型划分及其命名不符合中国国民经济行业、零售业等分类标准，不利于当地经济活动统计、

---

① 林耿，周锐波. 大城市商业业态空间研究 [M]. 北京：商务印书馆，2008：2-4.

② 张海燕. 历史文化街区旅游与文化商业业态引导 [J]. 中国民族博览，2020（18）：71-72.

③ 李秋元. 历史文化商业街区商业业态特征研究：以南京市老门东为例 [J]. 大众文艺，2019（8）：249-250.

④ 章董晓，周梦梦，沈琪锋，等. 历史文化街区商业业态评价研究 [J]. 山西建筑，2019（2）：26-28.

⑤ 封瑞牧. 历史文化街区的商业业态研究：以佛山岭南天地为例 [J]. 重庆建筑，2017（12）：11-13.

⑥ 赵梦妮，钟永德. 旅游特色街区业态比较研究：以张家界溪布街和桂林阳朔西街为例 [J]. 中南林业科技大学学报（社会科学版），2013（3）：6-8.

信息处理及交换[①]。尤其是洪江古商城这类兼具居住、旅游和文化休闲等多功能特点的研究对象，其业态类型划分理应更为多样性，但目前一些业态类型划分不够全面，主要强调单一功能划分。由于旅游商业业态缺乏统一、全面的商业分类标准，使得不同研究对象的商业业态类型无法进行比较研究，一些商业业态开发成果以及经验等也难以推广并相互借鉴[②]。本书在参考国民经济行业分类（GB/T 4754—2022）、零售业态分类（GB/T 18106—2021）、国家旅游及相关产业统计分类（2018）、《旅游资源分类、调查与评价》（GB/T 18972—2003）及国内外相关学者研究成果的基础上，坚持根据商业业态部门归属、传统业态保存、需求导向及数据可得性等原则进行分类。

（2）分类方案

参照历史文化街区旅游商业业态分类方法[③]，洪江古商城历史上曾有的商业业态可以划分为13个主类、36个亚类、86个基本类型（表7-1）。其中，主类包括零售业、邮政业、住宿业、餐饮业、货币金融服务等13类；亚类包括综合零售、食品饮料及烟草制品零售、邮政基本服务、旅游饭店、正餐服务、货币银行服务等36类；基本类型包括百货、糕点面包、酒饮料及茶叶、纺织品及针织品、文具用品等86类。

---

① 陈康琳，陈琳，张雨生. 城市历史街区商业业态及古建利用情况分析：以北京南锣鼓巷为例 [J]. 旅游纵览，2014（12）：219-220.

② 胡海霞，杨振之. 古城镇商业业态研究 [J]. 软科学，2010（9）：138-141.

③ 萧清碧，林岚，谢婉莹，等. 历史文化街区旅游商业业态分类及开发实证研究 [J]. 福建师范大学学报（自然科学版），2017（4）：81-91.

表7-1　洪江古商城历史商业业态分类

主　类	亚　类	基本类型
零售业（52）	综合零售（521）	百货（5211），其他综合零售（5219）
	食品、饮料及烟草制品零售（522）	糕点、面包（5222），果品、蔬菜（5223），营养和保健品（5225），酒、饮料及茶叶（5226），烟草制品（5227），其他食品（5229），干货（****）
	纺织、服装及日用品零售（523）	纺织品及针织品（5231），服装（5232），鞋帽（5233），化妆品及卫生用品（5234），钟表、眼镜（5235），箱、包（5236），小饰物（5237），礼品花卉（5238），其他日用品（5239）
	文化用品及器材零售（524）	文具用品（5241），图书、报刊（5243），音像制品及电子出版物（5244），珠宝首饰（5245），工艺美术品及收藏品（5246），乐器（5247），照相器材（5248），其他文化用品（5249），字画裱褙服务（****）
	医药零售（525）	药品（5251），其他医疗用品（****）
零售业（52）	货摊及其他零售（529）	货摊食品（5291），货摊纺织、服装及鞋（5292），货摊日用品（5293），其他未列明摊贩零售（5299），货摊工艺品（****），货摊小饰物（****）
邮政业（60）	邮政基本服务（601）	邮政基本服务（6010）
	其他邮政服务（***）	其他邮政服务（****）

续 表

主 类	亚 类	基 本 类 型
住宿业（61）	星级酒店（611）	星级酒店（6110）
	一般旅馆（612）	一般旅馆（6120）
	其他住宿业（619）	其他住宿场所（6190），家庭旅馆（****），特色民宿（****）
餐饮业（62）	正餐服务（621）	正餐（6210）
	快餐服务（622）	快餐（6220）
	饮料及冷饮服务（623）	茶馆（6231），咖啡馆（6232），酒吧（6233），其他饮料和冷饮（6239）
	其他餐饮业（629）	小吃（6291），其他未列明餐饮（6299）
货币金融服务（66）	货币银行服务（662）	银行支行（****），自助银行（****），其他货币银行服务（****）
租赁业（71）	文化及日用品出租（712）	图书出租（7122），音像制品出租（7123），相机及配件出租（****），服装出租（****），其他文化及日用品出租（7129）
	其他租赁服务（***）	器械设备（****），其他租赁（****）
商务服务业（72）	旅行社及相关服务（727）	旅行社服务（7271），其他旅行社相关服务（7279）
	其他商务服务业（***）	文印服务（****），其他服务（****）
居民服务业（79）	理发及美容服务（794）	理发及美容服务（7940）
	洗浴服务（795）	洗浴服务（7950）
	保健服务（796）	保健服务（7960）
	其他居民服务业（799）	其他居民服务（7990）

续 表

主 类	亚 类	基本类型
卫 生 （83）	社区医疗与卫生院（832）	社区卫生服务中心（站）（8321）
	门诊部（所）（833）	门诊部（所）（8330）
	其他卫生活动（839）	其他卫生机构（8390）
电影业 （86）	电影放映（865）	电影院（8650）
文化艺术业 （87）	艺术表演场馆（872）	艺术表演场馆（8720）
	博物馆（875）	博物馆（8750）
	纪念馆（876）	纪念馆（8760）
	其他文化艺术业（879）	其他文化艺术（8790）
娱乐业 （89）	室内娱乐活动（891）	歌舞厅（8911），电子游艺厅（9812），网吧（8913），主题娱乐馆（****），其他室内娱乐活动（8919）
	游乐园（892）	游乐园（8920）
	其他娱乐业（899）	其他娱乐（8990）
其他 （**）	收费景点（***）	收费景点（****）

注：各类型后的（　）内的代码为参照国民经济行业分类表中的类型及编号；（*）表示新增的旅游商业业态类型，其业态类型参考其他商业街区实证研究文献及其传统业态等。

（3）主要特征

洪江古商城以区域贸易为主要特色，扼守连接多省的物资集散通道，是湘西重要的驿站和繁华的商埠。独特的地缘条件和交通特点使得古商城拥有独一无二的商业模式和业态特点：一是具有边贸与移民特征。洪江地处多省交界，自古苗汉混居，边贸特点突出。大量商贸移民的汇聚，在洪江经商的客商群体形成了各自的乡土文化，并演化出各具特色的会馆、精神图腾、商业手法、经商理念等。多种商业文化的交流和融合又形成了新型的洪江文化。二是以同乡会馆和同业行会形成古城商业骨架。会馆与行会所交织成的组织网络，经济实力雄厚、组织管理严密、建筑规模宏大，囊括了各个行业和地域的商业类型，在洪江经济、政治、文化中起主导作用。三是形成完整的贸易体系。古商城的贸易体系完整，包括了生产、仓储、物流、商务营销、店铺、批发、零售、休闲娱乐消费等各个环节，这些环节带来大量的商机和就业机会，使得各地区、各层次的人群汇聚于此。四是拥有明晰的商业脉络。"水路交通—货运码头—会馆—围绕会馆形成的业态布局"的主线型态在商城及其东北、东南方向沿洪江一线形成。整个古商城呈现江边三角洲的型态也是源于这种商业模式。

3. 商业业态提升

（1）基本原则

一是以生活原真性为主导。古商城将商城的原有功能彻底地保存了下来，同时也将传统的生活方式以及生活活动保存了下来，成了重点保护对象，而这种功能性的更新也结合一定的旅游发展思想。不过从对旅游开发的角度来说，旅游开发的内容以及规模具有实质性的差距。保存街区原有功能与旅游商业开发就会形成一定的矛盾，如何在这两者之间寻求平衡点，显得尤为重要。二是以旅游开发为核心。通过古城独特区域空间形态以及浓厚的历史文化沉淀来带动城市旅游行业的发展，实现古城的功能性更新，要符合原住民需求与游客需求双向满足，要将传统商业业态与现代旅游业态相结合，要遵循总体功能分区，具体产业渗透。三是以创意产业发展为纽带。相比较居住功能特征的古城来说，文化遗产集中的古商城具有三个方面的优点，分别为改造成本低、建筑风格突出以及地理位置方便，这三者的优点能够进一步的促进创新模式的发展。古商城往往都会成为个性化创意、创新型人才以及创新思维的集中产业园。所以说，在这样的模式带动下，主导产业就是各类创意创业、文化会展、艺术表演以及工艺产品等多种业态的集中区。

（2）型态选择

在现有观光业态类型的基础上，丰富完善体验类、休闲类、娱乐类、特色住宿类、特色餐饮类、购物类和生活配套类业态，打造中枢集中脉络式分散的神经系统型商业网络（表7-2）。

表7-2　洪江古商城商业型态选择

业态类型	主要项目	分布特点
观光体验类	洪商商道、会馆、建筑、街巷、码头、传统商业、管理机构、公共服务事业	集中于主游线
休闲类	茶社、休息茶座、咖啡馆、江边休闲	分散布局
娱乐类	大型主题表演、街头技艺展示、演艺吧、表演茶楼、水幕电影	主题集中与功能性小分散
住宿类	原居体验、苗寨风情体验、窨子屋主题住宿、散布的主题大院式客栈	档次与风格集中
餐饮类	以炎黄宫为核心的特色餐饮街区、分散的小吃、住宿配套餐饮、滨江餐饮片区	集中组团与散布、流动的零摊小吃
购物类	主题街区购物、作坊式体验购物、零摊纪念品购物	主题集中、分散布局、零摊等
生活配套业态	小超市、休息点、流动式	分散布局

（3）业态分区

洪江古商城商业业态可划分为主入口服务区、古城观光体验区、古城休闲娱乐区、古城原居体验区四个功能区，不同的功能区培育主题商业业态（表7-3）。

表7-3　洪江古商城商业业态分区

功能区	主要范围
主入口服务区	入口服务及主题形象展示空间
	休闲购物街区

续表

功能区	主要范围
古城观光体验区	一甲巷商贸历史街区
	布艺一条街
	酱坊一条街
	商贸移民文化体验街区
	金融一条街
	特色古玩街区
	古商城公共服务及管理展示空间
	油号一条街
	游客集散广场及休闲配套空间
古城休闲娱乐区	特色小吃一条街
	演艺娱乐空间
	滨江购物休闲一条街
古城原居体验区	西入口配套服务空间
	古城原居体验客栈
	窨子屋主题客栈
	苗寨文化休闲体验空间

　　其中入口服务区是游客进入的第一印象区域，承担整个古商城旅游活动最初的情绪培养任务，主要布局入口功能服务配套、主题形象展示、休闲娱乐活动等业态；古城观光体验区是洪江商贸文化体验的集中区，以会馆和商道文化为主要线索，串联各个行业的体验与观光。通过不同街巷的分段主题，展示丰富多彩、博大精深的古城商业；古城休闲娱乐区是古城休闲娱乐项目集中区，与北部滨江商业地产项目相连接，成为游客在古城的夜间体验项目和当地市内的日常休闲消费聚集地。古商城的商人来自五湖四海，需要大量娱乐休闲活动，地方特色的娱乐形式云集。本区域既展示古城历史上繁荣的市井生活，又满足现代游客的休闲娱乐需要；古城原居体验区以体验古商城的生活空间为主题，以窨子屋、苗寨、传统客栈

旅馆为特色，打造原汁原味的古城生活体验。以亚洲饭店和苗寨为核心产品，在保留建筑外形风格和文化特色的基础上，对内部结构和功能进行改造，适应现代游客需要。

三、商道文化融入商科人才培养

依托商学院课程思政研究中心和湖南国际陆港发展研究中心两个平台，调动商学院老师的积极性，开发"洪商文化课程群"，探究乡土文化如何发挥思政教育功能，体现本土区域特色，满足商科学生成长需求，力求让乡土文化的育人价值进一步向学院文化功能构建和整体教育方面拓展延伸。

1. 营造鼎盛时期洪商氛围

以"九省通衢万商云集"为主线，通过复制文物、文献、老照片、《一代洪商》剧照及影像，采用声、光、电等科技手段和场景复原技术，在教学区域展现从殷商以来洪江古商城商业发展的千年历程，浓墨重彩地呈现洪江古商城在不同历史节点所创造的辉煌与传奇。展示主题脉络如表7-4所示。

表7-4　教学区域的主题展示

展示主题	展示内容
万商云集	展示场所入口与起点；楼栋咨询服务、信息服务台
商周墟场	商周时期，洪江已经有了墟场，开始了以物易物的商业行为。延续至今的赶集、赶边场都是由此演变而来，并且商人的称呼也是由此而来
唐宋成型	通过参观，明白古商城发展的历史；通过对中国古钱币发展过程的学习，认识融合了天圆地方、外圆内方理念的铜钱，在漫长历史时期扮演着怎样重要的角色
明清鼎盛	烟火万家，堪称巨镇；行业汇聚，会馆林立。通过参观，了解古商城曾经的盛景，通过对会馆的了解，探究洪江商业发展的脉络
民国繁华	落日余晖，拥有雪峰山天然的屏障，使得古商城免受战火的肆虐。通过参观，了解流金淌银的洪江古商城，在民国时期最后的狂欢
悄然沉寂	现代交通的日益便捷，水运的没落；现代工业的崛起，传统工业的没落；通过参观，了解洪江在二十世纪悄然没落的原因

2. 解字释联讲好洪商故事

义解汉字。在中华文明发展过程中，汉字的意义也逐渐丰富。义解汉字即通过展现汉字的丰富意蕴，在展现过程中生发价值意义，并在最后一条呈现其与商业活动紧密相关的意思，让学生了解中华文化的博大与渊深，与课程内容联动以便学生加深理解，掌握商业经营活动的原则和意义。如对"福"字的义解："不字加一点，一人一块田，家家日子好，人人笑连连"。洪江商人无论经商还是在为人之道上，均表现出诚意、忠厚一面。他们认为经商应"待人以恕""和气生财"，并把"吃亏是福""对天勿欺""居仁由义"等商界警语雕刻于中堂的屋梁上或其他地方。

释联育美。"楹联作为艺术性与实用性兼具的独特文学样式。在商号的使用中，楹联将实用理性与艺术美感完美地结合起来，既能够用简洁明了的语言传达丰富的商业信息，从而如同好的现代广告一样吸引人们的注意力，招徕顾客，并因其上口易记而为人所称道，无形中增加回头率，增强竞争力，又能够因为其一店一联的独创性的精妙构思和活泼、生动的语言传达出无穷的艺术之美。"①因而，通过对商业楹联的解释可以让学生受到美的熏陶，增强审美能力，促进心灵自由、和谐。如曾国藩被服厂对联"借得楚天千朵彩，缝成勇士一身袍"，细细品味，心生无穷美感。

释联育情。商业楹联除了其鲜明的行业特色和功利目的，还可以写意明情，直抒胸臆，把对于顾客的关怀之情、对于天下苍生的悲悯之怀表露无遗。而通过对商业楹联的解释可以让学生感受这种情怀，在敬佩之余也提升自身的情商，开阔自己的心胸。如药店的楹联"只望世间人无病，何愁架上药生尘"，就很好地表达了药店经营者非为逐利，而求世间苍生健康长寿、幸福和乐的悲悯情怀。学生在体会此景此情时，向往之情、敬慕之心会油然而生。

释联育德。楹联除了其实用功能，还承载着人类的精神育化的功能。

---

① 李敏．"溯归原点，解字释联"：中华优秀商文化课程思政探索［J］．山东商业职业技术学院学报，2022（4）：71．

商业楹联除了其商业价值，也可以体现出经营者的精神价值追求。义利之辩是中华文化经久不衰的话题，商业因其功利目的，更是义利之辩的焦点。商业楹联可以表现出经营者超越金钱、严于自律的私德修养，也可以传达经营者心系公德、身行大道的精神价值追求。所以，通过对商业楹联的解释可以让学生获得启迪，受到道德教化。如"福全堂"药号大门对联"开门迎客不分早晚，出手救人岂论亲疏"，直接传达出经营者悬壶济世、治病救人的仁德，更深蕴着经营者上医医国的远大抱负。寓教于联可以让学生在深切体味中目仰前辈，身受熏陶，心随先贤。

3. 读书报告会品一代洪商

系统了解中国商业文化。中国商业文化课是一个较为庞大的文化课程系统，其中包括的内容十分丰富，主要有《中国商业文化发展史》《商路与商业文化》《商人与商业文化》《商帮与商业文化》《知名商品与老字号品牌》等。中国商业文化课涵盖了历史发展、文化精神和源流传承、时代创新，将文化与商业之间的内在联系呈现在了学生面前，帮助学生从文化历史角度对商业发展的内在规律、各种商业类型、商业发展当中扮演重要角色的人以及商业和商业所处时代之间的关系，进行宏观了解。

全面了解洪商文化和时代价值。洪商文化从母体内在实质上传承弘扬并兼具了儒商文化的许多优良特质，其中江西商帮的吃苦耐劳精神，晋商百般推崇的"信""义"二字，徽商的儒雅风度与善于经营能力，福建商帮"爱拼才会赢"的冒险性格在洪商文化中均有所体现。洪商文化在经商处世的过程中形成了自身独有的特点，透过"一把包袱一把伞，跑到洪江当老板"口头禅，"鱼龙变化"的太平缸，"外圆内方"的警示柱，"义方恪守"的门联，"吃亏是福"的家训，"对天勿欺"的警语……我们已体悟到洪商文化以艰苦创业、诚信为本、灵活多变、精于筹划、注重商德、回报公益等核心的理念。

表7-5　读书报告会内容

商业理念	主要内容	辅助教学方式
外圆内方	知道外圆内方背后的故事。洪江商人想要通过立柱中镶嵌方石的方式来教育后人明白什么样的道理	景区图片
鱼龙变化	知道鱼龙变化背后的故事。思考鱼龙变化在现实生活中的警示意义	潘存德堂图片
吃亏是福	知道吃亏是福背后的故事。结合郑板桥的题字，明白为什么"吃亏是福"，同时对比"舍得"，来思考吃亏是福的真正意义	景区图片
义重于金	认识中国古代铜钱的设计理念，明白外圆内方的寓意；通过了解以刘松修为代表的洪江商人购买战斗机支持前线抗战的故事，感受洪江商人义重于金的可贵品质	盛丰钱庄刘松修宅视频和图片

4. 趣味采风古商城寻祖

生活即教育，生活即课堂。深入贯彻落实党的二十大精神，激励学生走出课堂，到课堂外去学习。洪江古商城七冲八巷九条街、380多栋保存完整的明清窨子屋建筑将是学生们认识中国传统建筑的活标本；药号、钱庄、镖局、厘金局，这些建筑承载着怎样的历史，又具备什么样的功能？带领学生走进洪江古商城，探究那些行当、业态或职能部门分别对应的是现代生活中哪些业态和部门，丰富社会知识。

知识层面。通过"印象洪江"的主题研学，综合社会、历史、艺术等多方面的跨学科领域知识，让学生充分认识五溪地区建筑特色；实地参观福全堂、潘存德堂、镖局、厘金局、盛丰钱庄。它们的功能是什么？现在这些行业或者职能部门还存在吗？分别被哪些行业或职能部门所替代？通过这些问题让学生了解从古到今商业业态的发展演变过程。

情感层面。通过整个过程的探究学习，让学生认识到中国特色建筑之美，增强中华民族文化自信及认同感；在对洪江古商城原有商业业态的熟悉过程中，明白商业业态发展的过程，增加社会阅历；通过团队合作，明白团队力量的重要性。

表7-6　趣味采风古商城寻祖活动内容

主要环节	主要内容	地点
	集合地点，开营仪式，团队建设	1915广场
认识中药 传承国粹	通过参观讲解，明白福全堂的功能，知道在现代社会对应的是哪个行业；认识中药，了解中医的历史地位	福全堂
潘存德堂 洪福齐天	通过讲解，明白潘存德堂的功能，知道在现代社会对应的是哪个行业；明白洪江福字的由来	潘存德堂
忠义镖局 使命必达	通过观看情景剧表演，明白镖局的功能，知道镖局在现代社会对应的是哪个机构；了解镖师诚信经营、使命必达的行业宗旨。参加投壶互动小游戏	忠义镖局
盛丰钱庄 义重于金	通过参观，明白钱庄的功能以及钱庄运作的模式，知道钱庄在现代社会对应的是哪个机构；认识中国古代铜钱的设计理念，明白外圆内方的寓意	盛丰钱庄
奉旨抽厘 以商养战	通过观看情景剧表演，明白厘金局这个机构的职能，知道这个机构在现代社会对应的是哪个职能机构；明白这个机构在特定的时期内，起到了什么样的作用	厘金局
报刊印刷 趣味手工	1.分小组学习印刷技巧，分组完成印刷； 2.分小组参与趣味手工体验，通过集体的智慧和创意，制作专属纪念品	庆元丰货栈

5. 模拟对抗竞赛——悟桐油花开

与新道科技联合合作，在湖南省"新道杯"大学生企业模拟经营竞赛、商学院VBSE（虚拟商业社会环节）综合实训项目中设置洪江古商城场景，通过"一个包袱一把伞，来到洪江当老板"角色扮演，通过模拟对抗竞赛，让参赛者明白"幸福都是奋斗出来的"。

表7-7　模拟对抗竞赛环节内容

发展阶段	内容设计	场景
初入洪江	五湖四海的人为了追求财富梦想，齐聚洪江，"一个包袱一把伞，来到洪江当老板"。多少传奇故事为人传诵，又淹没在历史的尘埃。初入洪江，通过参观了解，一起来探究商业传奇背后的故事	景区内
不断成长	天上不会掉馅饼，任何时候，幸福都是奋斗出来的。只要肯努力，终有鱼跃龙门成功日，如果不思进取，哪怕坐拥金山银山，也终将坐吃山空，一无所有。通过参观，思索"鱼龙变化"在现实社会的警示意义	潘存德堂
独当一面	洪江盛产木材和桐油，而且由于洪江所产的桐油质量上乘，使得洪江所产桐油被命名为"洪油"，备受市场欢迎。通过参观了解，明白木材和桐油在以前生活生产中的重要地位，同时思索，洪江盛产的木材和洪油对洪江古商城商业繁荣做出了什么样的贡献	景区内
组建会馆	每一个到洪江追求财富梦想的人，下船后第一件事情就是去会馆递拜帖。会馆是以地域乡情为基础建立的商业联盟。通过参观，思索在当年会馆林立的洪江，会馆到底起到了什么样的作用？	常德会馆
富甲一方	通过参观，明白钱庄的功能以及钱庄运作的模式，认识中国古代铜钱的设计理念，明白外圆内方的寓意；同时明白钱庄在商业发展过程中起到的至关重要的作用	盛丰钱庄

　　近年来，洪江区政府依托洪商文化研究会以及相关专家学者，对洪江商道文化进行了卓有成效的挖掘、研究和整理，先后出版了《洪江古商城》《洪商史话》《洪江百年画册》《商镇兴衰：洪江的商业历史与地域历史构建》等书籍，启动了洪商文化博物馆建设，该项目是全国首个以商道文化为主题的博物馆，将成为洪商文化挖掘、湘商文化溯源、产业融合发展的重要平台。以洪江商人为原型的大型电视连续剧《一代洪商》已经先后在央视八套和湖南卫视播出。洪商文化的教学内容不断丰富，在中华

优秀商文化传承教学过程中，选择洪商文化作为载体，可以开阔学生眼界，涵养学生心性，增强文化自信。在今后的教学过程中，我们将紧密联系怀化国际陆港建设实践，主动融入和服务国家战略，探索更好的教学方式，使洪商文化教育更加多元化，构建更为完善的优秀商业文化的传承模式。

参考文献

[1]〔春秋〕孔丘.四书五经超值典藏[M].易丽华，马淑梅，注译.长春：吉林出版集团有限责任公司，2011.

[2]〔春秋〕孔丘.论语[M].刘兆伟，译注.北京：人民教育出版社，2015.

[3]〔春秋〕孔丘，等.论语·中庸·大学详解[M].思履，编.汕头：汕头大学出版社，2016.

[4]〔春秋〕老子.道德经[M].安伦，译.上海：上海交通大学出版社，2021.

[5]〔春秋〕管仲.管子[M].北京：北京燕山出版社，1995.

[6]〔战国〕荀况.荀子[M].方勇，李波，译注.北京：中华书局，2011.

[7]〔西汉〕司马迁.史记译注[M].纪丹阳，注.北京：北京联合出版公司，2015.

[8]〔南朝宋〕范晔.后汉书（下）[M].长沙：岳麓书社，2008.

[9]〔唐〕孔颖达.周易注疏校勘[M].郭彧，校勘.北京：华龄出版社，2019.

[10]〔唐〕姚思廉.梁书[M].长春：吉林人民出版社，2005.

[11]〔宋〕张栻.张栻集（下）[M].邓洪波，校点.长沙：岳麓书社，2017.

[12]〔宋〕黎靖德.朱子语类（第2册）[M].武汉：崇文书局，2018.

[13]〔明〕申时行，等.明会典之卷二〇四（万历重修本）[M].北

京：中华书局，1989.

[14]〔宋〕朱熹.四书章句集注[M].北京：中华书局，1983.

[15]〔宋〕朱熹.四书集注章句[M].北京：中华书局，2011.

[16]明实录·明神宗实录[M].黄彰健，校勘.北京：中华书局，2016.

[17]清实录[M].北京：中华书局，1986.

[18]〔清〕但湘良.湖南厘务汇纂·卷十四[M].光绪十五年刊本.

[19]〔清〕黄世昌.会同县志·卷十四·卷首一[M].〔清〕孙炳煜，修.清光绪二年重修.

[20]〔清〕黄本骥.黄本骥集（一）[M].刘范弟，校点.长沙：岳麓书社，2009.

[21]〔清〕林继钦.保靖县志·卷三[M].清同治十年刻本.

[22]〔清〕孙星衍.孔子集语[M].长春：时代文艺出版社，2008.

[23]〔清〕魏源.圣武记[M].北京：中华书局，1984.

[24]〔清〕王夫之.船山遗书（第6卷）[M].北京：北京出版社，1999.

[25]〔清〕徐炯.使滇日记[M].上海：上海古籍出版社，1983.

[26]〔清〕俞渭修，陈瑜纂.黎平府志·卷十二·食货志[M].清道光二十五年刻本.

[27]〔清〕裕禄，等.湖南通志（第2册）[M].北京：商务印书馆，1934.

[28]〔清〕赵尔巽．清史稿·卷一〇〇·食货志（四）[M]．北京：中华书局，1977.

[29]〔清〕赵尔巽.清史稿·卷一二五·食货志（六）[M].北京：中华书局，1977.

[30]〔清〕左宗棠.左宗棠全集·奏稿三[M].刘泱泱，校点.长沙：岳麓书社，2014.

[31]〔清〕曾国藩.曾国藩全集·奏稿一[M].长沙：岳麓书社，1987.

[32]〔清〕张永.光绪元年长寿县志[M].余云华，点校注.北京：方志出版社，2013.

[33]〔清〕张扶翼.黔阳县志·卷之三（上）[M].清康熙二十六年于栋如刊刻本.

［34］〔清〕潘清，等.洪江育婴小识［M］.清光绪十三年刻本.

［35］〔清〕张祖培.洪江育婴小识［M］.长沙：岳麓书社，2022.

［36］国家民委《民族问题五种丛书》编辑委会.中国民族问题资料·档案集成（第5辑）：第120卷《民族问题五种丛书》及其档案汇编［M］.北京：中央民族大学出版社，2005.

［37］洪江市志编纂委员会.洪江市志［M］.北京：生活·读书·新知三联书店，1994.

［38］湖南省怀化地区地方志编纂委员会.怀化地区志［M］.北京：生活·读书·新知三联书店，1999.

［39］中共洪江区工委宣传部.洪江古商城［M］.北京：中国文史出版社，2007.

［40］沈从文.湘行散记［M］.成都：四川教育出版社，2020.

［41］沈从文.沈从文全集（11）［M］.太原：北岳文艺出版社，2009.

［42］林清玄.不如吃茶去［M］.北京：北京时代华文书局，2021.

［43］李良品，彭福荣，王希辉.二十一史西南地区土司史料辑录［M］.北京：中国文史出版社，2006.

［44］刘建生.道德经精解［M］.北京：海潮出版社，2016.

［45］傅俊波.古韵洪江［M］.香港：中国国际文艺出版社，2007.

［46］黄本骥.湖南方物志·序一［M］.长沙：岳麓书社，1985.

［47］湖南会同县志编委会.会同县志·卷十一［M］.北京：生活·读书·新知三联书店，1994.

［48］李怀荪.五溪漫话［M］.长沙：湖南大学出版社，2020.

［49］《江西省林业志》编纂委员会.江西省林业志［M］.合肥：黄山书社，1999.

［50］朱羲农，朱保训.湖南实业志（一）［M］.长沙：湖南人民出版社，2007.

［51］张培锋.佛语禅心佛禅歌咏集［M］.天津：天津人民出版社，2017.

［52］李昌隆.中国桐油贸易概论［M］.北京：商务印书馆，1934.

［53］复旦大学历史地理研究中心.港口腹地和中国现代化进程［M］.济

南：齐鲁书社，2005.

[54]尹红群.湖南传统商路[M].长沙：湖南师范大学出版社，2010.

[55]朱羲农，朱保训.湖南实业志（二）[M].长沙：湖南人民出版社，2008.

[56]曾赛丰，曹有鹏.湖南民国经济史料选刊（3）[M].长沙：湖南人民出版社，2009.

[57]何东平，张效忠.木本油料加工技术[M].北京：中国轻工业出版社，2016.

[58]黔东南苗族侗族自治州地方志编纂委员会.黔东南苗族侗族自治州志·粮食志[M].北京：方志出版社，1995.

[59]黔东南苗族侗族自治州地方志编纂委员会.黔东南苗族侗族自治州志·林业志[M].北京：中国林业出版社，1990.

[60]李石锋.湖南之桐油与桐油业[M].湖南经济调查所，1935.

[61]邱人镐，周维梁.湖南之桐茶油[M].湖南省银行经济研究室，1943.

[62]欧阳晓东，陈先枢.湖湘文库·湖南老商号[M].长沙：湖南文艺出版社，2010.

[63]欧阳星凯.洪江：欧阳星凯作品汉英对照[M].北京：中国民族摄影艺术出版社，2010.

[64]南京师范学院地理系江苏地理研究室.江苏城市历史地理[M].南京：江苏科学技术出版社，1982.

[65]张德二.中国三千年气象记录总集四（增订本）[M].南京：江苏教育出版社，2013.

[66]中华大典编纂委员会.中华大典·经济典·综合分典·荒政总部[M].成都：巴蜀书社，2017.

[67]龙先琼.近代湘西开发史研究：以区域史为视角[M].北京：民族出版社，2014.

[68]保靖档案馆档案资料，8号全宗，1号目录，363号案卷.

[69]郑军，等.中国传统吉祥图谱[M].南宁：广西美术出版社，2011.

[70]唐译.图解说文解字[M].北京：企业管理出版社，2014.

[71]刘锦藻.清朝续文献通考（一）[M].杭州：浙江古籍出版社，1988.

[72]郭今吾.经济大辞典[M].上海：上海辞书出版社，1986.

[73]姚钟伍.贵州文史资料选粹·教科文卫篇[M].贵阳：贵州人民出版社，2010.

[74]李文治.中国科学院经济研究所中国近代经济史参考资料丛刊（第三种）：中国近代农业史资料（第1辑）1840—1911[M].北京：生活·读书·新知三联书店，1957.

[75]龚延明.中国历代职官别名大辞典[M].北京：中华书局，2019.

[76]罗尔纲.绿营兵志[M].北京：商务印书馆，2017.

[77]门岿.二十六史精粹今译（四）[M].北京：人民日报出版社，1995.

[78]钟文典.广西现代文化名人学术著述精选：罗尔纲文选[M].桂林：广西师范大学出版社，1999.

[79]靖州苗族侗族自治县概况编写组.靖州苗族侗族自治县概况[M].长沙：湖南出版社，1991.

[80]周赟.《正蒙》诠释[M].北京：知识产权出版社，2014.

[81]王明.抱朴子内篇校释[M].北京：中华书局，1980.

[82]吕思勉.两晋南北朝史·文明卷[M].北京：北京理工大学出版社，2016.

[83]王明.太平经合校·卷六十七·六罪十治诀[M].北京：中华书局，1960.

[84]林耿，周锐波.大城市商业业态空间研究[M].北京：商务印书馆，2006.

[85]周维梁.湖南木村产销概述[J].湖南经济，1946（1）：38—45.

[86]湖南当帖章程（民国十八年修订）（附表）[J].湖南财政汇刊，1930（13）：22—24.

[87]黄其慧.湖南桐油产销概述[J].湖南经济，1946（1）：30.

[88]实业部汉口商品检验局.统计：民国二十年全年份运销国内桐油

数量比较及统计表[J].检验年刊，1932（1）：210.

[89]实业部汉口商品检验局.民国二十三年上半年检验内销桐油产地数量统计表[J].检验年刊，1935（1）：78.

[90]毓甫.美国试种之桐油树[J].上海中华实业界，1916（5）：12.

[91]资料室.三十三年一月份衡阳商业动态[J].购销旬刊，1944（6，7）：15.

[92]周晓光，张成儒.近代湖南桐油贸易中的徽州油商：以洪江王万和盛号油店为中心[J].学术界，2022（6）：183-191.

[93]蒋学志.从洪江古商城看中国近代商业管理模式的变迁[J].湘潭师范学院学报（社会科学版），2006（5）：123-126.

[94]蒋卫平.洪江古商城旅游资源开发探析析[J].家具与室内装饰，2009（2）：42-43.

[95]源源.洪江古城的盛宴[J].科学大观园，2008（20）：13-15.

[96]王康乐，王平.湖南"洪江古商城"的成因和价值[J].文史博览（理论），2008（6）：4-8.

[97]王康乐，王平.洪江古商城在经济繁荣中构建和谐社会之路[J].文史博览（理论），2009（2）：15-19.

[98]李晓.弘扬中华优秀传统商业文化[J].红旗文稿，2022（9）：43-45.

[99]张海燕.历史文化街区旅游与文化商业业态引导[J].中国民族博览，2020（18）：71-72.

[100]李秋元.历史文化商业街区商业业态特征研究：以南京市老门东为例[J].大众文艺，2019（8）：249-250.

[101]章董晓，周梦梦，沈琪锋，等.历史文化街区商业业态评价研究[J].山西建筑，2019（2）：26-28.

[102]封瑞牧.历史文化街区的商业业态研究：以佛山岭南天地为例[J].重庆建筑，2017（12）：11-13.

[103]陈康琳，陈琳，张雨生.城市历史街区商业业态及古建利用情况分析：以北京南锣鼓巷为例[J].旅游纵览，2014（12）：219-220.

[104]胡海霞，杨振之.古城镇商业业态研究[J].软科学，2010（9）：138-141.

[105]李敏."溯归原点，解字释联"：中华优秀商文化课程思政探索[J].山东商业职业技术学院学报.2022（4）：61-71+75.

[106]萧清碧，林岚，谢婉莹，等.历史文化街区旅游商业业态分类及开发实证研究[J].福建师范大学学报（自然科学版），2017（4）：81-91.

[107]赵梦妮，钟永德.旅游特色街区业态比较研究：以张家界溪布街和桂林阳朔西街为例[J].中南林业科技大学学报（社会科学版），2013（3）：6-8.

[108]刘鹤.抗战时期湘西现代化进程研究[D].长沙：湖南师范大学博士学位论文，2009.

[109]安芮.水道、集镇与民族社会：以湘黔潕水流域桐油贸易为中心[D].贵阳：贵州大学硕士学位论文，2017.

[110]陈遥.近代镇江桐油贸易述论（1861—1937）[D].南京：南京师范大学硕士学位论文，2017.

[111]张园园.民国时期湘西桐油业研究[D].吉首：吉首大学硕士学位论文，2015.

[112]肖军，雷鸿涛.港通天下[N].湖南日报，2022-8-15.

[113]政协洪江区文史委.洪商史话[Z].内部印刷，2010.

[114]中国人民政治协商会议洪江市委员会、文史资料研究委员会.洪江市文史资料（第1辑）[Z].1986.

[115]中国人民政治协商会议洪江市委员会学习、提案文史委员会.洪江文史（第4辑）[Z].洪江市美术印刷厂，1990.

[116]中国人民政治协商会议洪江市委员会编学习、文史委员会.洪江文史（第5辑）[Z].洪江市美术印刷厂印刷，1991.

[117]洪江市工商业联合会.洪江工商联史料[Z].洪江市美术印刷厂，1988.

[118]洪江市商业联合会.洪江工商联史料[Z].洪江市印刷厂，1988.

后　记

　　当《洪江商道文化研究》一书修改完毕即将付梓时，心头涌起的是感慨、感谢与不安。整个书稿的完成过程并不顺利，遇到了很多困难，中途甚至产生了放弃的念头，但最终还是坚持了下来。虽然书稿的学术深度没有达到自己的预期，然而在准备和完成的过程中，自己对地方性知识的掌握与理解大大的加强，这是之前从事文学研究所难以实现的，算是写作此书的最大收获吧。

　　本书是几年前怀化学院原党委副书记吴波教授发起的丛书"沅水流域历史与文化遗存"中的一本，撰写这套丛书的目的就是充分挖掘整理研究沅水流域的地方文化。沅水流域作为连接中南和西南的重要区域，在明清以来的西南边疆大开发中扮演着非常重要的角色，留下了丰富的文化遗产，也铸造了这个地域鲜明的文化品格。我之所以选择"洪江商道文化"开展研究，主要在于洪江与我家乡沅陵历史功能上的相似，前者为沅水上游的重要码头，后者为沅水中游的重要码头，从洪江下来的船只、木排一般都要在沅陵停留修整，然后再下行，所以两者有着较为一致的山区商业码头的风貌。现在留在我记忆中的深刻画面，便是古城沅陵中南门码头外宽阔的河面上停留的木排，几乎铺满了大半的江面，还有每天不停息的上下船只和码头上繁忙的人与物的流动，那种蓬勃的生机与活力是那个年代独有的。只可惜因为修五强溪水电站，沅陵古城被淹，绝大部分文化古迹沉于水下，从此史迹难寻。

　　而洪江因为古商城得到较为完整的保留，让后人还能从中去追寻历史的光与影。以洪江古商城为载体的洪江商道文化不仅内涵丰富，还对当代的商业活动有着重要的借鉴价值。这种价值不只是它曾经所创造出的巨大财富对地方政治、经济、文化等方面所产生的影响,更主要的是洪江商道文化内在的创新精神和以仁义为核心的商业道德伦理,而这些是当下市场经济所迫切需要的。如何不断创新超前,如何处理好商业活动中利与义的关系,是摆在所有经商者面前的文化考题,也正是本书写作的最大意义所在。虽然洪江商道文化的物质形态只剩下了一座古商城,但其精神形态却可以弥久历新,像落地不死的麦子,在不断的深翻耕耘中生长发光,照亮历史前行的路。

本书是几位志同者合作的产物。参与本书写作的王明友老师,原为洪江区工委党校副校长,长期从事地方文化研究,编纂地方志及历史资料6部,对洪江商道文化有着多年的考察思考与积累,是研究洪江商道文化的专家。本书第一章的第一节和第四节,第四章、第五章,第五章的第三节和第四节均为王明友老师撰写,他的写作为研究洪江商道文化提供了丰富的史料,尤其是"建筑与商道文化"这章,可以算是洪江商道文化研究的一大创新,目前很少有人从这个角度进行深入的分析与解读。第五章第一节和第二节的写作者为洪江区工委党校唐喜玲老师和洪江区史志档案研究室吴晖老师,她们对洪江商道文化也有长期的研究与思考。本书第七章是由怀化学院商学院的方磊老师完成的,他在研究地方文旅融合方面成果卓著,在参与写作本书之前,就已经对洪江的旅游开发进行了深入探讨,参加了洪江区政府所组织的论坛和考察活动,提出了很多可行性建议,得到当地政府很高的评价。正因为有了他们,本书才能最终完成,感谢几位合作者的辛苦付出。

此外,还要深深感谢李怀荪老师。李老师虽已高龄,但思维敏捷,颇为健谈,因为几十年来搜集整理研究沅水流域的文化,被称为"沅水流域文化的百科全书"。在写作此书的过程中,我曾多次拜访李老师,听取他的建议,更让我感动的是,他把手上有关于洪江商道文化的资料全部给了我,让我做参考,他的无私和豁达让人深感敬佩。感谢为本书做序的石佳能老师,作为认识多年的朋友,我提出请求后他爽快答应,没有任何犹豫,非常讲义气。感谢我的学生吴淼,花了大量时间帮我查找文献,核对注释，修改格式，没有她的帮助，我后期的工作会很艰难。感谢洪江市委党校朱明霞老师，为我牵线搭桥提供信息，王明友、唐喜玲和吴晖三位老师都是她推荐的，她还在百忙之中抽时间带我去洪江调研。没有她的鼎力帮助，本书很难顺利完成，在此诚挚地说一声"谢谢"。感谢我的学生陈忠坤，让此书能顺利出版，感谢丘老师和陈老师，她们做事耐心细致，帮我大大减少了校改文稿的工作量，节省了时间和精力。

最后，感谢我的亲人们，在长达几年的准备和写作过程中，他们的理解与帮助使我获得了坚持下去的动力。人生的每一次行进，都有他们在后面努力推举，是幸运，亦感恩。

写作既是一种完成，也是新的开始，因为总会留下问题、不足和遗憾。唯有在此基础上不断自省、自查然后努力寻求他知，知识和心灵才不至于干枯，才会真正体会到思索的快乐。

雷 霖

2025年3月19日